求是与求实

西南财经大学
年度社会实践优秀成果汇编

QIUSHI YU QIUSHI XINAN CAIJING DAXUE
NIANDU SHEHUI SHIJIAN YOUXIU CHENGGUO HUIBIAN

共青团西南财经大学委员会◎编著

西南财经大学出版社

中国·成都

图书在版编目(CIP)数据

求是与求实:西南财经大学年度社会实践优秀成果汇编／共青团西南财经大学委员会编著.--成都:西南财经大学出版社,2024.6. --ISBN 978-7-5504-6252-6

Ⅰ.G642.45-53

中国国家版本馆 CIP 数据核字第 2024F9C169 号

求是与求实:西南财经大学年度社会实践优秀成果汇编

共青团西南财经大学委员会　编著

策划编辑:何春梅　肖　翀

责任编辑:肖　翀

责任校对:邓嘉玲

封面设计:墨创文化

责任印制:朱曼丽

出版发行	西南财经大学出版社(四川省成都市光华村街 55 号)
网　　址	http://cbs.swufe.edu.cn
电子邮件	bookcj@swufe.edu.cn
邮政编码	610074
电　　话	028-87353785
照　　排	四川胜翔数码印务设计有限公司
印　　刷	四川五洲彩印有限责任公司
成品尺寸	185 mm×260 mm
印　　张	19.75
字　　数	353 千字
版　　次	2024 年 6 月第 1 版
印　　次	2024 年 6 月第 1 次印刷
书　　号	ISBN 978-7-5504-6252-6
定　　价	98.00 元

编委会

前　言

　　党的二十大报告提出："广大青年要坚定不移听党话、跟党走，怀抱梦想又脚踏实地，敢想敢为又善作善成，立志做有理想、敢担当、能吃苦、肯奋斗的新时代好青年。"为扎实开展团员和青年主题教育，引导和帮助广大青年学生在与现实相结合的"大思政课"中"受教育、长才干、做贡献"，西南财经大学研究决定，2023 年继续组织开展暑期"三下乡"社会实践活动。

　　活动以"学习二十大，永远跟党走，奋进新征程"为主题，来自全校 20 个学院的 3 400 余名师生 362 支队伍聚焦红色基因传承、理论普及宣讲、发展成就观察、服务党政大局、就业创业实践、基层志愿服务六大方面，奔赴我国 30 个省份、143 个市州。他们或是深入基层一线，在田间地头挥洒青春汗水，帮助老百姓兴业致富；或是前往革命旧址感悟先辈精神，赓续红色血脉……行路于广袤大地，思悟于实践之中。广大西财学子充分发扬"经世济民，孜孜以求"的西财精神，在调研中孜孜"求是"，于行动中稳稳"求实"，共同践行"强国有我，青春有为，用脚步丈量祖国大地"的铮铮誓言，真正做到了把调研报告写在祖国大地上，切实把习近平总书记的殷殷嘱托转化为奋进新征程、建功新时代的实际行动。

共青团西南财经大学委员会

2023 年 11 月

目录 CONTENTS

目 录 CONTENTS

第一部分
传承红色基因，赓续红色血脉

党建引领谋新篇： 壮大农村集体经济的时代经验

——以战旗村为例的调查研究

史雪聃　王树波　何昳矾　毕于欣　马德彪　周自横

王煜　李雨昕　王玉琳　胡雨蓓　聂润心

摘　要

新时代，发展新型农村集体经济是实施乡村振兴战略的重要抓手和实现农民农村共同富裕的重要路径。2018 年 2 月，习近平总书记在成都市郫都区战旗村视察时，高度评价了战旗村的各项工作，指出"战旗飘飘，名副其实"，并寄予乡村振兴要"走在前列，起好示范"的殷切嘱托。战旗村是集体经济明星村，而党建引领新型农村集体经济发展，是战旗村振兴最根本的一条经验。团队以战旗村为研究案例，长期深入了解战旗村党建引领新型农村集体经济发展的历史脉络和阶段特征，在"目标—主体—机制"的框架下分析发现，战旗村的实践逻辑在于通过明确带路人、明确落实通路和明确协同对象三大抓手，有效地回答了"谁来负责""如何引领""与谁合作"三个问题，进而激发了党建引领新型农村集体经济发展的"红色引擎"效能。在此基础上，团队从"党建+组织引领""党建+政策引航""党建+产业引导""党建+战略引路"等方面总结了战旗经验，并以 4 省份 34 个行政村为试点，验证了战旗经验的实用性和可推广性，为当地推进党建引领新型农村集体经济发展提供了有益助力，较为圆满地实现了团队成立之初定下的"总结好、推广好战旗经验"的预期目标。

关键词

乡村振兴；党建引领；新型农村集体经济；战旗村

一、研究缘起

振兴新型农村集体经济是推进乡村振兴的题中之义。党的二十大报告指出，要"巩固和完善农村基本经营制度，发展新型农村集体经济"。从实践来看，新型农村集体经济与社会主义基本经济制度的价值目标有内在一致性，大力发展新型集体经济是推动共同富裕的重要举措。

我国农村集体经济源于 20 世纪 50 年代农业合作化运动，经历了从互助组到初级农业生产合作社，再到高级农业生产合作社的演变。1956 年年底，全国高级农业生产合作社①数量达 54 万个，入社农户占农户总数的 87.8%，标志着农业社会主义改造完成。改革开放后，封闭的农村集体经济组织开始努力适应市场化改革，不断探索新发展路径以摆脱计划经济惯性，但这仍未改变集体经济不断衰弱的趋势。1996 年，在全国 72.6 万个行政村中，集体经济经营收益在 5 万元以下的村占 42.9%，其中集体经济经营收益为零的行政村占 30.8%（陆雷、崔红志，2018）。

2004 年以来，中共中央连续出台针对"三农"问题的一号文件，开启了新一轮农村改革。这些政策让部分农村集体经济组织"起底回升"，新发展方向和实现形式加速形成（高鸣、芦千文，2019）。但农村集体经济发展仍相对滞后于其他经济成分，发展不平衡问题凸

---

① 高级农业生产合作社是以主要生产资料集体所有制为基础的农民合作的经济组织，实行土地、主要生产资料集体所有，取消土地分红，耕畜、农具折价入社，产品按劳分配，具有完全社会主义性质。

显。2011 年，在全国 58.9 万个行政村中，集体经济经营收益在 5 万元以下的村占 79.7%，其中集体经济经营收益为零的行政村占 52.7%（中华人民共和国农业部，2012）。

党的十八大以来，中央围绕使市场在资源配置中起决定性作用和更好发挥政府作用进行全面深化改革，为激发农村集体经济活力创造了良好的外部环境。2014 年，中共中央、国务院审议通过了《积极发展农民股份合作赋予农民对集体资产股份权能改革试点方案》，正式拉开农村集体产权制度改革试点工作的序幕。2016 年，中共中央、国务院印发的《乡村振兴战略规划（2018—2022 年）》明确提出，要发展新型农村集体经济，实施新型农村集体经济振兴计划。表 1 中的统计结果显示，农村集体经济创新发展成效显著。

表 1　2015—2020 年不同集体经济年收入情况

	2015 年	2016 年	2017 年	2018 年	2019 年	2020 年
当年收益在 5 万元以下的村的占比/%	76.3	74.9	70.8	63.7	57.7	45.6
当年收益在 5 万~10 万元的村的占比/%	9.6	10.2	11.7	15.2	18.0	21.3
当年收益在 10 万~50 万元的村的占比/%	8.9	9.3	11.0	13.9	16.9	24.5
当年收益在 50 万~100 万元的村的占比/%	2.3	2.4	2.8	3.2	3.4	4.1
当年收益在 100 万元以上的村的占比/%	2.9	3.2	3.7	4.0	4.0	4.5

数据来源：《中国农村经营管理统计年报（2015—2018 年）》《中国农村政策与改革统计年报（2019—2020 年）》。

从整体上看，集体经济年收入在 10 万元以下的村庄占比仍较高，说明我国新型农村集体经济发展具有较大的进步空间，诸多阻碍集体经济发展的难题仍待破解。例如，农村普遍存在人才供给不足、人力资源缺乏的问题，严重制约了集体经营性资产持续经营和持续盈利的能力（赵黎，2023）。庆幸的是，经过多年的实践创新探索，全国陆续出现了一批发展路径成熟的集体经济强村。如何总结其实践路径、推广发展经验，对在新时代继续壮大农村集体经济、推动共同富裕具有重要意义。

2018 年 2 月，习近平总书记在战旗村视察时指出，"战旗飘飘，名副其实"，并寄予要"走在前列，起好示范"的殷切嘱托。党建引领新型农村集体经济发展是战旗村最根本的发展经验。近五年来，本团队所在学校均有学生前往战旗村开展"三下乡"调研，其调研数据形成了宝贵的数据资料库。接续学长、学姐们的调查研究，本团队长期深入了解战旗村的历史和阶段特征，以期总结好党建引领新型农村集体经济发展的中国故事，为助力乡村振兴、实现共同富裕提供青年智慧。

二、案例介绍

（一）案例选择

团队以党建引领新型农村集体经济发展为主题，选取成都市郫都区战旗村作为研究案例，有如下两方面的考虑。

第一，先进性。2018 年 2 月，习近平总书记视察战旗村，高度评价了其各项工作，并寄予其要在乡村振兴中继续"走在前列，起好示范"的嘱托。同时，战旗村先后被中央组织部、农业农村部等授予"全国乡村振兴示范村""2022 年成都市抓党建促集体经济发展典型案例"等荣誉称号。2021 年，村集体经济年收入达 680 万元，村民年人均可支配收入达 3.55 万元，该村在四川省乃至整个西部地区都有较强的先进性和示范性。

第二，可行性。一方面，团队成员均为在校本科生，校区距战旗村仅 36 公里。便捷的交通条件不仅有利于团队开展长期的深度驻村调研，也能让团队成员在学习之余，随时开展实地补充调研。另一方面，学校每年均有学生前往战旗村开展调研，与村干部建立了紧密的合作关系，其调研数据形成了较为完备的数据资料库。

图 1 是战旗村的区位示意图。

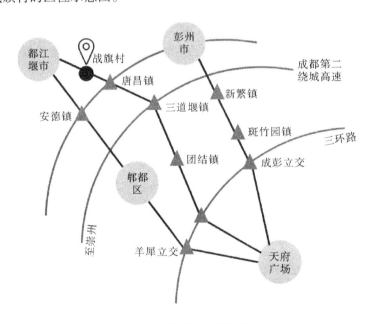

图 1　战旗村区位示意图

（二）发展历程

整体而言，战旗村的发展可分为组织完善、产业孕育、产业升级和股份制改革探索四个阶段（见表2）。

1. 组织完善阶段（1956—1976年）

紧急组织社会文化补课，增强内生动力。1965年4月，大队长罗会金提出"干部要学陈永贵，社员要学大寨人"的口号，这不仅是"战旗飘飘"的出发点，也是"穷则思变"的集体实践。1969年，公社下发了《先锋人民公社"农业学大寨"三年规划（初稿）》。从此，战旗大队具备了集中力量办大事的制度条件，这也是其至今仍发展集体经济的根源。

2. 产业孕育阶段（1976—2006年）

村企艰难起步，因地制宜盘活土地资源。首先，战旗村发挥当地优势，采取联合、兼并、出售以及资产重组、购买小股东股份等方式对企业进行改制。其次，战旗村摸清市场需求，邀请设计团队统一规划，确保发展理念和市场同步。最后，战旗村完成逐户调查摸底、农民收入结构分析，梳理出技能培训、创业资金支持等就业创业需求，精准制订了农民就业增收措施。

3. 产业升级阶段（2006—2012年）

引领土地流转与制度改革，集体经济发展进入新阶段。在成都都市圈的辐射带动下，战旗村在城乡统筹、土地产权制度改革上持续发力，迎来了从工业化向农商文旅结合的生态绿色发展的转型，创新"加工链"，发展绿色高端产业，结合当地传统手艺，传承非遗文化。

4. 股份制改革探索阶段（2012年至今）

党的十八大后，战旗村紧抓改革红利，争取政策试点，集体经济驶入发展快车道。2014年11月，《积极发展农民股份合作赋予农民对集体资产股份权能改革试点方案》出台，战旗村随即展开股份制改革工作。2015年，战旗村抓住农村集体经营性建设用地入市改革的机遇，敲响四川省集体经营性建设用地入市"第一槌"。战旗村始终紧跟国家大政方针，凭借敏锐的政治领悟力抢占改革高地，同时也总结了诸多优秀经验，如"三问三亮""一强五引领"和"八字诀经验"等。

表 2　战旗村发展大事记

阶段	大事记
组织完善阶段 （1956—1976 年）	1965 年：战旗大队成立
	1966 年：战旗大队党支部成立
	20 世纪六、七十年代：农田条田化建成，农民集中居住，兴办第一家村集体企业
产业孕育阶段 （1976—2006 年）	20 世纪八、九十年代：落实"包产到户"，成立 12 家集体企业，村集体资产达 2 300 万元
	2003 年：学习华西村、南街村探索"三分地集中"，推广适度规模经营
	2006 年：土地承包经营权折价入股，成立农业股份合作社
产业升级阶段 （2006—2012 年）	2007 年：引入榕珍菌业等农业项目
	2007—2009 年：实施"拆院并院"、修建新型集中居住区，并引入"妈妈农庄"，拉开旅游业发展序幕
	2011 年：成立村资产管理公司，实现用地"集体持有、集中经营、按股分红"
股份制改革探索阶段 （2012 年至今）	2014 年：基于《积极发展农民股份合作赋予集体资产股份权能改革试点方案》，拉开股份制改革序幕
	2015 年：抓住农村集体经营性建设用地入市改革的机遇，成功敲响四川省集体经营性建设用地入市"第一槌"

（三）发展现状

战旗村党委充分发挥"主心骨"作用，引导各类组织发展，现有 7 个党组织、4 个自治组织、7 个群团社会组织（见图 2），形成了共建共治共享的良好局面，实现了集中居住区、合作社、民营企业党组织全覆盖。

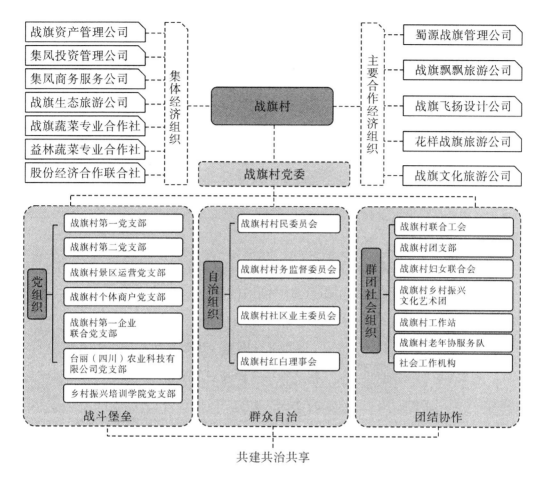

图 2　战旗村党委和集体经济组织机构架构

　　党的十八大以来，战旗村认真贯彻落实习近平总书记的重要指示精神，聚焦"支部建在产业链上"的目标定位，探索跨村区域党建联合体，创新"三问三亮六带头""三诺三办两评议"等机制。建立以党组织为核心，自治组织、经济组织、社会组织"一核多元"协同治理机制。村党委抓集体经济发展，整合村企，带动土地改革，带领群众增收致富。2021 年，村集体资产达 8 497 万元，集体经济年收入达 680 万元，村民年人均可支配收入达 3.55 万元。

三、调研安排

第一阶段，以党政、集体经济、乡村振兴等领域文献为中心，初步构建前期文献库。通过收集统计数据，分析战旗村近40年党建及集体经济的发展情况，初步认识战旗村党建引领集体经济的发展模式及历程。

第二阶段，到战旗村实地考察，对战旗村党支部书记、党支部副书记及部分村民和党员进行采访，参观村史馆和党建展示馆，深入考察党建在战旗村集体经济发展过程中的战略定位。

第三阶段，对前期资源查漏补缺。团队多次前往战旗村党支部调研，获取了村集体经济发展相关统计数据、村历年工作总结及工作计划。通过对这些资料进行整理、汇总及研读，深入了解战旗村党建引领集体经济发展的机制。

第四阶段，整理书面和口头资料，删除重复数据，将剩余数据编码归类。通过采用多层次、多数据源的资料收集方法，以多种视角形成三角验证，为归纳构念提供丰富可靠的解释。

四、战旗模式

通过对战旗村近40年发展历程的分析，团队发现了其以党的建设为内核促进集体经济发展的多途径引领机制，总结了新时代新成就背后的战旗模式，即回答"谁来负责""如何引领""与谁合作"的三个问题的"三个明确"——明确带路人、明确落实通路和明确协同对象（见表3）。

表 3　战旗模式："三个明确"

	关键问题	宏观机制	微观路径	重要意义	互动关系
党建+农村新型集体经济	谁来负责 主体问题	党建引领 关键核心	基层组织聚核凝芯，领导地位清晰明确 把握党建龙头作用，引领经济业务工作	保证领导核心 坚强有力 提供有效工作抓手	构筑底层逻辑 确保令出一处
	如何引领 流程问题	网络转译 实现途径	党建重构管理风格，动态过程快速响应 三重利益联子机制，赋能应期长期决策 内延外拓证召盘至，持续纳入活力因子 吸收吸引化零为整，乡土整合动员群众	优化网络结构 确保要素畅通 巩固群众路线 深化党建与集体经济之间的联系	增强党建工作对经济业务赋能作用 畅通要素自由流动管道通路 解除行动者的进入与身份转变 吸收基层干部吸引民众支持
	与谁合作 协同问题	治理共同体 重要支撑	党建联合劳动共生，打破村庄传统边界 多元主体践通联动，协商共治民主乡村 积极拥抱虚实要素，再造驱动动能引擎	扩大协同治理共识 合力凝聚资源 保障人民 当家作主的权益	建立党组织主导 的开放系统 强化网络转译过程中的各主体网络链接强度

（一）明确带路人，回答"谁来负责"

1. 基层组织聚核凝芯，领导地位持续巩固

战旗村村党总支大胆创新改革，推动产业升级，带领群众增收致富，充分发挥基层党组织战斗堡垒作用。进行村级建制调整改革，联合周边村党组织组建党建联合体，推动区域连片发展。创办全国首家乡村振兴培训学院，开展"新村民""新农人"招募行动，始终坚持"党支部统揽全局，抓集体经济发展，走共同富裕道路"的思路，村党支部工作路径主要如下。

第一，科学优化党组织构架。按上级关于村级建制优化调整的工作部署，战旗村于2020年6月初完成了新战旗村的组建，并优化了组织构架。2021年3月，新村委会完成换届选举，村党委下设6个支部，共有党员165人、党小组14个。

第二，理顺并优化工作机制。2021年11月，为解决村级办事机构人岗不匹配、办事效率低等问题，村"两委"决定成立村党委领导下的新"六大办"，即综合办、产业办、景区办、农发办、村建办、财务办，让分工更明确、职责更清楚。

第三，加强党员队伍建设。习近平总书记视察战旗村时指出："你们这个'三问三亮'，把共产党人的作用发挥出来了。"战旗村党建坚持"三会一课"制度，创新"三问三亮六带头"机制，组织引导党员通过学习强国等平台加强理论学习。

2. 发挥党建工作的"火车头"作用，引领经济业务工作

习近平总书记强调："要处理好党建和业务的关系，坚持党建工作和业务工作一起谋划、一起部署、一起落实、一起检查。"要发挥党建的引领作用，就要正确处理好党建和业务的关系。有了党建工作的领导核心，才能发挥和巩固党员的先锋模范作用和党支部的战斗堡垒作用，才能推动业务又好又快地发展。

战旗村始终坚持把党支部建在产业链、居民集中居住区、集体经济合作社、民营企业和项目上，现基本实现了农村基层各领域党组织全覆盖（见图3）。同时在党总支领导下，推进自治组织、群团组织、社会组织、经济组织等多种组织共同发展，确保村党总支对全村发展的直接领导和高效统筹。

加强农村基层党组织建设，成立集体经济发展合作社，以"党组织+产业"的方式带动集体经济发展。集体经济组织对全村土地实行了最大化统筹，真正落实了集体土地所有权，为建立兼顾国家、集体、个人的土地增值收益分配机制创造了条件。

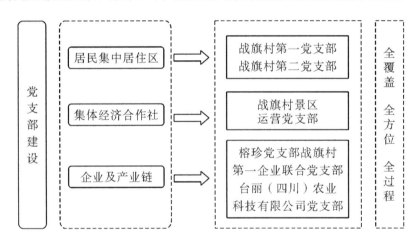

图3　党支部建设全覆盖

农村土地制度改革的实践，离不开村党建工作的"火车头"作用。2003年后的土地调整、2007年的集中居住区建设等几乎所有重大决策都是由党支部领导下的村集体来统筹的。近年来，涉及土地整理、承包地流转、集体资产确权到户等方面，群众间也会有矛盾，只有村集体跳出个人利益在全村进行统筹，才能找到土地整理与集中的最优解，最大限度保证公平。集体土地所有权的真正落实，为土地制度改革和建立土地增值收益的合理分配机制奠定了基础。

（二）明确落实通路，回答"如何引领"

1. 党建重构管理网格，动态过程快速响应

由于农村信息流动具有一定的滞后性，在农村社会治理的网络中，基层问题的建构往往缺乏动力：问题主体常停留在极端个案的独立概念层面。涉及各主体的连接和相互作用都要通过转译连接成网络（王鹏飞、王瑞璠，2017）。各主体含人类及非人类行动者。其中又包括核心行动者和其他行动者两类（拉图尔，2005）。战旗村党委作为网络中的核心主体，与各方行动者协同重构网络，将滞后的响应模式转化为动态问题模式。具体划分为：问题内部化与问题外部化。在问题内部化过程中，通过"党员+社区+单元"的日常网格化单元自主管理，对微观个体的需求进行日常化全面动态把握；在问题外部化过程中，强调村党委政策信息的捕捉与转换。图4为战旗村行动者网络图。

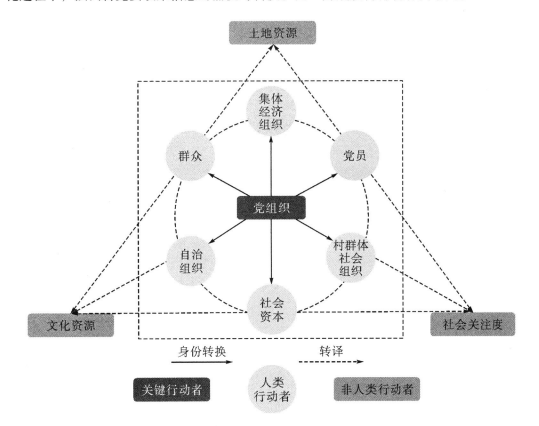

图4　战旗村行动者网络图

据统计，2018 年前，战旗村已开展试点政策 20 余项，有效增强了过程活性。上述两过程使村党委实现了微观问题的汇聚与呈现，为村集体经济的长效发展提供了主要动力。

2. 二重利益赋予机制，赋能精准长期决策

集体经济的发展离不开行动者的支持和参与。最直接的问题就是如何赋予利益才能激发群众的主观能动性和其他行动者的积极性。由于群众追求实利的特性，要想发挥党建引领作用，必须建立系统、公平的利益赋予机制。该机制的建构主要有两方面。

第一，短期利益的直接赋予。群众的本质特征与对利益的追求决定了其对平等的诉求，个体在平均主义公平的目标牵引下组成群体。因此，如何满足群众诉求便成为利益赋予的关键环节。战旗村党委通过内外信息的有机融合，学习借鉴其他村的利益赋予机制，结合实际情况，制定了一套多层次的利益分配机制（见图 5）。例如：将社会资本运营的税后利润，先划分为保价收益与溢价收益，保价收益 100% 划归村民与集体。溢价收益中 50% 流向平台管理公司，50% 归属集体经济与村民。划归集体经济组织与村民的部分，又分别以 49% 与 51% 的比例划分给村集体经济组织与企业。这一划分机制保障了村民收入的多样化，是解决效率与公平问题的有力实践。

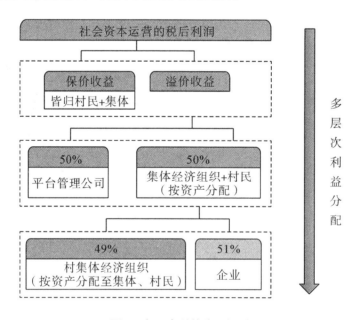

图 5　多层次利益分配机制

第二，长期利益的激励赋予。在保证短期直接利益的前提下，村党委的着力点在于探索长期利益的可获得性并将其嵌入日常生产经营。为此，村党委多次引入外部优秀资

源，利用社会网络辐射效应，推动文化和乡风文明建设，为长效利益机制的嵌入提供接口。2006 年起，战旗村每年开展"大学生进农家"活动，邀请大学生与村民同吃住，帮助村民们养成好习惯、树立新观念。

3. 内延外拓征召途径，持续纳入活力因子

战旗村集体经济建设呈现多途径的征召方式。

第一，基层组织征召。凭借长短期利益赋予机制为村民培育集体经济信心，党支部在产业上的广覆盖增强了村社会治理网络链的韧性，强化了党支部的"火车头"作用。

第二，党员节点征召。基于总体利益的有限性，平均主义的公平往往难轻易实现，但战旗村创新性地推行"三问三亮"，提高了基层党员素养与政治觉悟，稳固了关键网络节点。在利益分配中，党员的权利让渡使集体经济的发展有了更大空间，规范了内部网络结构。

第三，土地征召。战旗村能敲响经营性建设用地入市"第一槌"主要得益于其党建网络的构建对土地征召固有阻力的有效弱化。另外，集体经济的长期利益赋予使村土地资源变得灵活，能适应复杂的用地需求。

第四，人才、技术征召。村党委作为群众与外部的媒介，在制订科学规划的同时，将人才、技术主体纳入征召范围，实现行动者网络的外缘拓展，为村集体经济的发展奠定核心基础。通过系列征召，村党委得以不断规范内部网络结构，同时不断纳入活力因子较强的外部主体，有效激发了网络活性。

图 6 为各主体行动者与强制通行点。

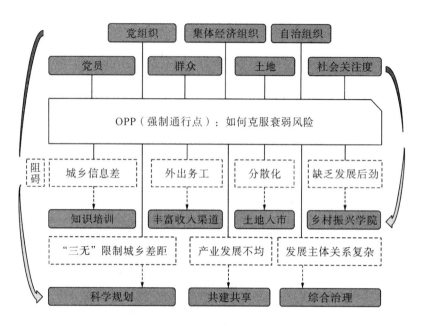

图6　各主体行动者与强制通行点

4. 吸收吸引化零为整，乡土整合动员群众

党建引领新型农村集体经济需关注的主体仍是农民。通过组织建设来强化引领作用有两条途径：一是整合分散主体；二是动员群众。战旗村党委动员的亮点在于：一方面，吸收部分能力突出的农民参与政治生活，壮大了村党支部的力量；另一方面，通过集体经济多途径分红、先锋模范党员的无私奉献吸引群众，增加民间支持，使转译过程实现最佳效益。

战旗村的行动者网络，以村党委为中心体，以国家政策为支撑，调整内部网络结构，延展外缘网络，对其他行动者进行征召。异质性的行动者在战旗村的集体经济发展过程中构成了复杂的网络关系（张学波 等，2018）。这一结构在党建引领下随着各主体、因素的变动会发生动态调整，具体表现为外部行动者的纳入、转变和网络关系变化（见图7）。

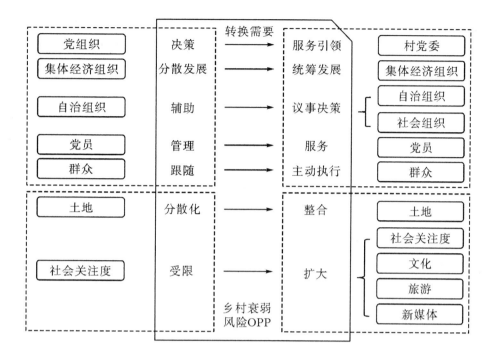

图7 战旗村网络角色转变与纳入

（三）明确协同对象，回答"与谁合作"

1. 党建联合扩大影响，打破村庄传统边界

战旗村作为周边村落群中的佼佼者，通过成立村际党建联盟发挥品牌辐射作用，激活全域发展动能。2020年，战旗村与周边的金星村合并为新战旗村，联合周边火花村等党组织组建党建联合体，推动区域连片发展。基于党建联盟站的方位，共同探索村际议事决策机制和工作协同机制，直击村际重复建设、资源内耗等问题。

2. 多元主体联通联动，协商共治民主乡村

以人民为中心，多元治理主体在党建引领下联通联动。战旗村依据村民民意考察结果，科学考虑集体资源及社区治理问题，以党建为抓手，以"自治、德治、法治"为工作重点构建"一核多元"基层治理共同体。

战旗村聚焦小微权力治理，由党组织定期考察战旗村村民委员会、议事会、居民监督委员会等自治组织。此外，战旗村严格落实"三问三亮""三固化、四包干"的治理制度，鼓励党员干部下沉基层、联络群众。

战旗村调查村民的现实问题和需求，引入成都同行社会服务中心，为村民提供特色公共服务。据统计，战旗村已开展老年人兴趣工坊活动 10 场、长期患病支持互助小组活动 9 场，举办大型节日活动 3 场，服务村民超过 1 500 人次。

战旗村通过引入和联合社区社会组织、常态化开办农民夜校来培育新时代农人。目前，战旗村已成功打造了 2 个社区社会组织，锻炼了 20 余名村民骨干。

3. 积极拥抱虚实要素，再造强劲动能引擎

战旗村积极拥抱大数据，把非人要素纳入治理共同体，成立四川乡村战旗数字科技有限公司，打造"数字战旗"乡村数字大脑服务平台。建立"三会一课"、党组织管理和党员等党务数字化档案，数字赋能党建工作。通过链接生产、生活、经营等数据，实现全村数字化管理。

五、战旗经验

（一）党建+组织引领

全方位培养、引进、用好人才，是推动集体经济发展的重要力量，锻造专业化人才队伍，就要强化党建引领。我国农村基层党组织存在党员干部储备不足、后备力量匮乏的问题，一些地方还存在基层党组织政治功能弱化、治理缺位等问题。只有坚定不移地建设强大的基层党组织，才能为集体经济的持续发展和壮大提供政治保证。

（二）党建+政策引航

推动村集体经济高质量发展，要在保持政策连续性的基础上，加大整合力度、提升执行精度，确保为基层所需、受群众欢迎。"党建+政策"引领集体经济发展，需强化财政激励，统筹财政资金投入，加大"输血"力度。制定"补短板"措施，依托村集体经济组织，深化帮扶支持。

（三）党建+产业引导

发展集体经济要在探寻个性化出路上做足文章，慎重挑选产业项目，找到符合地方发展的产业方向，保证生产的可持续性。要始终坚持党建引领，利用制度优势，健全农村创业创新体制，在培养创业创新领军人物方面下功夫，为人才提供实践锻炼和交流学

习的平台。用高水平、高品质的产业工程推动集体经济的发展。

（四）党建+战略引路

围绕党的十九大提出的"产业兴旺、生态宜居、乡风文明、治理有效、生活富裕"乡村振兴战略总要求，进一步组织广大农民整合资源、发展产业，真正实现资源转资产、资金转股权、村民入股，使基层党支部更有凝聚力、村庄更有活力、村民更有归属感。要以党的建设为引领，不断夯实基层治理组织的经济基础，调动村民主观能动性，从根本上激活农村发展的内生动力。

六、政策启示

战旗村的做法已成为全国乡村治理工作的典型案例之一。我国乡村基于不同客观条件已形成多样化发展特征。为增强成果的可实践性，本研究根据党建情况与集体经济发展程度，将我国乡村分为"实党建—强集体""实党建—弱集体""虚党建—强集体""虚党建—弱集体"四类，并以战旗模式为样板，针对不同类型村庄提出建议（见图8）。

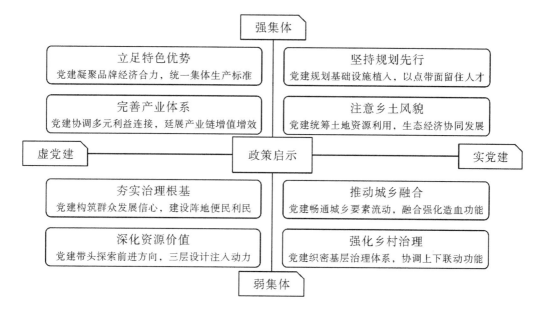

图8　对不同类型村庄的政策建议

（一）"实党建—强集体"村庄

以战旗村为代表，该类村庄分布较分散，通常有一定的生产基础，且党建的凝心聚力作用突出，人口流失现象并不显著；但由于其整体生产技术存在一定的滞后性，从长远看，集体经济存在衰落风险。同时，该类村庄的基础设施与居住环境同城市相比仍有较大差距。据此提出以下两点建议。

1. 党建规划基础设施植入，以点带面留住人才

由党建进行科学规划具有天然优势。村党组织以其上下联动的特殊作用，一方面把握村庄全局面貌，另一方面学习别村优秀经验。依托党建全面规划，立足群众路线，通过助力中心村的公共服务功能发展，以点带面，配合构建社会保障体系，利用辐射作用，为村庄集体经济留住先进生产力。

2. 党建统筹土地资源利用，生态经济协同发展

为防止该类村庄对生态环境产生不良影响，进而影响可持续发展，有必要发挥党建的统筹作用，规划生态基本红线与永久基本农田。针对农村土地、人员分散化的特点，由党建牵头调配土地资源，实现农村土地资源集约、农村人口集聚的目标。力求中心村向生态宜居转型，使集体经济顺应发展潮流。

（二）"实党建—弱集体"村庄

在快速工业化和城市化背景下，该类村庄的大部分用地被城市所蚕食和包围。以"城中村"为代表，该类村庄具有良好的党建基础，但集体经济组织关系涣散，存在空心化现象。其面临的发展难题是村庄缺乏"造血"功能，集体经济资源未被充分盘活。据此提出以下两点建议。

1. 党建畅通城乡要素流动，融合强化造血功能

基于该类村庄的地理位置，其集体经济的发展必须依托城乡融合。利用城市广阔的潜在市场，采取"党建+龙头企业+农户"模式，通过党建汇聚资源，增强集体经济向心力。另外，由党建引领来深化村庄居间服务的开展，增强远郊村的生产功能、近郊村的服务功能、城市的需求满足功能，实现要素畅通。

2. 党建织密基层治理体系，协调上下联动功能

党建的引领体现在群众路线的坚持上。要明确村庄的发展主体仍是农民，欲改变其

分散化特征，从根本上助力农民发展，就要重视基层治理，利用综合治理网络，推动党组织与基层干部下沉嵌入基层，打通组织架构与社会网络。另外，利用集体经济促使人、财、物资源向基层倾斜，助力基层发展。

（三）"虚党建—强集体"村庄

该类村庄往往有比较优势资源。在地方政府并未对农村土地等资源进行严格管控的情况下，当地农村集体组织主要利用集体资源进行市场化交易来维持收入，对党建引领的依赖较弱。目前来看，其集体经济的发展成就较为突出，但集体土地资源的不可再生性和边界性决定了集体组织收入的不可持续性。结合集体组织空壳化现象，本研究提出以下两点建议。

1. 党建凝聚品牌经济合力，统一集体生产标准

该类村庄具备发展品牌经济的比较优势与潜力。通过党建进一步凝聚集体经济合力，由党建充当连接集体的中心，连接上下游产业，合力打造村庄特色品牌。为克服品牌经济标准化的难题，需运用党建的协调功能，定期开展支部党员座谈，深入了解民情村情，协调统一生产标准，为村庄品牌成长保驾护航。

2. 党建协调多元利益连接，延展产业链增值增效

该类村庄集体经济发展虽成果喜人，但其发展的可持续性仍有待商榷。为此，必须借助党建引领，使其收入结构正规化、合理化，做到标准化生产促一产、精细化加工促二产、文旅融合助三产，全面推动产业链高质量增值增效。在基层党委的带领下，贯通产销，积极建设集体经济"村—企—农"的特色产业化集体经济业态。

（四）"虚党建—弱集体"村庄

该类村庄呈现出几个主要特点：村级组织涣散、村集体经济几乎空白、村干部威信丧失、空心化问题严重。如何凝聚力量，发展集体经济，对抗人才流失风险，是该类村庄亟须解决的难题。据此提出以下两点建议。

1. 党建构筑群众发展信心，建设阵地便民利民

对于该类村庄组织涣散的状况，创办党支部领办的合作社是一条有效路径。在此过程中，要把重心放在劳动联合上，并辅以资本联合。必须坚持以人为本，尊重村民意愿、遵循相关法律法规，建设党建引领阵地，为集体经济发展奠定基础。另外，加强党建引

领下民生事业发展，为村集体成员开展培训，提供就业岗位，并保障托底安置，为集体经济发展注入长效动力。

2. 党建带头探索前进方向，三层设计注入动力

由党建带头，借助集体经济优势，实现多面资源的全面整合。由此实现生态资源价值化的三层设计：首先，通过集体经济对内部资源进行核算、清查、定价；其次，通过党建与集体经济的媒介作用，引入外来资本，结合村内外资源，制订合理收益分配计划；最后，推动进入主体社会化包装，对生态资源进行产权分离交易，从而有效增加集体经济收入。

七、经验推广

调研团队在总结战旗模式的基础上认真进行实践验证，在 4 省（自治区、直辖市）34 个村庄进行了宣讲、座谈、走访，针对实际情况提出了相应的政策建议（见图 9）。此后，团队将继续与村庄保持联系，密切关注建议的落地时效性。

实践验证涵盖全国4省（自治区、直辖市）34个村庄

浙江省：
·温岭市泽国镇池里村
·温岭市泽国镇五里泾村
·温岭市横峰街道汇川王村
·……

重庆市：
·北碚区龙凤桥街道群兴村
·北碚区龙凤桥街道长滩村
·……

四川省：
·郫都区唐昌镇战旗村
·东部新区养马街道先进村、三岔街道汪家村、武庙镇团堡村
·温江区万春镇高山村、和林村、幸福村
·天府新区永兴街道红花村
·资阳市小院镇栀子湾村
·……

内蒙古自治区：
·托克托县双河镇大羊场村
·托克托县双河镇枳芨壕村
·托克托县古城镇什力圪图村
·托克托县伍什家镇什拉乌素壕村
·托克托县伍什家镇大北天村
·……

图 9 经验验证足迹示意图

参考文献

高鸣，芦千文，2019. 中国农村集体经济：70 年发展历程与启示 [J]. 中国农村经济，10：19-39.

陆雷，崔红志，2018. 农村集体经济发展的现状、问题与政策建议 [J]. 中国发展观察，11：36-38.

王鹏飞，王瑞璠，2017. 行动者网络理论与农村空间商品化：以北京市麻峪房村乡村旅游为例 [J]. 地理学报，72（8）：1408-1418.

魏后凯，叶兴庆，杜志雄，等，2022. 加快构建新发展格局，着力推动农业农村高质量发展：权威专家深度解读党的二十大精神 [J]. 中国农村经济，12：2-34.

习近平，2021. 毫不动摇坚持和加强党的全面领导 [J]. 求知，10：4-10.

张新文，杜永康，2022. 集体经济引领乡村共同富裕的实践样态、经验透视与创新路径：基于江苏"共同富裕百村实践"的乡村建设经验 [J]. 经济学家，6：88-97.

张学波，马相彬，张利利，等，2018. 嵌入与行动者网络：精准扶贫语境下扶贫信息传播再思考 [J]. 新闻与传播研究，25（9）：30-50，126.

赵黎，2022. 集体回归何以可能？村社合一型合作社发展集体经济的逻辑 [J]. 中国农村经济，12：90-105.

中华人民共和国农业部，2012. 中国农业统计资料 2011 [M]. 北京：中国农业出版社.

新时代大学生志愿服务育人功能与实现路径探索

——以西南财经大学为例

王倬婷　兰岛　刘华　胡安妮

摘　要

志愿服务既是新时代大学生践行社会主义核心价值观的重要途径，也是大学生社会实践的重要形式。在高校思想政治教育工作中，充分发挥大学生志愿服务的育人功能，不仅有利于大学生塑造崇高理想与价值观念，也有利于大学生培养责任与担当意识，锻炼实践能力，磨炼意志品质。高校强化志愿服务育人工作，必须围绕立德树人根本任务，加强顶层设计，完善制度保障，营造文化氛围，充分发挥志愿服务工作在思政教育方面的作用，促进其育人功能的有效发挥。

关键词

大学生志愿服务；育人功能；实现路径

新时代，志愿服务作为高校进行思想政治教育工作的有效载体，在大学生个人成长中发挥着重要作用。近年来，高校志愿服务事业飞速发展，大学生志愿者在社会治理、假期支教、国际会议、体育赛事等各类志愿服务活动中锻炼自身能力、展现青年担当，在与现实相结合的"大思政课"中"受教育、长才干、做贡献"。实践表明，鼓励和支持大学生志愿服务事业的发展，既能够为培育时代新人提供实践平台，又可以促进社会主义精神文明建设，为实现中华民族伟大复兴的中国梦积蓄力量。《中长期青年发展规划（2016—2025年）》强调，要广泛开展大中专学生志愿服务等社会实践活动，鼓励青年参与社会公共服务和社会公益事业。习近平总书记在给复旦大学《共产党宣言》展示馆党员志愿服务队全体队员的回信中强调，青年党员要"在学思践悟中坚定理想信念，在奋发有为中践行初心使命，努力为实现'两个一百年'奋斗目标、实现中华民族伟大复兴的中国梦贡献智慧和力量"。回信内容对志愿服务给予了高度评价，同时也彰显了志愿服务的育人价值。志愿服务具有育人优势，是大学生思想政治教育的重要切入点。因此，系统探讨新时代大学生志愿服务育人功能并探索其实现路径具有重要的现实意义。

一、新时代大学生志愿服务育人功能阐释

当前，我们正处于中华民族伟大复兴战略全局和世界百年未有之大变局的历史交汇点，培养什么样的青年，要与这一新形势紧密联系起来。相应地，高校志愿服务育人功

能也要进行深化，从而形成更丰富的时代内涵和具体要求。新时代背景下，高校教育的目标就是努力培养担当民族复兴大任的时代新人，培养德智体美劳全面发展的社会主义建设者和接班人。这一定位为高校志愿服务育人功能的发挥提供了更加明确的指导方向。具体来说，志愿服务在高校育人体系中的功能主要体现在以下三个方面。

（一）崇高理想与价值观念的塑造功能

青年是标志时代的最灵敏的晴雨表，当代中国青年是国家强盛和民族复兴的希望。当前是我国发展的战略机遇和风险挑战的并存期，也是每个青年人生发展的逆、顺并存期，大学生的价值取向与其人生观紧密结合，需要每个个体与历史同向、与祖国同行、与人民同在。志愿服务在塑造大学生的崇高理想与价值观念方面发挥着重要作用。一方面，大学生通过志愿服务能够更好地了解我国社会主义现代化建设取得的伟大成就，增强对社会主义的道路自信、理论自信、制度自信和文化自信，坚定崇高的理想信念；另一方面，大学生通过参与各类志愿服务，可以认识到自身在社会发展过程中的积极正向作用，加深对"奉献、友爱、互助、进步"的志愿精神的理解，形成正确的世界观、人生观、价值观，自觉成为良好社会风尚的倡导者和社会主义核心价值观的传播者、实践者。

（二）社会责任与担当意识的培育功能

"时代的责任赋予青年，时代的光荣属于青年。"一代人有一代人的责任和担当，有建设家庭、服务社会、贡献国家的义务和使命。大学生参与志愿服务，把思政小课堂同社会实践大课堂结合起来，走出校园、迈向社会，在实践中认识国情、体察民情，有利于社会责任感的培育。大学生在志愿服务中深刻理解个人与社会的关系，有助于引导个体在正确认识历史大势中明确人生方位，在正确判断国情中确立人生站位，在正确认识自我中确认人生定位。大学生参与志愿服务，把小我融入祖国的大我、人民的大我之中，在担当中历练，在尽责中成长，在服务国家、服务社会、服务人民的过程中实现自我价值，争做走在时代前列的奋进者、开拓者、奉献者，在中国式现代化建设中勇当先锋队、突击队，让青春在党和人民最需要的地方绽放。

（三）实践能力与意志品质的强化功能

志愿服务既是高校实践育人的重要渠道，也是磨炼大学生意志品质不可或缺的环节。

大学生在志愿服务过程中，通过与服务对象的联络，提升了个人的沟通交流能力；通过团队合作的过程，锻炼了个人的团队协作能力；通过志愿服务项目的具体实施，强化了个人的执行力和遇到突发事件时的应变能力。同时，大学生在参加志愿服务时会遇到各种各样、不同程度的困难与挫折，而克服困难和经受考验的阶段也是他们磨砺意志的过程。新时代大学生正是在这种迎难而上、攻坚克难的精神素养中磨炼意志品质，在应对重大挑战、抵御重大风险、克服重大阻力、解决重大矛盾中经风雨、见世面、壮筋骨、长才干，成长为有理想、敢担当、能吃苦、肯奋斗的新时代好青年。

二、西南财经大学志愿服务育人工作体系

（一）加强顶层设计，推动志愿服务育人融入学校人才培养格局

图 1 为西南财经大学志愿服务工作体系。

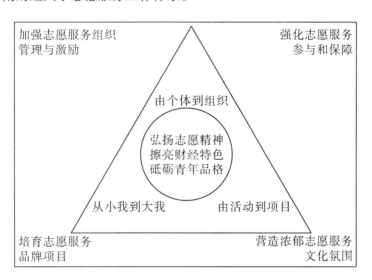

图 1　西南财经大学志愿服务工作体系

西南财经大学结合自身实际特点及学科特色，围绕立德树人根本任务，深入挖掘志愿服务育人的功能内核，打造形成"核心引领，多维带动"的高校志愿服务工作体系，做好有特色、显功能的顶层设计方案。围绕"弘扬志愿精神、擦亮财经特色、砥砺青年品格"的核心理念，学校不断探索实现"由个体到组织、由活动到项目、从小我到大我"的进阶式发展路径，不断加强志愿服务组织管理与激励、强化志愿服务参与和保障、

培育志愿服务品牌项目、营造浓郁的志愿服务文化氛围。长期以来，西南财经大学坚持发挥志愿服务工作在思政教育方面的作用，搭建了党委领导、行政支持、团委落实、多部门联动、多层级参与、学生广泛响应的工作机制，全面发挥青年志愿服务实践育人功能，积极推动将志愿服务融入高校"三全育人"格局和人才培养体系。

（二）完善制度保障，构建志愿服务育人长效机制

学校结合教育部印发的《学生志愿服务管理暂行办法》等文件要求，建立了科学的志愿服务激励制度，并将其纳入学校文明校园创建、校园文化建设、社会实践活动等内容，构建长效机制。从学生成长成才的需求出发，学校还构建了科学考评体系，把大学生志愿服务纳入学校思想政治教育工作总体布局，将参与志愿服务情况计入大学生综合素质评价指标体系，实行志愿者星级认证制度，把志愿服务作为入党积极分子培养、预备党员培训、党员学习实践的必须环节，推动志愿服务长效发展。学校成立校级青年志愿者组织，并配备专职团干作为指导老师，并设有独立的办公场地，负责统筹组织开展志愿活动，孵化培育大学生志愿服务项目；同时各二级学院成立相应的青年志愿者组织，推动构建"校—院—班"三级志愿服务组织体系，推动健全组织机制，充分发挥各组织在大学生志愿服务中的作用，便于一体化开展青年志愿服务工作。

（三）重视榜样引领，营造志愿服务浓郁文化氛围

骨干志愿者榜样是高校志愿服务工作的重要组成部分，能够引领更多学生投入志愿服务工作，营造浓郁的志愿服务文化氛围。学校结合"国际志愿者日"举办青年志愿行动评优表扬活动，深入挖掘大学生中具有启发性、教育性并能产生共鸣性的先进典型，授予"十佳青年公益榜样""十大志愿服务品牌项目""十大志愿服务优秀组织""星级志愿者"等荣誉称号，充分发挥"看得见、够得着"的榜样力量在大学生志愿服务中的引领作用，引导大学生见贤思齐，躬行践履，进一步提升大学生志愿者参与志愿服务活动的积极性。学校还结合"学雷锋日"倾力打造"志愿者文化节"，将来自校院各级志愿服务组织的精品志愿项目以丰富的展示形式进行推介，大学生志愿者们相互交流学习心得、共享志愿经验，积极成为志愿精神的践行者。

三、西南财经大学志愿服务育人功能实现路径

（一）突出一个"核心理念"，明确青年志愿服务"方向标"

西南财经大学始终围绕高校"培养什么样的人、如何培养人、为谁培养人"这一根本问题，注重把"思政小课堂同社会实践大课堂结合起来"，着眼于"实践的、现实的、发展的人"，立足当代高校实践育人工作的共同挑战，遵循高校思想政治工作规律和个体成长规律，满足社会发展的外在要求和个体内在需要，不断探索志愿服务与育人协同机制，逐步淬炼形成了"弘扬志愿精神、擦亮财经特色、砥砺青年品格"的核心工作理念。学校建构起"财经素养＋思政教育＋公益服务＋志愿服务"的实践育人模式，牢牢把握青年志愿服务工作"方向标"，形成了"扎根中国大地，涵养家国情怀，服务社会进步"的实践育人优良传统。学校志愿服务工作组织先后获评"G20财长和央行行长会志愿者工作先进组织""第六届全国大学生艺术展演活动志愿服务工作优秀组织单位""第八届四川省青年优秀志愿服务组织""第26届四川青年五四奖章集体""第十三届中国青年志愿者优秀项目奖""青年志愿服务项目大赛全国金奖""成都大运会志愿服务工作先进组织"等荣誉。

（二）建构"三阶"培育路径，绘就青年志愿成长"路线图"

学校不断探索增强青年志愿服务工作的育人效能，构建起"由个体到组织、由活动到项目、从小我到大我"的三阶式培育路径。由重视个体引导到强化组织管理，广大西财青年在校、院两级"青年志愿者协会"的组织下，主动投身各类志愿服务活动，在大型赛会志愿服务、爱在社区志愿服务、假期支教志愿服务、校园生活志愿服务等多个领域接受锻炼、实现成长；把单个志愿活动孵化为可持续发展项目，聚焦聚力把开学迎新、食堂就餐秩序维护等微小项目做好做精，同时注重把品牌项目做大做强，成功孵化SWUFE未来财经计划、"一碳究竟"绿色经济与科普实践、中国家庭金融调查研究、研究生支教团等持续性、品牌性项目；引导青年志愿者将小我融入大我，积极加入"青春志愿·爱在社区"等系列活动，与成都市50多个社区长期结对，每年社区志愿服务活动覆盖超过1 000人，积极参与大型赛会志愿服务，在"成都大运会""G20财长和央行行

长会"等各类大型赛会舞台，展现西财青年"大我"担当，向世界讲述西财青年故事、展现青春风采。

（三）强化"四维"工作方法，打造青年志愿服务"金招牌"

学校立足于财经院校特色，发挥学科优势和专业特长，逐步形成了"加强志愿服务组织管理与激励、强化志愿服务参与和保障、培育志愿服务品牌和项目、营造志愿服务浓郁氛围"的四维工作方法，打造了多个具有西财特色志愿服务的品牌。SWUFE 未来财经计划项目历经 7 年不懈探索，培养了 1 万余名骨干志愿者，实践足迹遍布全国个 28 省份的 250 余所中小学校、社区，惠及 75 000 余个家庭，构建了线上线下双线科普金融知识志愿服务模式，设计了金融类基础体系课程并且撰写了相关读本，扩大了志愿服务规模与影响力。中国家庭金融调查研究项目自 2011 年开展第一轮中国家庭金融调查以来，已成功实施六轮，共计 20 000 余名在校学生志愿者参与调查，数据样本覆盖 40 011 户家庭和 127 012 名个体，有效融合了一、二课堂，带领西财学子走入社会，用行动践行梦想。西南财经大学研究生支教团累计派出 144 名研支团志愿者先后在四川省阿坝州汶川县、凉山州美姑县等地，积极参加灾后重建、扶贫、支教等志愿服务工作，西财志愿者用实际行动彰显了责任意识、使命担当，向时代交出了一份满意的答卷。

参考文献

崔娟，张发钦，2013. 党建引领高校实践育人共同体建设的实践进路 [J]. 学校党建与思想教育，14：20-22.

潘春玲，2021. 新形势下高校志愿服务育人功能的作用机理及实现路径 [J]. 思想教育研究，3：126-130.

高原红

——党的二十大背景下西藏自治区红色基因传承模式的探究

李嘉 唐锦鸿 刘磊 刘荃铭悦 杨琪

摘　要

党的二十大报告指出，"维护党的团结统一，促进红色基因传承"。近年来西藏自治区在红色基因传承方面的成果有目共睹。团队成员前往西藏自治区拉萨市林周县开展关于"西藏红色基因传承模式探究"的调研活动。团队创新使用"2+2"——"双问卷+双模型"分析模式。调研前期，团队在对林周县红色文化有初步了解的基础上，循着红色足迹，深入感悟林周县的红色文化底蕴；调研中期，团队前往红色村落——朗当村，开展红色授课及走访调研活动；调研后期，团队成员通过采访村支书，把握政策方针。调研结束后，团队通过 Logit 模型及 AHP 层次分析模型，并结合多方材料，综合分析西藏自治区红色基因传承问题，并提出切实的政策建议。

关键词

西藏自治区；红色基因传承；多项有序 Logit 模型；AHP 层次结构模型

一、引言

（一）调查目标

团队成员采用"2+2——双问卷+双模型"模式，基于资料阅读、实地调研、数据分析，探究在深入学习宣传贯彻党的二十大精神的当下，西藏自治区应如何让红色基因代代相传这一问题。

（二）调查意义

团队成员根据林周县红色文旅、红色教育等的实际情况，对当前西藏自治区红色旅游发展阶段及红色教育程度进行判断和研究。采用问卷、采访、查阅资料等多种方式对现有的状态展开评估和分析，提出发展的新路径、新思维、新创意，并将发展经验推广到其他红色教育基地，实现联动发展。

（三）调查方法

文献研究法、实地调查法、深度访谈法、问卷调查法、案例分析法、类比分析法。

二、西藏自治区红色基因传承问题的现状及调研分析

（一）西藏自治区红色基因传承问题的现状

1. 自然因素

西藏地处青藏高原，海拔高、地形复杂、气温低且空气稀薄，自然环境恶劣。长期生活在低海拔地区的人在高原时身体会产生不良反应，影响正常生活。高寒的气候条件导致西藏旅游业有很强的季节性。夏季是去西藏旅游的最佳季节，特别是在每年的7、8月份。冬春季节由于气温低且缺乏相应的旅游项目，旅游人数较少，季节性差异明显。另外，恶劣的自然环境导致高学历专业旅游人才不愿进藏工作，专业人才匮乏，专业人才引进难度大。林周县距离拉萨市城中心67.5公里，较远的距离使得游客在游览市中心景点之余无力前往。林周县红色资源丰富，政府尤为重视，可由于上述因素游客稀少。

2. 社会因素

除了自然因素外，旅游基础设施建设还需进一步完善，道路交通不便依然是阻碍西藏旅游业发展的重要因素。由于西藏地域辽阔，旅游景点之间相距较远，游客在途中花费时间较长，不利于相邻区域旅游业的发展。以林周县为例，市区到林周县有一个半小时的车程，游客只能自驾或者乘坐旅游客车，公共交通并不方便。同时，专业的旅游服务人员缺乏，难以为游客提供满意的服务，影响游客的体验。缺乏专业的旅游人才，导致西藏在旅游业发展方面缺乏创新思想和意识，不能及时推陈出新，制约了西藏旅游业的发展。除此之外，作为大学生的我们过去对于西藏的红色文化了解甚少，没有专业人员的讲解，我们很难真正领悟与理解其中的精神内涵。值得欣喜的是，林周县红色农场遗址已大量引进专业讲解员，但如何吸引游客前往参观，仍是亟待解决的问题。

3. 市场因素

旅游业的发展面临着激烈的行业竞争，单一、传统的旅游形式已经不能满足现代人对旅游的需求，容易被市场淘汰。除前文提到的自然环境恶劣，以及专业人才缺乏的问题，西藏的商业化程度也较低，旅游业难以带动相关产业，进而难以带动整体市场的发展。以林周县为例，当地的藏鸡、青稞酒、甜茶等特色美食很难通过旅游业增加外销量。

4. 文化因素

普通话的普及在西藏也是一件难事，这使得部分藏族同胞对于城市的发展、经济的进步不甚了解。值得庆幸的是，在国家与当地政府的不断努力下，不少藏族同胞努力学习，见识了外面的世界，最终以所学回报家乡。以林周县为例，经过我们的实地走访，虽然老一辈藏族同胞听不懂普通话，但是大部分年轻人都能与我们正常对话，他们对知识的渴望、对未来的期待让我们看到了他们光明灿烂的未来。

（二）实地调研与分析

1. 大学生问卷调查基本情况分析

（1）问卷设计

①调研目的

调查学生对红色文化基因传承的了解程度，明确学生更喜欢通过哪些方式进行红色文化基因的传承和学习，据此制定出有效的传承措施。

②调研对象

调查对象为本校各专业大一至大四的在校大学生。

③调研问卷的分发与收集

本次问卷调查采取线上方式进行，在问卷星平台开展为期两个月的线上问卷调研。共发放 110 份问卷，最终回收 110 份问卷，回收率为 100%。其中有效问卷为 109 份，有效率为 99.1%。样本的主要特征如表 1 所示。

表 1　样本特征数据

变量	类别	人数/人	百分比/%
对红色文化基因的了解程度	非常了解	11	10.09
	比较了解	87	79.82
	完全不了解	11	10.09
性别	男	38	34.86
	女	71	65.14

表1（续）

变量	类别	人数/人	百分比/%
年级	大一	89	81.65
	大二	13	11.93
	大三	4	3.67
	大四	3	2.75
政治面貌	群众	25	22.94
	团员	82	75.23
	党员（含预备党员）	2	1.83

从样本分析统计结果来看，多数高校学生对红色文化基因比较了解，样本占比79.82%；样本的年级分布主要集中在大一到大三，分别占比81.65%、11.93%和3.67%，即参与人数最多的为大一学生（因部分大四学生在校外实习，所以参与调研的人数会少一点，占比2.75%）；政治面貌分为群众、团员和党员（含预备党员），七成以上的学生的政治面貌为团员，群众和党员（含预备党员）的样本分别占比22.94%和1.83%。

（2）变量选取

①因变量

高校学生对红色文化了解程度越高，其爱国情怀越容易被激发，越有利于红色基因的传承。调查中，将红色文化基因的了解程度作为因变量，非常了解赋值为1，比较了解赋值为2，完全不了解赋值为3。

②自变量

学生参加有关红色文化基因传承活动的频率越高，越会增强对红色文化基因内涵的理解。在模型建立中，经常参加赋值为1，偶尔参加赋值为2，从未参加赋值为3。

学生兴趣程度越高，就越有利于红色文化基因的传承。在模型建立中，主动了解赋值为1，反之为0。

高校加强红色文化的宣传，积极开展相关实践活动，让学生在实际行动中感受到红色文化带来的影响，能够让隐性教育更好地发挥作用。在模型建立中，认为红色文化基因在校宣传力度大赋值为1，宣传力度一般赋值为2，从未宣传赋值为3。

团学组织是高校思想政治工作的主力军，在高校团学组织中开展红色文化教育，让学生干部带头学习，可引领更多的学生一起学习，由此可使红色文化基因得到更好的传承。在模型建立中，认为高校团学组织开展红色基因传承活动对红色文化基因传承影响非常大赋值为1，影响比较大赋值为2，影响不大赋值为3。

团队使用文献分析法，除了上述变量外，还选取了多个变量。模型中各变量的含义、赋值结果如表2所示。

表2 模型赋值结果

变量	变量定义及赋值	平均值	标准差
对红色文化基因的了解程度	非常了解=1；比较了解=2；完全不了解=3	2.00	0.451
红色文化基因传承内容的体现	革命精神=1；理想信念=2；光荣传统=3；优良作风=4	1.78	0.906
参加红色文化基因传承活动的频率	经常参加=1；偶尔参加=2；从未参加=3	2.02	0.527
是否会主动了解红色文化基因	会=1；不会=2	1.49	0.555
高校在传承红色文化基因中发挥的作用	非常大=1；比较大=2；不大=3	1.94	0.499
红色文化基因在校宣传力度	宣传力度大=1；宣传力度一般=2；从未宣传=3	1.80	0.523
高校团学组织开展红色文化基因传承活动对红色文化基因传承的影响	非常大=1；比较大=2；不大=3	1.85	0.558
高校学生职能部门开展红色文化基因传承活动对红色文化基因传承的影响	非常大=1；比较大=2；不大=3	1.89	0.567
课堂思政与思政课堂相衔接对红色文化基因传承的帮助	非常有帮助=1；比较有帮助=2；没有帮助=3	1.82	0.564

（3）实证分析与结果

①多项有序Logit模型估计结果

团队运用Stata统计软件对109份选择实验样本数据进行整理，并使用多项有序Logit模型进行分析，估计结果如表3所示。

表 3　有序 Logit 模型回归结果

变量类型	变量	模型
主观变量	红色文化基因传承内容的体现	0.488 (0.483)
	参加红色文化基因传承活动的频率	3.043*** (0.925)
	是否会主动了解红色文化基因	4.522*** (1.679)
客观变量	高校在传承红色文化基因中发挥的作用	1.633* (0.899)
	红色文化基因在校宣传力度	2.026** (0.893)
	高校团学组织开展红色文化基因传承活动对红色文化基因传承的影响	1.548** (0.778)
	高校学生职能部门开展红色文化基因传承活动对红色文化基因传承的影响	-0.892 (0.779)
	课堂思政与思政课堂相衔接对红色文化基因传承的帮助	-0.357 (0.950)

注：*、** 和 *** 分别表示 10%、5% 和 1% 的显著性水平。

②影响红色基因传承因素分析

统计结果显示，从主观变量来看，参加红色文化基因传承活动的频率越高，对增加高校红色文化基因传承的概率越有显著影响，因此通过丰富有趣的活动有利于深化学生对红色文化基因传承的了解；会主动了解红色文化基因对高校红色文化基因的传承影响显著，可以提高学生的兴趣，兴趣程度越高，就越有利于红色文化基因的传承；红色文化基因传承内容的体现对高校红色文化基因的传承影响较弱，这是因为红色文化基因传承的内容丰富，不能以单独的一种精神或一种优良作风来反映。

从客观变量来看，高校在传承红色文化基因中发挥的作用越大、红色文化基因在校宣传力度越大、高校团学组织开展红色文化基因传承活动越频繁，对高校红色文化基因传承影响越显著。

2. 居民问卷调查基本情况分析

（1）问卷设计

针对红色旅游对当地社会发展的促进作用绩效研究，我们设置多个问题，覆盖多个方面。鉴于当地的通信情况，我们采取纸质问卷形式，且在考虑语言差异后，我们设计了藏语问卷，以提高问卷调查的效率和质量。

（2）问卷发放

本次问卷调查采取线下方式进行，团队在当地相关负责人的带领下走访村中居民，发放问卷。后期团队运用收集到的数据，进行统计分析。

（3）AHP 层次结构模型搭建工作

团队运用 AHP 层次分析的综合评价研究方法，建立层次结构模型，构造判断矩阵，计算权向量并进行一致性检验，从而确定各层次因素的权重，形成最终的绩效评价体系。结合调查地区的具体情况，团队将绩效评价分为了经济绩效评价、社会绩效评价、生态绩效评价、工作绩效评价 4 个方面，在此基础上对每一个方面分别提取内涵因子，得到"评价目标层—评价准则层—评价因子层"的评价层次结构，并且对细分三级指标进行改善，构建合理的绩效评价体系。

使用 AHP 模型确定指标权重。根据文献，做出准则层的相对重要性表格来确定准则层的判断矩阵 A：

$$A = \begin{bmatrix} 1 & 3 & 3 & 4 \\ 1/3 & 1 & 1 & 1/3 \\ 1/3 & 1 & 1 & 4/3 \\ 1/4 & 3/4 & 3/4 & 1 \end{bmatrix}$$

得到 λ 的最大特征根 $\lambda_{max} = 4.02$，计算得特征向量。引入判断矩阵偏离一致性指标 CI 与判断矩阵评判随机一致性指标 RI 及比值指标 CR，来检验判断思维的一致性。经计算 CI = 0.006 9，RI = 0.890 0，CR = 0.007 7 < 0.1，说明判断矩阵 A 具有满意的一致性，也说明对于四大评价准则的重要性判断分析具有可信性。

计算评价因子层各因素权重。对 4 个评价准则下属的评价因子分别采用上文所述方法建立判断矩阵，使用特征值法计算因子的权重，并进行一致性检验。经计算，各三级评价因子层的权向量分别为

$$W_1 = \begin{bmatrix} 0.337\ 1 & 0.176\ 2 & 0.369\ 3 & 0.117\ 5 \end{bmatrix}^T$$

$$W_2 = \begin{bmatrix} 0.353\ 6 & 0.204\ 2 & 0.243\ 5 & 0.198\ 7 \end{bmatrix}^T$$

$$W_3 = \begin{bmatrix} 0.169\ 2 & 0.387\ 4 & 0.443\ 4 \end{bmatrix}^T$$

$$W_4 = \begin{bmatrix} 0.096\ 3 & 0.259\ 5 & 0.173\ 0 & 0.471\ 2 \end{bmatrix}^T$$

各评价因子层判断矩阵的一致性比率分别为 0.001 6，0.011 6，0.017 6，0.007 7，均小于 0.1，通过一致性检验，整体一致性是可接受的，说明对 15 个评价因子的相对重要性判断是可信的。最终得到如表 4 的层次权重分布。

表 4　基于居民感知的红色文旅对当地社会发展促进作用绩效评价体系

评价目标层 （权重）	评价准则层 （权重）	评价因子层 （权重）
A 红色文旅 对当地社会发展促进作用绩效	B1 经济绩效 （0.521 7）	C1 居民收入程度 （0.337 1）
		C2 就业推动程度 （0.176 2）
		C3 贫富差距程度 （0.369 3）
		C4 物价水平程度 （0.117 5）
	B2 社会绩效 （0.173 9）	C5 基础设施程度 （0.353 6）
		C6 娱乐休闲满意度 （0.204 2）
		C7 对外吸引程度 （0.243 5）
		C8 外来因素干扰 （0.198 7）
	B3 生态绩效 （0.173 9）	C9 环保意识程度 （0.169 2）
		C10 居住环境满意度 （0.387 4）
		C11 环境污染程度 （0.443 4）
	B4 工作绩效 （0.130 4）	C12 政策公开度 （0.096 3）
		C13 宣传满意度 （0.259 5）
		C14 决策参与度 （0.173 0）
		C15 效果满意度 （0.471 2）

（4）数据赋分

对评价因子原始值制定李克特五级量表（分别以程度词很小、较小、一般、较大、很大表示），再采用百分制将原始值转换成评价因子得分（很小到很大，依次赋分0、25、50、75、100，其中C3、C8、C11反向赋分），并计算各准则层和目标层得分。

本次问卷调查选取了林周县郎当村的居民作为调研对象，团队一共走访27户，发放问卷27份，最终有效问卷27份，其中男性14人、女性13人。通过对问卷的整理，团队计算出的经济绩效得分为56.927 4分，社会绩效得分为56.827 1分，生态绩效得分为67.336 5，工作绩效得分为65.911 1分。

（5）结果分析

在生态绩效和工作绩效方面，红色旅游对当地生态和工作发展促进效果比较显著，但对于经济绩效和社会绩效暂时没有发挥最大作用，仍有待改善。

在更加细分的指标层上面，该数据反映出目前红色旅游产业发展对于居民生活各方面的正负面影响。通过分析，红色旅游产业发展对居民就业、贫富差距改善的影响较小，拖累评分；居民对于红色旅游决策的参与度和效果满意度一般，有待进一步加强；红色旅游行业对环境污染很小，红色旅游政策信息公开度很好，需要继续保持。

红色旅游对当地社会发展促进作用绩效评分为59.885 9分。为更科学地评判绩效，团队通过查阅文献，得出以下绩效等级评判标准：85~100分为优秀；65~84分为良好；45~64分为中等；25~44分为较差；25分以下为劣。可见红色旅游对当地社会发展促进作用处于中等水平，林周县红色旅游正处于萌芽阶段，需要寻找适合当地红色旅游宣传的路径，增强红色旅游的带动作用，拓宽红色文旅传播途径，改善红色基因传承模式。

三、西藏自治区红色基因传承的发展问题及其成因分析

（一）西藏自治区红色基因传承的发展问题

1. 西藏红色教育发展问题

一是教育资源不足。因为地理位置偏远和经济落后，西藏的教育资源相对较少，同时红色教育的师资力量也较为薄弱，教育质量不高。二是缺乏合适的教材和教学资料。由于蕴含着丰富的文化内涵、历史传统和时代意义，红色教育需要独特的教材和教学资

料。但是现阶段红色教育专业的教学材料和教学模式缺乏，这给红色教育的普及带来一定的困难。

2. 相关专业人员缺乏影响西藏红色旅游发展质量

一是技能不足。红色旅游的开发和管理需要一定的专业技能，包括导游讲解、活动策划、资源整合等。然而，在西藏，由于缺乏相关培训机构和培训课程，红色旅游相关人才的技能水平较低，无法提供高质量的导览和服务。二是经验不足。红色旅游是一个相对新兴的旅游形式，在西藏，相关人才缺乏实践经验，这使得当地红色旅游项目的规划、运营和管理方面面临挑战，无法有效应对市场需求和发展变化。三是意识不足。相关服务人员无法洞察游客需求，导致游客体验感不佳，无法运用游客自身宣传力这一优势。

3. 西藏基础设施建设有待加强，红色资源整合度不高

西藏地理环境复杂，地势险峻，交通条件相对较差，限制了红色旅游的发展。一是基础设施不完善。在红色旅游景点周边，缺乏高质量的酒店、餐饮和购物场所等基础设施。遗址保护和红色旅游设施建设也较为薄弱，无法满足游客的需求，影响了红色旅游的发展。二是红色资源整合不充分。由于缺乏整合的机制和平台，红色资源的价值无法充分发挥出来，很多资源被孤立地保存和展示，无法形成有机的红色旅游线路和体验。

（二）西藏自治区红色基因传承的发展问题的成因分析

1. 西藏红色教育发展受到多因素影响

首先，西藏地理位置偏远，许多地区的基础设施不够完善，教育资源有限。其次，西藏的文化、语言、信仰等方面与中原地区有些许差异，外来的教育模式和内容难以适应。最后，西藏的经济落后，大部分人口生活水平较低，缺乏对教育的认识和投入。总之，西藏红色教育的发展需要克服多种困难，需要政府和社会各方面的支持和投入。同时，也需要针对西藏的实际情况，探索出适合本地区的教育模式和内容，使教育更好地服务于当地人民的发展。

2. 多因素限制外来人才大规模涌入

西藏旅游业仍处于起步阶段，对于旅游行业的职业发展认识不够深刻，无法吸引更多人才的参与。目前西藏的红色旅游培训机构比较少，使得专业人才的培养难度加大。红色旅游作为一个新兴的旅游业态，需要相应的培训机构为其提供专业的培训课程和技

术指导，使旅游从业人员能够掌握更加专业的知识和技能。同时，由于西藏的经济条件相对较差，旅游行业从业人员的薪酬福利较低，难以吸引更多的人才加入这个行业。

3. 地理环境复杂

西藏的地理环境复杂，气候条件恶劣，使得红色资源的整合和开发成本较高，基础设施建设成本也较高，需要大量的人力、物力和财力。

四、针对西藏自治区红色基因传承的政策建议

（一）国家层面

1. 持续推进西藏基础设施建设

习近平总书记在党的二十大报告中部署："要优化基础设施布局、结构、功能和系统集成，构建现代化基础设施体系。"加强基础设施建设是地区旅游业蓬勃发展的先决条件，是实现红色基因传承高质量发展的重要抓手。受多因素影响，西藏基础设施建设本身具有"起步晚，发展难，见效慢"的特点，为西藏旅游业发展、红色基因传承带来极大阻力。交通不便、信息不通、设施不全等问题导致游客在进行西藏红色旅游时面临"三难"：出行难，攻略难，游乐难。故持续推进西藏基础设施建设要找准症结，对症下药。

一是要加快构建西藏现代化综合立体交通运输体系。党的二十大报告提出，要加快建设交通强国。不搞交通设施建设，光谈红色旅游发展，红色基因传承到头来注定只能是纸上谈兵、空中楼阁。如林周县主城区内交通系统较为完善，但郊区十分落后，进城通道单一且老旧，主要为老路、土路甚至坏路，极大阻碍了当地红色景区向外辐射的能力。政府应着力构建西藏现代化综合立体交通运输体系，加快西藏红色旅游地区公路、铁路、航路全方位建设。既要做到"四通八达"，加快完善西藏交通网络；又要做到"四平八稳"，持续翻新维护老路坏路。构建立体交通体系，既有利于游客安全出行、方便出行，增加游客进藏红旅的可行性，又有利于加强西藏红色景点知名度，增加游客进藏红旅的可能性。

二是要全面推进重大科技基础设施布局建设。西藏通信配套设施落后，"网络慢、信号差、途径少"使红色文化网络宣传严重受限。要加强信息、科技、物流等产业升级基

础设施建设，布局建设新一代超算、云计算、人工智能平台、宽带等基础网络设施，以数字化赋能西藏红色传承高质量发展，打造西藏红色景点宣传"大动脉"。以林周县为例，当地多处红色旅游景点因通信基础设施落后而缺乏网络宣传渠道，更无法利用大数据、人工智能平台进行网上售票等便捷操作。政府应重视西藏新型基础设施建设，完善计算机、大数据、5G宽带等新型信息基础设施建设布局，可建立线上"数字展馆"等新型红色景点宣传平台，拓宽红色旅游攻略渠道，助力西藏红色基因传承。

三是要重点完善城市公共生活服务设施建设体系。在人流量相对密集的城区和景区，兴建公共厕所、卫生院等公共服务设施，保障游客安心游乐。政府要加强城市绿化、垃圾处理，既有利于打造城市形象，进一步扩大红色文化影响力，又有利于提升游客体验感，提高红色文化学习效果。团队实地考察发现，西藏部分地区仍存在医疗卫生、消防安保条件较差的情况，为游客红色旅游带来不便和安全隐患。必须重点完善公共生活服务设施建设体系，让红色文化传承有保障。

2.加强西藏红色旅游资源整合工作

《国务院关于新时代支持革命老区振兴发展的意见》中明确提出："推动红色旅游高质量发展，建设红色旅游融合发展示范区。"西藏红色资源分布零散，且各自影响力较弱，必须沟通协商多方，合理谋划布局，汇聚发展力量，加快推动红色资源整合改革，让红色老区焕发新活力。

经团队实地调研得出，西藏红色旅游资源整合工作可主要从两方面进行改进。

一是要做好红色旅游资源主体整合，结合西藏特色资源，丰富红色旅游层次。许多红色景点只注重"教育性"，缺失"娱乐性"，只搞"单边桥"，这样死板僵化的发展模式无疑已经与时代脱节。新时代红色旅游改革必须"红色""旅游"两头抓，要寓教于乐，在休闲舒适的环境中开展红色教育、加强学习效果。其重点就是要挖掘红色旅游资源新主体，将红色景点建设与西藏的自然资源、风俗习惯相结合，统筹红色旅游和绿色旅游、人文景观与自然景观，实现旅游层次再升级，深化红色基因传承。如林周县可将"林周农场"红色遗址与当地农林资源相结合，开发蔬果采摘等旅游项目，使游客亲身体验当年入藏知青的劳动场景，使红色教育生动而又深刻。

二是要做好红色旅游资源空间整合，联系西藏全局景点资源，开发特色红色旅游路线。要将红色传统教育与旅游产业提升相结合，形成旅游区、旅游线路、旅游景点有机结合的红色旅游发展格局，在空间上将红色景点与热门景点相联系，增强红色景点知名度，扩大红色文化影响力。西藏自治区政府可寻求旅行社合作，将红色景点纳入热门旅游线路，依托著名景点带动地方红色景点发展；或单独开辟特色红色旅游路线，联通各地红色景区共同发展，发挥集聚效应，打造独特红色旅游品牌。同时可发布多种旅游补贴刺激消费，为新设红色旅游路线发展保驾护航，为驱动西藏红色基因传承注入新动力。

加大对红色旅游相关专业知识和技能的教育培训力度，建立红色旅游人才培养体系，提供全面的专业知识和实践技能培训。与其他地区的教育、培训机构和旅游企业建立合作关系，引进外地专业人才来西藏进行培训和技术指导，提升本地红色旅游相关人才水平。提高社会对红色旅游的认识和重视，宣传红色旅游的文化、历史和经济价值，增强相关人才对红色旅游的兴趣和投入。制定鼓励和支持红色旅游从业人员的政策，提供良好的薪酬和福利待遇，激发他们投身红色旅游行业的热情和积极性。

（二）社会层面

习近平总书记在新疆考察时提出："要以增强认同为目标，深入开展文化润疆。"这也同样为西藏红色基因传承提供了思想引领。红色基因传承问题本质上就是文化认同问题。为此，全社会应从两方面共同发力，做到"两个自觉"。

1. 自觉拥护党的民族工作，筑牢中华民族共同体意识

党的二十大报告提出："以筑牢中华民族共同体意识为主线，坚定不移走中国特色解决民族问题的正确道路，坚持和完善民族区域自治制度，加强和改进党的民族工作，全面推进民族团结进步事业。"这为各族各界人士提供了思想引领。筑牢民族共同体意识的根本就是要创造各民族共同文化，红色文化就是中华民族的一种重要的共同文化。我们要深刻体会和把握"四个共同"的丰富内涵，忠诚捍卫"两个确立"，坚决做到"两个维护"，不断增强筑牢中华民族共同体意识的历史自觉。要以实际行动坚决同一切阻碍民族团结的邪恶势力做斗争，在全社会形成"民族团结一家亲，同心共筑中国梦"的至善之风，为传承红色基因、播撒红色种子提供良好土壤。让红色传承在西藏蓬勃发展、茁壮成长。

2. 自觉配合党的宗教工作，促进宗教和顺、社会和谐

藏传佛教是我国文化瑰宝，具有极高的历史文化价值。党的宗教工作基本方针要求尊重群众的宗教信仰，坚持独立自主自办原则，依法管理宗教事务，积极引导藏传佛教

与社会主义社会相适应，在推动社会进步中发挥积极作用。社会各界群众应积极配合党的民族工作，坚持党的全面领导、维护党的中央权威，维护国家统一和民族团结。一方面要正确看待民族宗教信仰，尊重理解民族文化；另一方面要坚定不移地支持党的红色教育，通过自主阅读、红色旅游、网络学习等方式深刻领悟红色文化内涵，凝聚广泛共识、汇聚红色信仰。

（三）学校层面

要抓红色基因传承，首先就要抓红色教育。团队调研发现，当前我国部分学校红色教育主要存在两大问题：一是教育体系尚未健全，二是教育力度不够。针对这两点问题，我们给出以下三点建议，期望加快学校红色教育工作改进升级，助力西藏红色基因传承蓬勃发展。

1. 建立红色教育"时间"体系，形成教育链

学校应加强立德树人，统筹学业教育与红色教育，不要顾此失彼，也不能舍本逐末，要确保学生在各阶段均能接受良好的红色教育。要建立健全我国红色教育体系，在时间上形成一条完整的教育链，增强课程衔接，提升教育效果。具体可依托校本课、班会课等方式，适当开展红色教育课程，优化课程体系，可以通过"红色绘本""红色动画"的形式，让学生身临其境，深层赋能红色基因传承。

2. 健全红色教育"空间"体系，兼顾偏远地区红色历史教育内容

要建立健全红色教育体系，积极整改教学内容，要全面深化中共党史、新中国史、改革开放史和社会主义发展史"四史教育"。不仅要讲好红色故事，还要讲全红色故事，确保红色文化在偏远地区也能广为人知，增强文化共鸣。对于一些红色传承已出现发展障碍的地区，各高校应主动通过自身渠道开展教育活动，宣传推广红色文化，助力偏远地区红色基因传承发展。

3. 加强红色教育规划引领，多管齐下促进红色教育提质增效

为解决红色教育力度不够的问题，高校应积极发挥自身主观能动性，多种方式组合并进，推动红色教育高质量发展。

一是要强化政策支持，加强规划引领。高校可在"三下乡""互联网+"等社会实践活动中加强政策引导，鼓励学生积极投身各地红色文化传承。例如，完善奖励制度，设立专项资金等。同时建立高校间红色基因展馆联盟，打造高校间联展、巡展机制，合作

举办展览，提升高校红色基因展示度，不断增强高校红色基因的社会影响力。

二是要拓宽教育渠道，丰富活动方式。高校要注重红色实践教育，多多开展红色教育实践活动，让学生拥有理解、实践、传承红色文化的宝贵机会。如组织各种红色景点旅游团、红色文化传承团，开展红色研学、红色夏令营等活动，鼓励学生自主参与。同时也要注重红色理论学习，积极开设红色文化选修课，让红色教育走进课堂，为学生推动新时代红色基因传承事业发展奠定基础。

参考文献

李功员，2020. 红色文化传承与发展研究：基于湖南怀化沅陵县的调研 [J]. 湖南省社会主义学院学报，21（2）：76-78.

马张樱芷，2022. 新时代高校红色基因传承研究 [D]. 成都：西华大学.

沈旭全，卢红伶，覃蓝天，2021. 广西桂北地区红色基因传承现状与发展对策调研报告 [J]. 文化学刊，6：47-49.

孙伟，吴希然，任念文，2022. 湛江市高校红色文化基因传承调研 [J]. 西部素质教育，8（18）：23-26，36.

王洁，2017. 整合红色资源 传承红色基因：四县红色遗址、纪念设施专题调研报告 [J]. 党史文苑，20：67-69.

张凌寒，2019. 新时代高校传承红色基因研究：以西安市六所高校为例 [D]. 西安：陕西师范大学.

红色文化资源融入高校思想政治教育创新实践模式的探究

兰岛　张博超　黄瑞

摘　要 ···

习近平总书记指出：党史、国史是必修课。红色文化资源凝结着中华民族的民族精神、时代精神，是开展思想政治教育的重要素材。在新时代背景下，高校思想政治教育面临许多诸如学习积极性不高、效果不理想等方面的问题。本文通过问卷调查、案例分析等多种方法，从大学生主观视角入手，以红色文化资源为载体，研究提高高校大学生学习红色文化的主动性的新方法，提出了"五育并举三循环三促进"的创新实践模式。本文的研究发现可以帮助高校更好地进行思政知识传播，帮助大学生更好地理解内化思政教育的内核精神，进一步吸引国家对思政教育创新的关注，真正助力教育事业，推动社会主义精神文明建设。

关键词 ···

红色文化资源；思想政治教育；创新实践模式；大学生

一、引言

随着社会的快速发展和高等教育变革的深入推进，红色文化资源融入高校思想政治教育在培养大学生综合素质和社会责任感方面的作用日益凸显。2020 年 9 月，习近平总书记在湖南调研时指出："要用好这样的红色资源，讲好红色故事，搞好红色教育，让红色基因代代相传。"① 然而，传统的思政教育方式存在局限性，无法满足新时代大学生的多元需求。"过去、现在、将来青年工作都是党的工作中一项战略性工作。"② 因此，本文深入探讨创新思政教育模式，以提高思政教育的质量和效果，从而更好地适应时代发展的要求。通过融合红色文化资源，运用新颖的教学手段和实践模式，激发大学生的学习兴趣、激情和积极性，促进其思想道德素质的全面发展。

新时代下，培养具备坚定社会主义信仰、高尚道德情操和创新创造能力的大学生已成为高等教育的紧迫使命。习近平总书记强调："要坚持知行合一，注重实践中学真知悟真谛，加强磨炼、增长本领。"③ 创新思政教育模式为高校思政教育改革带来了宝贵经

① 习近平. 在湖南考察时强调：在推动高质量发展上闯出新路子 谱写新时代中国特色社会主义湖南新篇章 [N]. 人民日报，2020-9-19（01）.

② 习近平. 论党的青年工作 [M]. 北京：中央文献出版社，2022：12.

③ 习近平. 在知识分子、劳动模范、青年代表座谈会上的讲话 [M]. 北京：人民出版社，2016：12.

验，丰富了传统教育范式，推动了教育多元化发展。同时，红色文化的融入有助于社会
主义核心价值观的传承，有利于学生深入理解红色文化的精神实质，传承和弘扬红色精
神，培养学生的家国情怀和社会责任感，推动社会进步。

二、红色文化资源融入高校思想政治教育的重要性

红色文化资源具有丰富的内涵，展现了中国共产党的辉煌历程和伟大成就。其尚未
有官方明确的定义。本文认为红色文化资源包括革命遗址、纪念馆等物质资源，同时涵
盖党在不同历史时期体现的价值观和精神内涵。此外，它也强调了党的创新思想和理论
传承，通过展示党的历史、领袖人物和英勇斗争，深化人们对党的使命和宗旨的理解，
进一步激发人们为人民幸福和国家繁荣而奋斗的信念。

（一）红色文化资源是历史记忆的传承，具有重要的思想政治教育意义

习近平总书记曾指出："走得再远都不能忘记来时的路。"[①] 红色文化资源是中国革
命历史的见证和遗产，通过保留和传承这些资源，可以让人们铭记历史，珍惜和平。这
些资源不仅记录了中国革命的艰辛历程，还展示了革命先烈们的英勇事迹和奋斗精神，
激励着后人继续为国家和民族的发展而努力。"理想信念是我们不断战胜困难、从胜利走
向胜利的强大精神支柱。没有理想信念，就会迷失前进方向，就会失去奋斗动力。"[②] 红
色文化资源可以作为思政教育的重要载体，学生通过参观学习、实践交流等方式，可以
更加深入地了解革命历史，培养爱国主义精神、集体主义精神和奉献精神。此外，红色
文化资源代表了中国革命文化的独特风貌，具有深厚的文化内涵。这些资源承载着丰富
的历史信息和文化价值，通过将红色文化资源融入思政教育，可以弘扬中华民族的优秀
传统文化，推动社会文明进步。红色文化资源的传承不仅是对历史的尊重，也是对中华
民族文化传统的传承和发展。

（二）红色文化资源有助于提升高校思政教育的教学效果和教育质量

学习红色文化资源，有助于学生更加深入地认识中国革命的历史背景、发展过程和

---

① 习近平. 在庆祝中国共产党成立 95 周年大会上的讲话 [N]. 人民日报，2016-07-02（02）.

② 中共中央文献研究室. 习近平关于青少年和共青团工作论述摘编 [M]. 北京：中央文献出版社，2017：62.

重大事件。学生可以感受到中国革命的艰辛和革命先烈的英勇，增强对国家和民族的认同感，激发爱国热情和社会责任感。同时，学生通过参观学习、实践交流、文创设计等方式，将抽象的思想理论转化为具体的形象，能够更加深入地了解和体验红色精神内涵。红色资源不仅是历史的见证，更是传承革命精神、培育爱国情怀的重要途径。毛泽东指出："我们不仅要提出任务，而且要解决完成任务的方法问题。"[①] 红色文化资源是具体、鲜活的教材，可以帮助学生更加深入地理解和记忆思政课程的内容。学生可以亲身感受红色文化的魅力，增进对中国革命历史的了解和认知，可以激发自身的学习兴趣，提高教学效果和教育质量。

三、红色文化资源融入高校思政教育的研究现状

现有研究中，将红色文化资源融入高校思政教育的研究主要体现在以下几个方向。一是，一些研究侧重于探讨红色文化资源的特殊教育意义，强调其蕴含的党史、革命史、爱国精神和民族精神，研究者致力于探寻这些资源在思政教育中的特殊作用，并提出教师层面的建议，希望通过教师的引导，培养学生的爱国精神和社会主义核心价值观。二是，一些研究从红色文化资源本身的特点出发，分析当今高校思政教育存在的问题，如时效性不足、传授效果不佳等，试图通过挖掘红色文化资源的独特性，提出解决当下问题的具体措施，以促进红色文化资源在思政教育中的应用。三是，部分研究将理论与实践相结合，分析高校现有的教育实践与研究建议的契合度，以推广具有普遍意义的模式。这些研究多强调教师在课堂上的教学方法，却忽略了激发学生自身学习兴趣和主动性的问题。

在此背景下，本文强调实践与理论相结合是解决问题的最佳途径。这种方法能够针对实际问题，提供有针对性和内容丰富的解决方案，避免了纯理论研究无法落地的情况，同时克服了纯实践研究无法提供系统有效且可推广的方法的局限。然而，本文指出，之前的研究缺少对高校学生主观方面的考虑，即大学生对思政知识的兴趣和热情；因此，提出了实践育人"五育并举三循环三促进"的创新实践模式，从学生的角度分析问题，致力于将红色文化资源真正融入思政教育，确保学生能够全面吸收，并以此提升思政教

---

① 毛泽东. 毛泽东选集：第 2 卷 ［M］. 北京：人民出版社，1991：139.

育的效果。这一模式鼓励学生在感兴趣的领域进行实践和创作，获得自身的理解和感悟，从而使思政教育的方式从传统的课堂传授转变为更富有趣味和参与感的实践。

四、红色文化资源融入高校思想政治教育的调查研究和分析

调研以四川大学、西南交通大学、西南财经大学、四川农业大学、成都中医药大学5 所高校的本科生为问卷调查对象，通过问卷星发放问卷 1 239 份，有效问卷 1 198 份。问卷调查对象中，团员占比 66.10%，覆盖了理学、工学、农学、医学、文学、历史学、法学、管理学、经济学共 9 大学科门类。调研还以贵州革命文化研究中心、遵义会议会址纪念馆、四渡赤水纪念馆、女红军纪念馆、红军医院纪念馆共 5 处的工作人员为调查访谈对象，共访谈 18 人。

（一）学生对红色文化资源的学习缺乏主观能动性

第一，目前学生对红色文化资源的学习程度还不够深。一方面，除了思政课和团日活动外，高校组织的红色文化校园活动较少；另一方面，高校在红色资源地的研学活动参与人数较少，学生学习以书本和教师讲述为主。马克思认为，"不是意识决定生活，而是生活决定意识"①。图 1 的问卷数据显示，有 693 个结果（57.85%）认为自己的学校基本以课堂教育为主，且多为书本学习，有 124 个结果（10.35%）认为自己的学校基本以课堂教育为主，且仅为书本学习。图 2 的问卷数据显示，在上述人群中，有 219 个结果（31.60%）认为："在上述学习方式下，学习深度偏低。"图 3 的问卷数据显示，有94.56%的学生认为自己的学校授课形式丰富，且实践研学和书本学习并重。可以看出，部分学生认为思想政治教育学习深度不够是因为忽视了红色文化校园活动的影响作用，红色文化资源不能够完全融入学生的学习生活，学生无法利用实践加深学习效果。

---

① 马克思，恩格斯.马克思恩格斯选集：第 1 卷［M］.北京：人民出版社，2012：15.

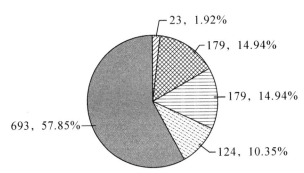

☐ 多为实践研学，形式丰富　　　　☒ 多为书本学习，形式丰富
☐ 实践研学和书本学习并重，形式丰富　　☐ 仅为书本学习，以课堂形式为主
▨ 多为书本学习，以课堂形式为主

图1　高校思想政治教育学习方式情况

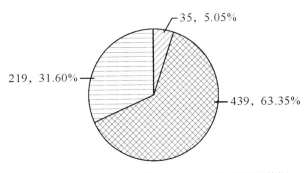

☐ 多为书本学习，以课堂形式为主，学习程度偏深
☒ 多为书本学习，以课堂形式为主，学习程度中等
☐ 多为书本学习，以课堂形式为主，学习程度偏浅

图2　以书本学习和课堂形式为主的学习情况

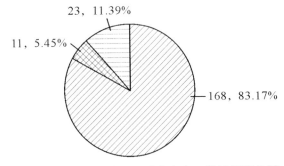

☐ 实践研学和书本学习并重，形式丰富，学习程度偏深
☒ 实践研学和书本学习并重，形式丰富，学习程度中等
☐ 多为实践研学，形式丰富，学习程度偏浅

图3　以实践研学为主或实践研学和书本学习并重的学习情况

此外，笔者还根据访谈调查发现，红色资源地的研学活动多以党日活动为主，涉及的研学人员多以教职工为主，学生较少，这使得学生学习红色文化资源的氛围不浓厚。

第二，目前学生学习红色文化资源难以产生共鸣。图 4 显示，有 1 002 个结果（83.64%）显示"自行前去红色纪念馆参观效果不佳"。笔者认为原因可能是目前大学生以"00 后"为主，他们"较难想象和体会革命先烈的经历"①，自行参观红色纪念馆大多以普通游览、拍照为主，并不会邀请专业人士进行讲解，从而减少了对红色文化资源学习的热情。因此本文提出的由学校组织，学生自己拍摄、设计文创文案、实践交流等方法有利于提高学生的学习积极性。问卷数据显示，有 701 个人（58.51%）认为"自己希望在参观游览中可以选择自己想要的学习角度"，这也在一定程度上印证了观点。

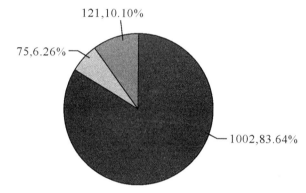

图 4　学生自行参观红色纪念馆情况

（二）学生对红色文化资源的学习缺乏有效的课外渠道

第一，从线下渠道看，大学生课外学习红色文化资源主要集中在主题团日活动。然而，目前的主题团日活动普遍由班级团干部自行策划和组织，缺乏专业教师的指导和监督，从而容易陷入形式化。马克思曾说："如果形式不是内容的形式，那么它就没有任何价值了。"② 在全部有效结果中（见图 5），有 983 人（82.05%）认为"自己参加的团日活动形式单一，缺乏活力与创新"。这种情况导致学生难以深刻理解红色文化资源所承载

① 戴明新. 大学生红色文化教育存在的问题与对策［J］. 学校党建与思想教育，2018（15）：51-52.
② 马克思，恩格斯. 马克思恩格斯全集：第一卷［M］. 北京：人民出版社，2012：288.

的精神，进而影响了他们对主题团日学习的兴趣和热情。

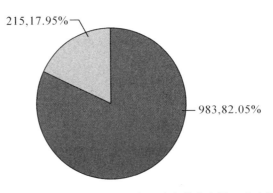

图5 团日活动情况

第二，线上学习主要以"青年大学习"为主要形式，然而部分学生不够重视"青年大学习"，缺乏兴趣。调查发现，在一些高校，基层团组织采取发截图、发朋友圈等方式进行学习监督，而部分大学生则采取"挂时长""抄答案"等应付的方法，从而削弱了学习效果。在全部有效结果中（见图6），有988个结果（82.47%）显示"参与过青年大学习，对其缺乏兴趣"。这种情况使得学生在学习过程中缺乏兴趣，缺乏思考，而团组织的监督也无法达到预期效果，最终导致"青年大学习"的预期效果并未实现。

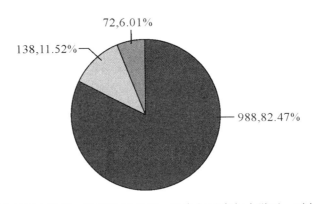

图6 学生参与青年大学习情况

（三）学生对红色文化资源的学习缺乏多元体验

目前，红色文化资源尚未充分融入学生的生活。在与红色纪念馆工作人员交流后我们发现：对红色文化资源的开发还相对有限，主要集中在雕塑和金属勋章等红色文创产品上。这类产品无法激发学生的浓厚兴趣，也无法真正融入他们的生活。

相比之下，故宫博物院推出的文创产品不仅在学生中广受欢迎，还在社会范围内掀起了一股故宫文创潮。更重要的是，这些产品成功地激发了人们对历史的兴趣，大大丰富了人们的历史文化体验。

五、红色文化资源融入高校思想政治教育的创新实践模式探索

我们以四川大学、西南交通大学、西南财经大学、四川农业大学、成都中医药大学5所高校的52个"三下乡"优秀社会实践团队为访谈对象，通过线上访谈交流，并进行归纳、总结和分析，探索出红色文化资源融入高校思想政治教育的"五育并举三循环三促进"创新实践模式（见图7）。

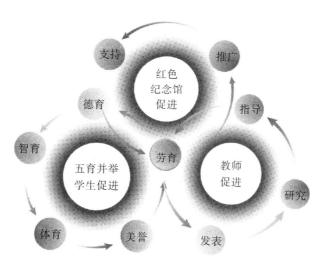

图7　"五育并举三循环三促进"示意图

（一）"五育并举"的具体体现

党的二十大报告指出："全面贯彻党的教育方针，落实立德树人根本任务，培养德智

体美劳全面发展的社会主义建设者和接班人。"① "五育并举"是提升大学生综合素质的根本途径，在思想政治教育方面同样适用，只有将红色文化资源融入大学生的五育培养体系，红色文化资源才能发挥出最大的价值。

德育——培养学生的爱国情感和崇高品质是教育的根本任务之一。学生通过了解党的历史和英雄事迹，能够汲取正能量，形成崇尚真理、崇敬英雄、热爱祖国的品质。这不仅有助于他们积极投身社会建设，还有助于维护国家的和平稳定。通过深入实地学习红色文化和革命历史，能够培养学生的爱国情感和崇高品质，引导他们对党的历史和英雄事迹产生深切崇敬之情。实地学习红色文化和革命历史，意味着让学生亲身感受那段波澜壮阔的历史。学生通过走访革命纪念馆、革命遗址，聆听老一辈革命者的生动讲述，不仅可以更深刻地理解历史，还可以激发家国情怀。

智育——将红色文化纳入思政课程，让学生更深刻地理解党的基本路线和核心价值观。这一教育举措旨在激发学生的独立思考能力，培养批判性思维，促使他们更好地理解和实践党的指导思想。在思政课程中，学生将有机会深入了解红色文化的丰富内涵，通过研究党的基本路线和核心价值观，培养对社会、政治和伦理问题的敏感性，通过开放的探讨和辩论，更好地理解各种观点和立场，培养宽容和尊重不同意见的品质。此外，鼓励学生将红色文化融入学术研究，可以为学术界注入新的思想，这有助于推动学科的发展。

体育——举办红色主题体育活动，既有助于强健学生的体魄，又能促进红色精神的传承，具有重要意义。体育活动可以结合党的历史、革命战争、英雄事迹等元素，例如红色主题长跑、红色主题足球比赛等，通过体育锻炼使学生感受和传承红色精神，在增强学生的身体素质的同时，培养他们的团队协作和坚韧不拔的精神，使他们成为有社会责任感的新一代人才。

美育——创作红色主题的艺术作品，展示红色文化艺术。这些作品可以包括绘画、雕塑、摄影、音乐、舞蹈等多种形式，具有极大的文化和教育价值。通过艺术创作活动，学生将有机会深入了解红色文化的核心价值观，并将其表现在自己的艺术作品中。这不仅有助于提升他们的创造力和审美能力，还可以激发他们对党的历史和文化的浓厚兴趣。

---

① 习近平. 高举中国特色社会主义伟大旗帜 为全面建设社会主义现代化国家而团结奋斗 [N]. 人民日报，2022-10-17（02）.

可以举办相关的展览将这些艺术作品呈现给观众，以促进文化交流和艺术传承。这些展览不仅可以展示学生的创作成果，还可以启发他人对红色文化的思考和探讨，推动红色文化的传承和发展。

劳育——组织学生参与红色文化主题的社会实践活动，包括参观红色革命纪念地、参与传承项目以及将红色文化知识应用于社会实际，旨在体现红色文化的积极影响。通过参观红色革命纪念地，学生可以深刻了解党的光辉历程，有助于激发他们对党的历史和红色文化的敬仰之情。通过参与传承项目，如制作红色纪念品等，可以让学生在实践中学习和体验。这不仅有助于传承红色文化，还培养了学生的团队协作精神、社会责任感，树立了文化传承意识。将红色文化知识应用于社会实际，例如，参与社区志愿活动、开展文化传播项目，可以让学生将理论学习与社会实践有机结合，从而更好地理解红色文化的实际应用和积极影响。

（二）"三循环"的主要内容

学生循环发展——基于"五育并举"的人才培养体系，通过循环应用"五育"与红色文化资源之间的内在联系，可以促进大学生思想政治教育螺旋上升循环发展。加强爱国主义教育并营造浓厚的红色文化氛围在高校教育中具有深远的意义，能够培养学生的爱国情怀，提升个人道德素养，引导学生追求知识，不断增进学识与技能，在实践中践行爱国热情，丰富个人经历，塑造坚韧品格，全面落实"五育"并举的教育目标。

教师循环发展——在高校教育体系中，教师肩负着培养人才和推动科研的重要使命。然而，如何将这两项关键任务有效结合，促进教育与研究的互动融合，是亟待解决的问题。本创新实践模式使高校教师在教书育人的同时，兼顾科研推进。高校教师的科研过程涵盖问题研究、方案设计、实践、数据分析和论文发表等阶段。然而，学生缺乏实践经验，需要通过实际操作提升内在能力。高校教师可通过引导学生参与科研实践，培养学生的科研创新和社会实践能力。通过这一创新模式，教师能深入了解学生需求，指导学生参与研究活动，帮助学生掌握科研方法，促进学术思想碰撞和创新。通过此模式，教育与研究的融合将为高校教师和学生创造更为有益的教育生态。

纪念馆循环发展——纪念馆作为传承红色文化的要地，蕴藏着丰富的历史文化资源和宝贵的文物资料。为利用好这些珍贵遗产，纪念馆采取了多项创新措施，其中之一便是引导学生参与社会实践，让学生以独特视角和活力推动红色文化资源的深入传承与传播。在这一模式中，学生参与实践，能更深入体验红色文化，传达核心价值。同时，学生代表新时代年轻力量，他们的创意和视角赋予文创制作新活力，使传播更具吸引力和影响力。此外，纪念馆与学生合作也激发年轻一代对历史文化的兴趣，培养他们对红色文化的认同。这一合作模式助力红色文化的活态传承，为新时代注入更加丰富的文化内涵。

（三）"三促进"的主要内涵

学与教生动结合——高校思政课不仅仅是知识的传授，更是培养学生综合素质的关键环节。在这一背景下，学生参与高校教师关于思想政治教育的研究，实现了学与教的生动结合，为思想政治教育注入了新的活力。高校思政课旨在培养学生正确的世界观、人生观和价值观，使学生成为有社会责任感和良好道德品质的新时代青年。而学生参与其中，既能够深入了解思政课程的内涵，又能够通过实践了解思政教育的实际需求和挑战。在研究过程中，学生与高校教师密切合作，共同探讨如何更好地传递思政课程的核心理念，如何应对当下社会的复杂问题。这种学与教的结合不仅促使学生深入思考和探索，也为教师提供了宝贵的学生观察和反馈意见。这种合作模式既促进了学生的全面发展，又推动了思想政治教育的深入推进，实现了学与教、理论与实践的有机统一。

知与行相互交错——学生通过将自己所学知识运用到社会实践中，不仅为个人认知的丰富提供了契机，更实现了知行合一的重要目标。这一积极的实践过程，不仅有助于增强学生的实际技能，还能促使他们更深刻地理解所学知识的实际应用场景。在社会实践中，学生将所掌握的学科知识与实际问题相结合，积极参与现实挑战。这种跨学科的实际应用，使得他们能够更全面地认识问题的本质，并寻找更具创造力的解决方案。通过亲身实践，学生能够更深入地理解理论知识的内涵，加强对知识的记忆与理解，进一步巩固学习的成果。此外，将知识运用于实际实践，也有助于培养学生的创新思维和问题解决能力。面对现实挑战，他们需要灵活运用所学知识，提出切实可行的解决方案。在实践中积累的经验和教训，将反哺学术理论，使学生具有更全面的素质和能力。

产与教融合统一——学生将所学知识应用于红色纪念馆的文创作品制作中，能够深入了解红色文化产业的发展趋势，为日后传播红色文化、传承红色基因打下坚实基础。这一实践过程充分体现了产教融合的理念，是理论学习与社会实践的有机结合。在文创作品制作过程中，学生将理论知识转化为实际创意，通过创新性的设计和表达，将红色文化内涵与现代审美相融合，呈现出更具吸引力和感染力的作品。这种实际操作不仅加

强了学生的实践技能，更培养了他们的创新思维和团队协作能力。此外，通过参与红色
文化产业的实践，学生将更加深入了解这一领域的发展现状和趋势。他们不仅可以了解
红色文化在当代社会的价值和影响，还能够洞察红色文化产业的商业机会和发展前景。
这种实践经验为学生日后从事红色文化传播和创意产业领域的工作奠定了坚实基础。

六、"五育并举三循环三促进"创新实践模式的实现路径

（一）深入组织开展红色纪念馆社会实践活动

习近平总书记强调：各级党委和政府要为群团组织开展工作创造有利条件，提供必
要的人力财力①。高校与红色纪念馆要紧密合作，共同举办主题团日和社会实践线下研学
活动，实现多方面的教育目标。主题团日通常是以特定历史事件、人物或主题为背景，
通过参观纪念馆，举办展览、讲座等形式，帮助学生深入了解和感知历史。社会实践线
下研学活动则注重大学生的亲身体验，通过参与实际工作、互动讨论等方式，培养大学
生的社会责任感和实践能力。

这种合作对于高校和红色纪念馆都有多重好处。首先，它可以丰富学生的教育体验，
帮助他们更好地理解国家的历史和文化。其次，这种合作能够促进红色教育的普及，使
学生传承革命精神，弘扬社会主义核心价值观。同时，学生通过参与活动，能够增强团
队协作能力、领导能力等，提升综合素质。最后，这种合作也有助于加强高校与社会之
间的联系，促进产学研结合。红色纪念馆作为历史文化资源的载体，可以为高校提供研
究素材和教育资源，推动学术研究和文化传承。而高校则能为纪念馆提供专业支持和人
才培养，推动纪念馆的发展。

（二）加速建设高校"一站式"学生社区

加速建设高校"一站式"学生社区，对于思想政治教育有着积极的促进作用。通过
这一平台，学校可以更好地与学生互动，开展有针对性的教育，培养具有社会责任感和
国家情怀的新时代青年。同时，社区的互动性和开放性也有助于促进学生的自主学习和
思考，提升他们的综合素质。这一社区的建设不仅为学生提供了全方位的便捷服务，还

---

① 中共中央文献研究室. 习近平关于青少年和共青团工作论述摘编［M］. 北京：中央文献出版社，2017：105.

为思想政治教育的深入开展提供了有力支持。

首先，通过"一站式"学生社区，学校可以更加精准地了解学生的兴趣爱好、需求和关注点。这为开展针对性的思想政治教育提供重要依据，使得教育内容更贴近学生的实际情况和需求。其次，社区平台可以成为开展思想政治教育的重要渠道。学校可以在社区内推送相关的思政教育资讯、宣传活动信息，引导学生关注国家、社会的热点话题，培养他们的社会责任感和公民意识。最后，社区平台也可以作为红色文化和爱国主义教育的传播渠道。学校可以通过社区发布红色文化知识、英雄事迹等内容，引导学生了解国家历史、传统文化，培养他们的家国情怀。

（三）大力推动校园红色文化建设

推动校园红色文化建设，不仅可以增加学校的文化底蕴，还能增强学生的道德观念和文化自信，实现教育的提质增效。红色文化作为中华民族的重要精神资源，对于培养学生的社会责任感和爱国情怀具有重要意义。

首先，推动校园红色文化建设有助于塑造学校的鲜明文化特色。通过宣传革命先烈的英勇事迹、弘扬社会主义核心价值观，学校可以营造积极向上的文化氛围，激发学生的爱国情怀和社会责任感，从而形成独具特色的校园文化氛围。其次，红色文化建设能够丰富学生的精神世界。通过举办红色文化活动、组织红色文化课程，学校可以让学生更深入地了解国家历史和传统文化，培养他们的历史文化自信和身份认同感。这有助于提升学生的综合素质，培养他们的人文关怀和社会责任。最后，红色文化建设对于学生的个人发展和价值观塑造也具有积极影响。红色文化弘扬的是奋斗、拼搏、无私的价值观，这些价值观将有助于培养学生积极向上、乐观进取的人生态度，促使他们在未来的人生道路上取得更大的成就。

（四）深入构建高质量党建带团建工作体系

"团的建设是党的建设的一部分，抓党建就要抓团建。"[①] 高校作为党建和团建工作的重要阵地，可以发挥典型示范作用。通过党建工作的规范和创新，高校可以成为团组织建设的榜样，为其他组织提供指导和借鉴。高校可以通过党建和团建的有机结合，培养大学

---

① 共青团中央书记处. 不忘初心跟党走：中国共产主义青年团 95 年的基本遵循 [J]. 求是，2017 (9)：17-19.

生党员的党性修养和领导能力，为团组织成员树立正确的世界观、人生观和价值观。

高校可以通过定期组织活动，引导大学生党员在团组织中发挥先锋模范作用，同时也可以通过党员骨干的培养，让他们在团组织中发挥引领作用。高校还可以在党建活动中融入团组织的主题，如举办联合活动、共同开展社会实践活动等，使党建工作与团建工作相互融合，形成良好的互动效应。

七、结束语

展望未来，红色资源融入青年思想政治教育影响深远。随着科技创新和教育手段多元化，红色资源融入教育将更符合青年的学习习惯和兴趣取向。虚拟现实、人工智能等技术的应用将生动再现红色历史，激发学生的学习热情。传承创新成为教育使命，将红色精神与创新相结合，培养有责任感的优秀青年。国际交流逐渐加强，通过文化交流、教育合作，红色资源的价值将传递给更广范围的学生群体。红色教育培养出的青年将在各领域发挥作用，为中华民族复兴贡献力量，以新视角和坚定信仰推动社会和谐、人民幸福。

参考文献

戴明新，2018. 大学生红色文化教育存在的问题与对策 ［J］. 学校党建与思想教育，15：51-52.

共青团中央书记处，2017. 不忘初心跟党走：中国共产主义青年团 95 年的基本遵循 ［J］. 求是，9：17-19.

马克思，恩格斯，2012. 马克思恩格斯全集：第一卷 ［M］. 北京：人民出版社.

马克思，恩格斯，2012. 马克思恩格斯选集：第 1 卷 ［M］. 北京：人民出版社.

毛泽东，1991. 毛泽东选集：第 2 卷 ［M］. 北京：人民出版社.

习近平，2022. 高举中国特色社会主义伟大旗帜 为全面建设社会主义现代化国家而

团结奋斗 [N]. 人民日报，2022-10-17 (02).

习近平，2022. 论党的青年工作 [M]. 北京：中央文献出版社.

习近平，2016. 在庆祝中国共产党成立 95 周年大会上的讲话 [N]. 人民日报，2016-07-02 (02).

习近平，2020. 在推动高质量发展上闯出新路子 谱写新时代中国特色社会主义湖南新篇章 [N]. 人民日报，2020-09-19 (01).

习近平，2016. 在知识分子、劳动模范、青年代表座谈会上的讲话 [M]. 北京：人民出版社.

中共中央文献研究室，2017. 习近平关于青少年和共青团工作论述摘编 [M]. 北京：中央文献出版社.

关于金寨县红旅及茶旅
融合发展的调查研究

邢秀雅　程惜言　曹雨珂　鲁芙伶　胡恩宇

摘　要 ···

　　实施乡村振兴战略是党的十九大做出的一项重大决策，是关系全面建设社会主义现代化国家的全局性、历史性任务。在此背景下，"徽乡江水、情系金寨"团队以安徽省金寨县为调查对象，从茶产业、红色旅游业两大支柱型产业入手，通过问卷调查、实地考察等方法，剖析金寨县红色旅游和茶产业发展现状以及发展问题，探究其茶旅融合发展的可行性，结合地区产业发展现状和不同地区的发展优势为当地茶旅发展建言献策。金寨县近些年来深挖红色文化资源优势，在红色旅游发展方面积极帮扶，为当地经济发展和人民幸福做出重要贡献，但是景点分散、旅游形式单一、配套设施不足等问题依然存在。油坊店乡和大湾村立足当地的生态资源和茶产业发展优势，其特色茶叶有效推进了乡村振兴进程。两地对比研究中，油坊店乡"以茶带旅"，大湾村"以旅带茶""文旅融合"，发展基础以及实际情况不同，经济发展路径自然存在差异。两地应相互借鉴可取之处，做好茶旅融合发展，进一步向乡村振兴的目标迈进。

关键词 ···

　　红色旅游；茶叶经济发展；茶旅融合发展；乡村振兴

一、引言

（一）调查目标

党的十九大以来，乡村振兴战略已经成为政策、经济、市场等关注的热点。为适应时代发展和供需变化，越来越多的地区将茶产业和旅游产业联动结合，基于此，团队以安徽省金寨县为研究对象，选用问卷调查、实地考察等方法，从茶产业、旅游产业两方面入手，探究茶文化旅游（以下简称"茶旅"）融合发展的可行性。团队完成了包括但不限于金寨县乡村振兴调研调查、红色基因传承、金寨县红色旅游（以下简称"红旅"）体验调查与茶产业成就观察等在内的任务，为探索产业联动发展可行模式建言献策。同时，通过分析当下革命老区人民的物质精神生活水平，深入了解金寨县。

（二）调查意义

金寨县是有名的将军县，且茶叶经济发达，因此其在经济、社会和文化方面都具有重要的价值。

红色旅游具有丰富的历史内涵和感染力，对于培养爱国主义情怀和增强民族自豪感具有重要意义。茶叶经济是指茶产业及相关产业链的发展和经济效益。中国是世界上最大的茶叶生产和消费国家，茶叶经济对于推动农业发展、促进农民增收和扩大农村经济规模具有重要作用。

红色旅游和茶叶经济在不断创新和发展。通过社会实践调查，团队了解到金寨县在红色旅游和茶叶经济方面关于产品开发、营销策略、品牌建设等的尝试和创新。例如，金寨县通过打造红色旅游品牌，开发主题景区、纪念馆、文化展示等项目，提升旅游吸引力和经济效益。其中，金寨县大湾村的红色旅游产业为村民提供了就业岗位，一部分村民通过成为讲解员以及开办民宿、农家乐的方式获得致富机会。茶产业也在寻求创新，如通过推广有机茶、特色茶，提升茶文化体验等方式，拓展茶叶的消费市场，增加其附加值。

文化和旅游部强调"农旅结合、以农促旅、以旅强农"的思想引领，因此，要进一步统筹茶旅融合发展，对金寨县茶旅融合目前存在的问题提出建设性解决方案，这有利于扩大金寨县产业链，构建全域旅游市场化体制，塑造金寨县茶旅形象，提升金寨县茶叶知名度，带动当地人民增收创富，这对于产业融合和促进全域旅游发展有重要指导意义（秦曰霄，2022）。

（三）调查方法

团队前往调研地通过游览、摄影等方式熟悉环境，参观红色景区能更加深入地了解当地红色历史文化，参观茶园能更深入地发现茶产业的发展问题，从而提出优化方案。团队选择问卷与访谈相结合的调查方式，问卷式调查用于收集标准化的定量资料，访谈式调查用于收集非标准化的无结构的定性资料。通过调查，团队得到丰富的、个性化的信息。然后经过归纳、分析、综合、整理，得出带有规律性的结论。

在问卷的发放上，团队依据典型性、广泛性的原则，采取发散的方式向群众发放问卷。此次实践活动中团队重点采用访谈法，希望通过面对面交流的方式获得当地发展的准确数据，倾听当地群众的所需所求。团队联系了油坊店乡龙头茶企的负责人了解油坊店乡茶产业发展现况，采访了大湾村驻村干部，随机采访了游客了解当地红旅发展状况，随机采访了当地居民从不同角度来看当地的茶叶经济发展。团队采用录音、摄像等方式记录访谈内容，之后对数据进行分析，对比油坊店乡和大湾村两地的发展差异，了解金寨县茶产业和旅游业融合发展情况。

二、红旅发展的现状及调研分析

（一）回望红色征程 助力红色旅游——金寨红旅发展现状

1. 金寨红旅发展近况概览

金寨县以"红军摇篮""将军故乡"的称号而享誉全国。革命战争年代，金寨县境内先后爆发立夏节起义和六霍起义，组建了 12 支红军队伍，10 万儿女参军参战，诞生了 59 位开国将军。金寨县有豫东南苏维埃旧址、革命时期红军银行等 215 处革命文物，具有发展红色旅游的优势。（王玉创，2022）。

金寨县围绕"青山绿水红土地"深入挖掘山水文化、红色文化、生态文化、民俗文化，着力推进旅游产业发展，于 2020 年成功创建国家全域旅游示范区，年接待游客超过 1 200 万人次，实现综合收入超 45 亿元。

据介绍，金寨县近年来深挖红色文化、绿色生态、蓝色两湖资源优势，同时积极利用互联网、电商多个平台和渠道，着力打造精品景区、线路和活动，往日的贫瘠山区变为享誉国内外的红色旅游胜地。2021 年金寨县红色旅游综合收入达 13.67 亿元，较 2012 年增长了近 310%。其中，仅斑竹园小镇接待游客量就高达 40 万人次，旅游收入达 780 万元。而汤家汇红色小镇的电商微商已发展到 400 多家，全年旅游电商收入近 5 000 万元。老区人民靠吃"旅游饭"走上致富路。金寨县人民政府也在红色旅游发展方面积极帮扶、推出多项政策，为当地经济发展与人民幸福做出重要贡献（刘美子、刘晓宇，2022）。

2. 金寨红旅发展举措概述

在景区建设方面，金寨县以文旅项目建设为抓手，推动红色资源与绿色生态融合发展，推进 15 处革命文物的修缮；启动 9 处革命文物陈列布展项目、5 处国保单位和红军纪念园消防工程的招标；建成大别山红色电影展览馆、大别山低空飞行营地；启动荣盛一品原乡旅游度假区建设；建设红色基因传承基地，开发研学体验课程。

金寨县还整合旅游资源和产品，加强精品线路打造，推出"传承红色基因 驶向两源两地"红色旅游精品线路。线路一主题为"初心之旅·沿着总书记足迹前行"，沿着习近平总书记的足迹，参观金寨县红军广场、革命博物馆、梅山湖、鄂豫皖红军纪念园、大湾景区等，重温金寨的风云历史。线路二主题为"经典之旅·八月桂花遍地开"，通过参观斑竹园红色小镇、刘邓大军前方指挥部旧址，游览天堂寨景区与燕子河大峡谷，在自然与人文美景中感受金寨特色。此外，"八百里金寨中国红岭公路"入选2020中国体育旅游十佳精品线路；金寨县红二十五军军政机构旧址、革命烈士陵园等入选"建党百年红色旅游百条精品线路"。

金寨县还策划举办了系列活动进行精准营销，如承办长三角红色旅游创新发展合作交流活动，完成30余场线上新媒体文旅宣传活动。此外，还开展红色旅游IP营销活动，面向公众征集系列文创产品，开发设计金寨旅游形象IP。

如今，游客在金寨县，不仅能漫步汤家汇苏维埃城，追寻时代印记，还能到金寨县革命博物馆聆听革命故事，在斑竹园红色教育基地体验红色研学，更能在"八百里金寨中国红岭公路"体验红色征程。

"红色是金寨最鲜明的底色，发展红色旅游，金寨有底气，更有信心。"下一步，政府将继续把金寨红色红旅做优做强做大，组织实施红色资源保护利用工程，创作一批红色文化作品、演艺产品，建设红色文化数字体验馆，进一步吸引客流。

（二）再走红军路，品味金寨情——金寨红旅实地调研与分析

1. 概述

团队于暑期走进安徽省六安市金寨县，通过实地参观红旅景点与走访调研，对金寨县红旅发展之路有了进一步了解与体会。

2. 走访红军广场

团队的第一站是红军广场。红军广场依山而建，自下而上数百级台阶，每一段台阶的数量不同，所代表的寓意也各不相同：59级台阶，寓意着59位诞生在金寨县的开国将军；50级台阶，寓意着被追认的金寨县团级以上烈士500余位；49级台阶，寓意着金寨县于1949年全境解放；10级台阶，寓意着金寨县十万余名热血青年，奔赴沙场，为国捐躯。团队成员拾级而上，感念当下和平生活的不易，体会红色岁月的荣耀与艰辛。而我们相信，每一位游客也会在踏上一步步台阶时深有感触，红军广场的台阶设计，直击每一位中国人的内心深处，将耀眼的红带进了我们心中最坚硬也最柔软的地方。

3. 走访革命博物馆

之后，团队继续参观革命博物馆。金寨县革命博物馆"镇馆之宝""红军公田碑"

于 1983 年被金寨县革命博物馆征集，该碑红漆描字，被玻璃罩精心保护起来。这块看上去有些简陋的石碑，见证了鄂豫皖苏区土地革命的历史，讲述了"军爱民、民拥军"感人至深的故事。此外，馆内分为序厅、革命历史陈列厅、革命烈士事迹陈列厅和将军馆，陈列以实物为主，共陈列文物 400 余件，图片、绘图和图表 120 余幅，大型雕塑 4 座，再现了"将军摇篮"金寨县 1921—1949 年革命斗争的历史。馆内史料翔实，内涵丰富，能充分展示鄂豫皖苏区革命斗争史和今日金寨的发展面貌。

红军广场和革命博物馆，用一节节台阶和一件件文物诉说着革命岁月的漫漫征程，没有过分的夸张和过分精美的装饰，而是于细节处彰显敬意，于无声处注入真情，让游客真正做到感同身受，意义非凡。这也正是金寨县红旅独树一帜，获得巨大成功的原因所在。

（三）金寨县红旅的发展问题

金寨县红色旅游产业虽然已颇具规模与体系，但是仍可以在未来的发展中扬长避短，做大做优做强。

团队在调研过程中，结合自身经历与实地采访，发现金寨县红旅发展仍存在一些问题。

第一，当地红旅资源较为分散，集群效应差。全县旅游资源分布相对零散，同一区域空间内景点各自开发，缺乏有机整合。景点之间距离较远，没能形成统一的集群效应，游客花费大量时间在路上，降低了旅游体验感，削弱了旅游吸引力。

第二，旅游活动以观光游览为主。通过对酒店工作人员和入住游客的采访得知，游客的出游方式多为短途自驾游，旅游的时间多为一至两日，旅游时间过短，难以吸引游客形成经济效益。同时红色旅游形式过于单一，仅仅凭借参观或许难以使游客印象深刻，可以加入体验式的旅游项目，让游客对红军和革命历史有新的认识和体悟。

第三，旅游设施未能与景区建设保持同步，景点之间缺乏旅游直通车和旅游观光巴士，游客主要依靠自驾游。旅游标识不够规范，旅游交通指示系统不够完善。

三、油坊店乡与大湾村茶业经济发展现状及调研分析

（一）金寨县茶叶发展概况

安徽省六安市金寨县地处大别山腹地，高山环抱，云雾缭绕，气候温和，生态良好，具有得天独厚的茶树种植生长条件，是中国名茶"六安瓜片"的原产地和主产区。金寨县非常重视茶产业发展。近年来，茶产业已经成为定向扶贫、推动茶农增收和推进社会主义新农村建设的重要动力。金寨县不断培育优良品种，引进先进技术，给予茶农及茶企很大力度的政策支持，力求做大做优当地茶品牌，增加百姓收入，提升人民幸福感、满意度，更好地实现乡村振兴、共同富裕。

金寨油坊店乡和大湾村群众皆以茶叶收入为主要经济来源之一。团队实地走访，深入调研两地的茶产业发展情况，再进行对比，以期更好地了解两地发展模式、情况，为两地发展提供不一样的可供借鉴的思路，促使两地吸取经验、取长补短。

（二）油坊店乡发展现状和调研

近年来，油坊店乡立足优良的生态资源和茶产业发展优势，努力做好"茶文化、茶产业、茶科技"这篇大文章，走出了一条百姓富、生态美的高质量发展路子。

2022 年以来，乡党委、政府陆续出台了多项政策措施，为产业发展保驾护航。2023年，全乡茶园面积 4.5 万亩（1 亩≈666.7 平方米，下同），干茶产量 4 050 吨，产值 2.8亿元，茶叶综合产值达 5.7 亿元，带动全乡 1.5 万人从事茶叶生产经营，茶产业已经成为全乡乡村振兴的特色主导产业之一。

一要培育龙头企业。全乡现已培育出市级龙头企业 8 家，省级龙头企业 3 家，国家级农民专业合作社示范社 2 家。金寨县大别山香源公司出口黄茶 210 万斤（1 斤＝0.5 千克，下同），收入 8 000 万元，带动人均增收 2 000 元，充分发挥了龙头示范和联农带农作用，有效促进了乡村振兴发展。

二要实施绿色防控。严格实施落实"两个替代"政策，即以有机肥替代化肥、以物理防治替代化学防治，每年施有机肥 2 000 吨、喷洒生物农药 10 吨、扦插粘虫板 40 万片、布设太阳能杀虫灯 100 盏，茶园绿色防控 3.6 万亩。另外，引导茶企进行技术改造，

保障"从茶园到茶杯"的质量安全。

三要育品牌，树形象。全乡共有 2 个省著名商标、2 个省名牌产品、7 个知名商标，茶业公共品牌"六安瓜片""金寨黄茶"成功推介，提升影响力。积极组织开展各类茶产品展会、名优茶评比、茶事特色系列活动等。2023 年 3 月 28 日举办了茶旅文化节暨西茶谷开茶节，近三年组织和参加全县名优茶炒制大赛，并取得了好名次。相信未来，油坊店乡茶品牌会越做越大、形象会越树越好。

（三）大湾村发展现状和调研

大湾村曾经因位置偏僻、交通不便，成为大别山革命老区重点贫困村之一。脱贫攻坚战以来，在党的政策指导、政府的大力支持下，大湾村全村干群拧成一股绳，因地制宜，跑出来脱贫攻坚的"加速度"，探索出一条具有大别山革命老区特色的"山上种茶、家中迎客、红绿结合"的脱贫致富之路（夏业鲍，2021）。表 1 为大湾村集体收入和贫困发生率对比。

表 1　大湾村集体收入和贫困发生率对比

	村集体经济收入/万元	贫困发生率/%
2014 年	0	20.6
2021 年	157	0

大湾村培育的茶种丰富，包括著名的六安瓜片、金丝皇菊、金寨红茶等。此外，大湾村深度挖掘农业多种功能，加快构建以"茶叶+"为主导的现代农村产业体系，推动科技、人文等元素融入茶产业，重点抓茶叶生产加工企业的科技创新，提高产品质量，提升产业档次，加速推进茶叶生产、加工、销售、科研一体化进程，使茶叶达到一产优、二产强、三产旺的效果，形成完整的产业链。

随着大湾村的高速发展，茶叶加工和制作技术也有了极大的提高，机械化、信息化的发展更会为茶企的未来发展锦上添花。据悉，金寨县蝠牌茶旅有限公司作为政府招商和帮扶的重点大型企业，在深加工的机械化和规范化上发挥了带头作用。该企业进行清洁化、标准化、自动化茶叶生产加工，合理规划设计杀青、揉捻、烘干的生产车间，优化了生产工艺布局，进一步提升了茶产品质量，增加了茶叶附加值，增加了村集体经济收入，带动全村 400 余户茶农增收。

（四）两地对比调查和成因分析

第一，油坊店乡拥有的茶企数量多、规模大、竞争力强，全乡现有茶叶加工企业 132 家，其中茶叶年产值 200 万元以上的茶厂有 95 家，产值 1 000 万元以上的有 8 家，产值 1 亿元以上的有 1 家；市级龙头企业 8 家，省级龙头企业 3 家，国家级农民专业合作社示范社 2 家。

而大湾村作为一个刚脱贫不久的位于大别山深处的小村庄，茶企业发展较晚、相对不成熟，因此，数量较少、规模较小、竞争力较弱。当前大湾村主要茶企有四个，其中三个为自主经营成长的本地茶厂，另一个则是政府招商引资来的外来茶企业。

第二，由于两地生态环境均十分优异且都有丰富的旅游资源，因此，两地都走起了茶旅融合的发展路子，以茶带旅，以旅促茶。但是两地不同之处在于，油坊店乡虽打造了六安西茶谷等旅游休闲圣地，但茶谷仅以观光为主，不采取商业化运营模式，也很少有伴手礼等景区产品。总体来说，油坊店乡的经济收入中茶产业占比较旅游业大。

大湾村有习近平总书记视察大湾村座谈会会址等红色旅游资源，也有红岭公路等自然景观。大湾村借助丰富的旅游资源大力发展旅游业的同时，积极开发如六安瓜片、红薯干等多种特产作为旅游伴手礼，延长了产业链，促进了旅游经济，增强了当地的文化特色。与油坊店乡居民不同，大湾村村民的旅游业收入占比大于茶叶收入。

第三，作为油坊店乡的代表性龙头茶企业——安徽省大别山香源茶叶有限公司，生产规模大、经营有序高效，与其上下游产业链紧密配合密不可分。香源茶叶有限公司形成了香源茶叶联合体，拥有 14 个合作社、1 个家庭农场和 1 个茶厂，通过严格的质量控制，形成了紧密的利益关系和产业链条。位于上游产业链的合作社收购茶农采集的茶叶和芽尖，以半成品的形式出售给香源茶叶有限公司，公司进行再加工和包装，出售至国内外市场。

消费者对茶叶的需求量在不断地增大，原来的生产模式已不具备竞争力，这要求农民集中生产，形成完整的产业链（妥艳 等，2020）。而作为大湾村的中小型龙头茶叶公司之一，金寨县夹山沟茶叶加工有限公司则没有形成联合体，每到茶叶采摘收获季节，总经理上门走访村民，收购茶叶原料，然后由公司的加工机器杀青、炒熟、加工、包装，再以批发和零售的方式卖出。公司的生产规模较小，原料收购及产品售卖情况不稳定。

第四，因香源茶厂的规模较大，且茶叶原材料是合作社收购的半加工茶叶，所以，茶叶收购价格较为稳定，且品质定价又确保了公平性，茶农与合作社合作稳定性高。

　　而夹山沟茶厂是私人小企业，茶叶收购价格与当年茶厂经济状况及市场情况有关，相对不稳定，虽也实行品质定价，但差距不大。又因其他几家茶厂的竞争，茶农与公司的合作稳定性相对较低。二者价格波动如图1所示。

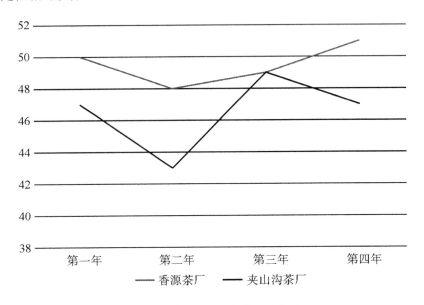

图1　香源茶厂和夹山沟茶厂价格波动

　　第五，在销售渠道及销售群体方面，油坊店乡的香源茶叶有限公司及大湾村的夹山沟茶叶加工有限公司情况也各不相同。香源茶厂拥有六安瓜片等多种茶产品，主要生产销售特色茶品种——金寨黄大茶，黄大茶在国内有特定的饮用地点——山东省沂蒙山区和山西省太行山区，因此，香源茶厂的国内定向销售地即为上述两地。互联网时代，网络销售已成普遍现象，香源茶厂也通过微信、淘宝、抖音等渠道进行线上销售。此外，值得一提的是，近年来，霸王茶姬等奶茶品牌迅速崛起，茶饮行业生意十分火爆，香源茶厂紧跟时代，抓住商机，为奶茶店提供茶叶原料作为奶茶茶底，拓宽了销售渠道。除了市场，政府对茶厂也有一定支持，会在节假日订购部分优质产品。同时部分茶叶产品远渡重洋，销往非洲和欧洲地区。香源茶厂销售情况如图2所示。

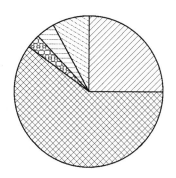

□国外市场 ☒山东山西 ▥线上销售 □政府订购 □奶茶茶底

图 2　香源茶厂销售情况

夹山沟茶厂生产的是六安瓜片这一名茶品种，它的销售渠道则是批发和零售，其中，批发是主要销售渠道。茶厂把茶叶售卖到批发市场，再由批发市场分售给买家，之后被冠以不同品牌卖给消费者。零售渠道的运营则依赖于总经理个人，总经理通过朋友圈和亲友宣传等方式，以周边村落的外出务工人员及其亲友同事为主要销售群体，零售小部分产品。

因两地发展基础及实际情况不同，所以，两地的经济发展路径自然存在差异，希望两地能够相互借鉴可取之处，因地制宜，进一步向乡村振兴及共同富裕的目标迈进。

四、大湾村发展问题现状及成因调研分析

（一）大湾村农业经济发展问题的现状及成因分析

金寨县曾是集老区、库区、高寒山区于一体的国家级首批贫困县，而大湾村由于地处大山深处，交通不便，基础设施建设差，人民生活水平低下。2014 年，大湾村建档立卡贫困户 242 户 707 人，贫困发生率达到了 20.6%。2016 年 4 月 24 日，习近平总书记亲临大湾村视察，和大家共商脱贫大计，开启了大湾脱贫梦。脱贫道路上，大湾村党员群众齐心协力，2018 年实现贫困村出列，2020 年实现全部户脱贫，2021 年度村级集体经济收入 157.89 万元，大湾人在乡村振兴的道路上阔步前行。大湾村以"山上种茶，家中迎客，红绿结合"为发展路径，依托当地红色资源和绿色资源优势，谱写出一幅具有老区特色的乡村振兴画卷。团队实地走访大湾村村委会与村民居所，并就大湾村经济发展现

状进行入户调查，得列如下数据。

大湾村总面积 25.6 平方公里，辖 18 个居民组，1 022 户 3 665 人，用地面积如图 3 所示。大湾村以山地为主，森林覆盖占总面积的 82.5%，经济作物以茶类为主，中医药植物、木耳等为辅。现有茶园 5 000 余亩，其中优质茶园 2 000 亩，实现群众年户均增收 2 000 元（方荣刚，2022）。

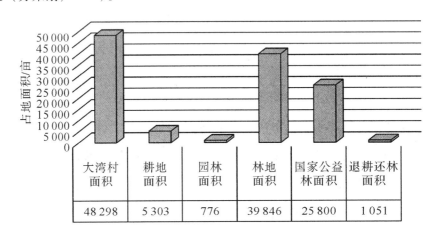

	大湾村面积	耕地面积	园林面积	林地面积	国家公益林面积	退耕还林面积
	48 298	5 303	776	39 846	25 800	1 051

图 3　面积占比

大湾村的茶企主要有 4 家，除集观光体验、休闲旅游、品茶鉴赏、科技示范为一体的金寨县蝠牌茶旅有限公司是政府招商和帮扶的重点大型企业外，其余皆为中小型企业，年利润在 10 万元以内。茶企之间竞争激烈，收购方式由村民采摘、茶企收购为主，缺少茶业相关合作社，没有形成油坊店乡的三层"茶农—合作社—茶企"规模式经营，茶农和茶企为一次性合作关系。通过采访村民得知，部分茶田有荒废现象，由于大湾村中小型茶企以批发零售为主，茶叶市场价格波动大，茶农收益有跌幅。理论上，一亩茶田收入在 2 000~4 000 元，但实际上，一户人家的 2 亩茶地，收入在 2 000 元内，一户人家的 1 亩多茶地，收入低于千元，因此茶农种茶积极性稍有下降。不过，政府和居民在茶产业的基础上选择了延长产业链，利用原有基础和优势以茶旅融合为契机，为乡村旅游带来了活力。与此同时，大湾村积极种植棚内中药材，形成种植基地，并利用光伏发电、玉木耳种植，依托山地特色采摘野竹笋、金蝉壳，山间放养生态野牛羊，实现村民多方式增收。绿水青山中"寻宝"，是大湾村打赢脱贫攻坚战的有力抓手（杨秀玲 等，2021）。玉木耳预计收成 1 万多斤，每斤售价 100 元左右，预估增收百万元。但是，玉木耳等特色农产品存在滞销问题，销路不畅。可采取"线上+线下"销售方式，并搭建平台，将政府与自媒体相连接，通过直播带货拓宽销路，真正实现增收。

（二）大湾村旅游业经济发展问题的现状及成因分析

旅游业是大湾村发展的重要支柱，2021年全年接待游客达35万人次，实现旅游经济效益2 000万元。大湾村依托红色资源，先后建成大别山农耕文化展览馆、追梦路上的大湾村展馆、大湾慢谷·幸福小镇等一批旅游项目；政府与携程集团合作打造高档携程农庄、与企业合作打造"大湾十里漂流"旅游项目、与马鬃岭等旅游区联合协作制定旅游路线。投资1.2亿元的鸿源精品民宿已完成主体建设；投资1亿元的"大湾十里漂流"项目已建成；投资2 000万元的携程农庄·金寨项目一期于2021年7月正式营业，二期也正在建设施工中。大湾村已经成功建成4A级景区，并先后获得了"全国乡村旅游重点村""中国美丽休闲乡村"称号（杨秀玲，2022）。携程农庄预计可为金寨县带来亿级曝光量，同时有效转化中高端客群，在项目全面落成后，预计每年可为当地带来旅游住宿收入超过500万元。另外，大湾村乡村民俗博物馆能让人们更好了解当地的农耕文化和手工艺术；六安六区十四乡苏维埃政府旧址——汪家旧屋则引领人们传承红色血脉和革命精神；红色书屋的建立让红色经典深入人心。同时，党员党课学习常来大湾村进行参观，村民也会考取证书担当讲解员，不仅增加个体收入，而且能将大湾村的致富经验推广至各地各单位以供学习借鉴。

伴随着旅游项目如火如荼地开展，农家乐经营也逐渐火爆。部分村民返乡改造老屋，开设农家乐、土菜馆，现大湾村有农家乐51家，正常运营40家，个体收益在20万~50万元不等。民宿经营亦是如此，不仅有政府合作打造的高档度假民宿，村民也开起了各具特色的平价民宿，每年可接待游客30多万人次。大湾村的"大湾十里漂流"项目为招牌游玩项目。项目建成后，解决了当地100余人的就业问题，村内群众优先就业，就业群众月均增收2 400元；大湾村以自然资源入股分得门票收入的40%作为集体经济收入，带动创收。2020年8月，"大湾十里漂流"项目正式营业，三年间人流量变化较大。第一年游客较少；第二年策划人利用互联网传播效应，在旅游旺季利用朋友圈增加曝光量，游客大增，收益较高；第三年人流量又落入低谷，负责人员认为宣发和经营方式不当，"大湾十里漂流"项目仍有许多需改进之处，需向六安市其他漂流项目学习。目前来说，大湾村的自发旅客以1日游为主，游玩项目较少，除参观外仅是漂流与采茶体验。打造联动马鬃岭景区的游玩路线后，留宿 1 天的旅客有所增加，但数量仍不多。此外，大湾村平价民宿质量参差，在相关旅游平台上架较少，需进行相关方面的建设。图 4 为大湾村产业占比。

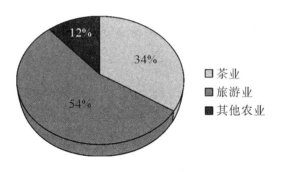

图 4 大湾村产业占比

（三）大湾村经济发展走向

对于每一个乡村来说，人员外流都是最重要的问题。虽然大湾村经济蓬勃发展，2022年，村集体经济收入达 207.77 万元，群众人均收入 17 038 元，但是村内缺乏青年活力，青壮劳动力大多外出务工，村内对年轻人的吸引力不足，人才待遇与城市仍有很大差距。大湾村需努力发展集体经济，提高村民收入，提升人才待遇，吸引青壮劳动力回流。

大湾村正从茶旅融合向文旅融合转变，利用丰富的红色和绿色资源——春天赏杜鹃花、夏天玩漂流、秋天看红叶、冬天赏雪，提升旅游品质，打造多样化、差异化旅游项目，全面提升旅游品位。

未来，大湾村将依托对现有绿色资源的开发，深度挖掘潜在红色资源。把工作的重点放在"宜居、宜业、宜游"上，合理利用发展资源，紧跟市场需求变化，让政策红利的释放实现"乘数效应"，形成更加强劲的旅游产业竞争力。

五、针对红旅发展和茶旅融合的政策建议

（一）让金寨红色文化的星星之火在全国燃烧——针对金寨红旅的政策建议

针对上述的各类问题，团队抱着"让金寨红色文化的星星之火在全国燃烧"的希望与愿景，提出一些政策建议。

1. 打造旅游品牌，加大品牌宣传推广。

努力提升品牌影响力，日益增强品牌效益。为了金寨红色旅游进一步发展，要积极打造旅游品牌，并加大品牌宣传推广。金寨县政府可以继续结合当下文旅发展新热点和风向标，走一条独具特色的文旅发展之路。围绕景区特色和红色文化，深层次挖掘金寨旅游资源，形成独特的文化旅游符号，如可以以红军广场的台阶、革命博物馆的"红军公田碑"等为亮点和特色，加大宣传力度，依托新媒体推介、旅游宣传册、旅游纪念品等方式，更好吸引各地游客。可在公交站台广告幕布、商城投放红色旅游广告，吸引更多游客前来参观。还可以在红色景点周边多设立具有金寨特色的文创店、餐饮店、礼品售卖点等。

着力做好旅游宣传，不仅需要传统的宣传册、广告等方式，同时更应该顺应时代潮流，如与当地知名网络直播博主合作，开发特色文创产品，增加旅游收入，让金寨的文化旅游独树一帜，入脑入心。另外，还可以开设红色官方账号，科学研发红色游戏，帮助解决红色保护宣传缺乏科技含量的问题。在官方账号内容和红色小游戏内容的设计上要实事求是，始终如一贯彻尊重史实的原则。此举顺应了时代潮流，结合了新时代背景下年轻人的喜好，丰富了红色文化保护宣传的形式载体，符合永续发展原则。积极开展有关红色旅游的主题活动，创作相关文艺作品，举办相关赛事活动，将红色旅游推向新的高度。大力宣传伴手礼、文创产品，契合当下文创热、"盲盒经济"等热点和时代趋势，通过创新的方式吸引更多旅客了解金寨，从美观与实用性并存的产品中感受金寨的文化魅力和金寨人民的勤劳智慧。

同时，还需要将旅游开发和保护传承一体推进。加强革命文物和优秀乡土文化挖掘保护，传承弘扬和开发利用工作并重，边开发边保护，让红色基因和优秀乡土文化传承不息。加强对自然资源的保护，采取控制景区开发力度，设置游客最高游览人数等方法，多方面多层次保护红色旅游的旧址和文物免遭破坏。在保障旅游资源的前提下，让游客前来游览参观。

2. 推进智慧旅游平台建设，打造便捷旅游新模式

进一步完善旅游网络平台建设，开发全县统一的旅游平台 App，全方位推行线上旅游服务，通过旅游平台，可以更好了解景点情况、景区交通情况、游客情况，以及附近住宿餐饮情况等。加大信息化设施建设和服务支持力度，加快实现免费 Wi-Fi、智能导

游、电子讲解、在线预订、信息推送等信息化功能全覆盖，打造更具人性化的"数字旅游"新模式。进一步建立旅游联合执法和综合监管机制，创立网络咨询平台 App，开发检举平台软件等。推进诚信旅游，规范导游管理服务，实施"红黑"名单制度。创建相关网络平台，继续完善旅游安全风险提示制度、旅游突发事件应急预案，保障旅游市场安全有序。

3. 激发非遗载体活力，创新体验开发形式

除此之外，红色文化资源和非物质文化遗产都是金寨县的特色资源，将两者结合能够实现真正的"强强联手"。要保护利用红色文化资源，就要培养更多的资源操盘手和一线能手。金寨县可以多加培养红色非遗传承人，这需要传承人在全面了解红色文化的内涵和外延的同时，还要充分掌握非遗文化的重要知识，形成专门的手艺、技术、技巧等。实现"红色+非遗"的传承与融合，一是可以让游客在参观金寨自然景色的同时，亲身参与红色产品的制作，增强旅游体验感；二是可以增设金寨县红色主题非遗展览，促进开发模式多元化。例如，以金寨县诸位将军为原型建立剪纸数据库。剪纸本身的红色与"红色文化"形成了鲜明的呼应，这应该是对红色文化最好的宣传（田乐，2022）。

4. 加快旅游服务体系建设

优化县内特色旅游公交路线，完善县城内交通网络图，协助开通旅游直通车、旅游观光巴士以及旅游专线的公交车，紧密连接县内各旅游景点，协同推进金寨县各旅游景区的互通互联，既节约了大多数游客的交通时间，又能更好吸引游客前来旅游参观。同时，还可适当增加县内出租车的数量；适当增加县内公交、城乡公交的数量，缩短班次时间等，提高游玩效率（金寨县统计局，2023）。

同时，政府需要进一步完善旅游服务集散中心的功能，在重要景区景点新增红色文化和乡村民俗专线体验旅游咨询服务，打造规范散客旅游市场、满足市民个性化旅游需求的综合性平台。鼓励开设讲解人员、导游培训班，全方位进一步提高红色旅游景点讲解质量，形成一条独特的产业路径。规范旅游标识系统设置，健全旅游交通指示系统，合理设置旅游交通标识牌。此外，一定要注重环境卫生保护，构建清洁低碳的交通运输体系。可以从思想认识上、设计理念上、施工建设上，加大对绿色交通建设的管理力度，促进交通发展，从而更好地为旅游产业服务（胡先武，2023）。

（二）针对茶旅融合的政策建议

从茶的方面来说，要继续坚持"金寨茶"品牌宣传推广，致力于走茶叶品牌化道路，逐年提高"金寨茶"品牌价值和品牌影响力。从政府、有关部门方面来说，需要继续提高茶叶品质，夯实品牌基础。同时可以开设多种人才培训班，培养人才，提升技术，从而进一步提升制茶品质，稳住金寨县茶产业长久优势。应进一步扩大宣传，打造茶叶地标、商标，巩固品牌，加大广告投入力度。同时要推进绿色生态茶园建设，不断推动茶园景观综合提升。一方面要长期增强茶园景观建设，在园间进行四时乔木花卉套种，增强茶园观赏性，打造茶园沿线道路植被绿化带，因地制宜进行景观美化，进行立体种植；另一方面要引入智慧化茶园系统，因地制宜推行生态调控、物理防治。通过智慧化茶园系统对茶园的病虫害防治实现无人监管，系统可以采集数据让消费者对茶叶溯源，并随时查询茶叶的销售情况，对茶园游客的数量和承载能力进行实时监管。

从茶旅融合的方面来说，团队在实践后发现，金寨县不同地方的融合程度是不同的。油坊店乡西茶谷重点关注茶叶生产与茶园成果展示，主要通过卖茶产品、茶叶盈利。而大湾村则是通过茶旅融合，既有茶叶公司销售盈利促进经济发展，又积极发展当地红色旅游产业。团队总结，要大力增强茶旅的相容度，全方位提升茶旅产业的发展力、影响力。给出如下建议：要继续推进茶旅融合发展，做优"金寨茶"品牌，同时也要发展好红色旅游项目，更重要的是让二者巧妙融合，以"红"带"绿"，互相促进，以实现更多收益，促进金寨县经济繁荣发展。

当下的大湾村，旅游业飞速发展，以红色旅游为主、漂流等娱乐活动为辅，农家乐、民俗等产业开始蓬勃发展。村民们也通过采茶、制茶以及饲养山羊、黄牛等手段脱贫致富。金寨县其他地方也可以通过红色旅游带动乡村振兴，附带生产与茶相关的伴手礼，辐射带动沿线餐饮住宿等服务业的发展。金寨县独特的自然环境与人文环境孕育出各具特色的茶产业，应抓住这一契机，通过新媒体对茶叶进行宣传，并通过开展形式各样的活动，吸引大量消费者和茶叶忠实粉丝前来购买，并进一步来金寨旅游，做到线上与线下的茶旅融合（俞玉兰，2023）。此外，开发独具乡镇特色的茶文化节，通过"三微一端"的形式，不断扩大茶叶文化节的知名度，进一步带动产业发展、促进茶旅融合、推动茶农增收，助力乡村振兴。要坚持以茶为媒辐射带动民宿、农家乐、生态旅游等多元化发展，延长产业链条，促进三产融合，帮助农民增收（汪于奎，2023）。

参考文献

方荣刚. 安徽金寨花石乡大湾村：阔步迈向振兴路［EB/OL］.（2022-10-24）［2023-10-02］.http：//www.wehefei.com/news/2022/10/24/c_463443.htm.

胡先武. 金寨交通：持续推进交通领域清洁低碳转型［EB/OL］.（2023-03-16）［2023-10-02］.https：//www.ahjjw.com.cn/html/qiyezaixian/2023/0313/294433.html.

金寨县统计局. 金寨县旅游产业发展情况［EB/OL］.（2023-03-23）［2023-10-02］.https：//www.ahjinzhai.gov.cn/public/6617541/36247513.html.

刘美子，刘晓宇. 一条路，串起大别山老区"红"与"绿"［EB/OL］.（2022-05-29）［2023-10-02］. https：//baijiahao.baidu.com/s？ id=17341521768598000822&wfr=spider&for=pc.

秦日霄，2022. 金寨县茶旅融合发展研究［D］. 合肥：安徽农业大学.

田乐，2022. 安徽省金寨县红色文化资源保护与利用研究［D］. 合肥：安徽农业大学.

妥艳，王俊，吴娇，等，2020. 茶文化与旅游资源开发协调发展研究：以金寨县调查为例［J］. 经济视野，24：108-111.

汪于奎. 金寨县：多举措提升"金寨茶"品牌影响力［EB/OL］.（2023-05-23）［2023-10-02］.http：//www.ahnw.cn/nwkx/content/05a68c72-c4d5-4d45-9374-ad01f44bd712.

王玉创. 安徽：深耕红色热土 做热红色旅游［EB/OL］.（2022-08-11）［2023-10-02］. https：//www.mct.gov.cn/whzx/qgwhxxlb/ah/202208/t20220811_935267.htm.

夏业鲍，2021. 安徽金寨茶产业扶贫的探索与实践［J］. 中国茶叶加工，1：57-61.

杨秀玲，康家佳，2021. 金寨县大湾村：青山绿水入画中，景美民富幸福来［J］. 党建，8：45-47.

杨秀玲. "明星范"大湾村［EB/OL］.（2022-04-25）［2023-10-02］.https：//t.m.china.com.cn/convert/c_lM2viIM9.html.

俞亚兰. 茶旅融合，走出产业发展新路径. 金寨县人民政府［EB/OL］.（2023-05-11）［2023-10-02］.https：//www.ahjinzhai.gov.cn/zwzx/shdt/36280775.html.

第二部分

立足国情民情，大兴调研之风

关于口腔医疗下游市场发展的调查研究

封韵仪　黄硕　邓富华

摘　要

通过问卷调查和数据收集，项目组走访口腔医疗下游市场，总结当前市场现状：口腔医疗服务需求旺盛，供给规模不断扩大，政策端支持和放开民营诊所，吸引大量民营资本进入，口腔医疗市场进入蓬勃发展时代，前景广阔。进一步分析发现下游市场存在一些发展问题：民营诊所在营销和经营管理上问题频发、专业口腔医师短缺、医患关系紧张以及口腔医疗资源分配不均。根据调查结果和卫生统计年鉴等相关数据：①居民口腔健康保护意识不足，存在错误观念，加大了营销难度；②专业医师培养周期长，口腔医疗服务供给增速远低于需求增速，导致供需存在矛盾；③以四川省为例，项目组采用洛伦兹曲线和基尼系数分析得出，口腔医疗资源配置在人口、经济分布上较为公平，在地理分布上则不公平。基于此：①建立健全普及居民口腔健康知识的体制机制；②科技赋能口腔医疗，下沉优质口腔医疗资源，实现资源公平共享；③医险融合，支付先行。

关键词

口腔医疗市场；资源配置；公平性；洛伦兹曲线；基尼系数

一、引言

（一）调查目的

1. 量化

口腔健康关系到全身健康，是反映一个国家或地区居民身心健康的重要指标（冯希平，2018）。本文以四川省口腔医疗市场为例，基于地理（面积）、人口、经济（GDP）分布量化口腔医疗资源配置的公平性和可及性，多角度分析不足。同时，使用健康需求预测法，将供需两端的矛盾进行量化。

2. 质化

本次调研重在发掘口腔医疗下游市场存在的痛点问题：针对牙颌面口腔问题患病率高而知晓率低、医疗机构不成熟、医生专业水平参差不齐以及患者引流困难等痛点，选择在前期进行知识普及并帮助客户群体进行自筛和早筛；为有治疗或咨询需要的患者推荐医疗机构，实现患者端的高频引流，降低治疗成本；搭建并不断完善病例源数据库，帮助医疗机构高效智能识别病例类型以及病患情况，并利用好数据库的共享机制，为私立医院诊所提供病例经验、病例资源，实现医疗端的智能识别、共享资源，在此基础上，为"两方痛点，一端解决"的实现做铺垫。此外，预计后期还会建立病友信息交流共享平台，病患可以根据自身需要在平台上了解相关口腔知识或咨询相关医疗服务。

3. 高度化

（1）助力蓝海市场发展

在患者方面，项目为患者普及健康知识，帮助患者节约治疗成本并获得精准治疗；在下级市场方面，项目帮助私立诊所或医院降低了营销成本、缓解了医患关系，同时提高了私立诊所或医院的业务能力；在上级市场方面，项目帮助公立医院释放了资源压力，同时将其部分优秀经验合理下发，从而解决了供需矛盾，有效弥补了口腔医疗市场缺口，为蓬勃发展的口腔蓝海市场贡献力量。

（2）助力健康中国建设

在政府方面，项目顺应国家对健康的要求，有助于实现健康中国。

（二）调查意义

1. 理论意义

从宏观层面来看，本次调查能够深入了解当前我国口腔医疗行业的发展状况，发现行业普遍存在的问题和区域差异，理论与实践相结合，进一步深化和丰富关于口腔医疗资源供给、口腔医疗经济、公共口腔健康等领域的研究成果。本项目涉及口腔医学、医疗管理、医疗经济等多个领域，能够实现不同领域知识的交叉与融合，拓展相关学科的研究视野。

从微观层面来看，本次调查选取个体口腔诊所作为切入点，通过定量和定性相结合的方法，收集了诊所运营、市场竞争、医患关系等方面的第一手数据，为项目组深入剖析当前口腔医疗机构的具体运转情况和面临的困境提供了可能。新发现的问题也将促使项目组进一步丰富口腔医疗机构运营管理等领域的理论研究。通过对个体医疗机构的调研，本项目能够深化诊所运营管理、口腔健康管理等领域的研究内涵，发现理论与实践之间的差距，并提出针对性对策及建议。

2. 现实意义

对口腔医疗机构来说，本次调查能够帮助它们更加准确地把握行业发展态势、面对机遇与挑战，并在此基础上调整经营决策，科学制定市场竞争策略。这将推动口腔医疗机构更好地发展壮大，在蓬勃发展的口腔医疗市场中抢占先机。

对广大患者来说，本次调查开展的口腔健康知识宣讲，将帮助他们提高口腔健康意识，掌握口腔疾病的预防方法，并获得更及时、便利的口腔诊疗服务，降低就医成本，从而推动口腔健康知识普及，提高全民口腔健康水平，为建设健康中国做出贡献。

（三）调查方法

1. 数据收集

（1）问卷调查

项目组设计了涵盖口腔健康知识、就医情况、医患关系等方面的问卷，在线上线下进行发放，回收了 188 份有效样本。

本次问卷调查的对象包括口腔医疗机构管理者、医务人员和公众三个群体，调研内容涵盖口腔医疗资源供给、医疗服务提供和公众健康需求等。研究结果能够在一定程度上客观反映当前口腔医疗形势，解析发展趋势，并为优化资源配置、提升服务水平、增强公共健康意识提供决策依据，为项目目标的达成提供支撑。

（2）采访调研

项目组采访了不同规模和类型的口腔诊所的负责人，对诊所运营情况进行了深入了解。同时在街头开展随机采访调查，了解群众对口腔健康知识的认知程度（见图1）。

图 1　项目组采访调查

本次调研从营运管理和服务提供两个维度开展。通过交流，项目组能深入了解当前口腔医疗体系中存在的问题与不足。诊所运营面临的多重压力、医患关系亟待缓和及医师地位亟待提升、资源供给与需求存在结构性失衡等问题都得到明确。这些发现有助于准确认识行业痛点，为本项目提供方向性指导。

（3）查阅国家和四川省口腔医疗卫生年鉴

通过查阅年鉴，项目组从量化研究的角度审视区域内口腔健康的全貌。大量准确的统计数据呈现了口腔疾病流行特征、医疗机构配置与利用情况、公众健康意识与行为变化等多方面信息。这些数据反映了口腔医疗事业发展过程中的问题与短板，也提供了评价现行政策效果的依据。更为重要的是，统计数据为实践结论的得出提供了科学参考，明确了优先投入、改革创新的重点领域。通过数据驱动，项目组可以更好地把握口腔健康形势，构思出切实可行的口腔医疗发展战略。

2. 研究方法

（1）健康需求预测法

所需医生数量按健康需要预测法预测（胡格莎，2018）：

$$M = P \times I \times N \times T/S$$

其中，P 为目标年人口数，I 为平均每人每年患病次数，N 为每人每年需要就诊次数，T 为平均一次服务时间（小时），S 为一位口腔医师一年工作总小时数。之后将理论预测结果与实际比较，判断口腔医师供给数量是否满足社会需求。

（2）描述性统计

对收入满意度、病人信任度和工作满意度等相关变量进行描述性统计（董香书，2012）。

（3）洛伦兹曲线和基尼系数

洛伦兹曲线是用来研究国民收入在国民之间的分配问题的曲线，可以反映分配的公平性。曲线的弯曲程度越大，公平性越低。本研究分别以四川省各市州地理、人口、经济累计百分比作为横坐标，以与其对应的口腔医疗机构数量或口腔治疗台设备数量累计百分比作为纵坐标，连接各点绘制成洛伦兹曲线。

基尼系数是用来定量测定收入分配差异程度的指标，可以反映一个国家或地区居民收入分配的差异程度和公平性（刘怡 等，2013）。本研究分别以各市州地理、人口、经济分布计算口腔医疗机构和口腔治疗台设备的基尼系数。

同时做出表1的变量设计。

假设 y 为考察变量，p 为人口比重，样本容量为 n，均值为 u，则基尼系数的计算差异可以表示为

$$G = \frac{1}{2n^2u} \sum_i \sum_j p_i p_j |y_i - y_j|$$

其中，$|y_i - y_j|$ 表示任何一对考察变量样本差的绝对值。

基尼系数结果在 0 和 1 之间，越接近 0，表示公平性越高，反之越低。一般认为：0~0.2 为高度公平状态，0.2~0.3 为相对公平状态，0.3~0.4 为比较公平状态，超过 0.4 为警戒状态，0.5~0.6 为不公平状态，0.6 以上则为高度不公平状态（郑艳 等，2023）。

表 1　变量设计

评价目标层	评价因子层
地理	市州面积/平方公里
人口	年末常住人口/万人
经济	地区生产总值 GDP/亿元
口腔医疗资源	口腔医疗机构/家
	口腔治疗设备/台

二、口腔医疗下游市场的发展现状分析

口腔医疗是以口腔医疗服务消费为基础，包含医疗和消费的双重属性，是对于口腔及颌面部疾病的诊断、治疗、预防及口腔美白等相关医疗服务。口腔医疗是基础医疗和发展型消费的结合。近年来，在供给端、需求端、政策端和资本端的共同发力下，我国的口腔医疗下游市场已进入蓬勃发展的阶段。

（一）需求端：口腔医疗服务需求旺盛

1. 国民口腔健康情况堪忧，口腔诊疗人次与日俱增

由图 2 可见，我国综合医院口腔科及口腔专科医院诊疗人次在 2021 年高达 5 千万，整体复合年均增长率为 7.39%，虽在 2019 年受疫情的影响略微下降，但总体呈上升趋势。

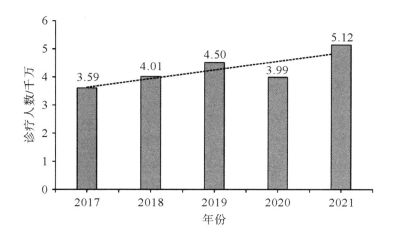

图 2　2017—2021 年我国综合医院口腔科及口腔专科医院诊疗人次

2. 国民收入稳步增长，口腔医疗服务消费能力增加

由图 3 可见，随着国家经济稳步发展，在 2017—2021 年，全国居民人均可支配收入逐年上升，居民的消费能力增强。这一经济基础也推动了同期居民在医疗保健方面的支出增长（见图 4）。从弹性角度分析，因为口腔医疗同时包含基础医疗和发展型消费，具有较大的需求弹性，因此向好的经济状况会较大幅度促进口腔医疗服务的消费能力和需求。

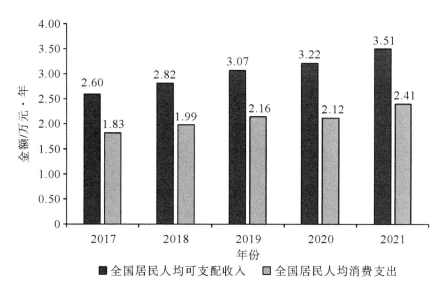

图 3　2017—2021 年全国人均可支配收入及消费支出

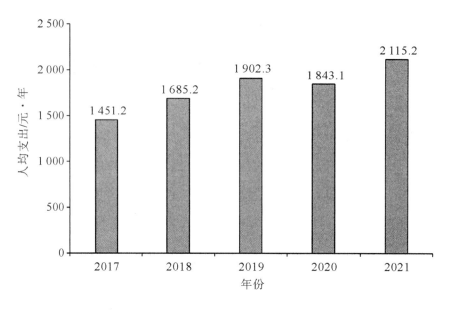

图 4　2017—2021 年中国居民医疗保健人均支出

（二）供给端：民营资本积极进入，供给规模渐大

据有关医疗机构负责人透露，目前资本市场对于口腔赛道的投资积极。2020 年口腔行业遭遇疫情冲击，投资热情有所消减，但 2021 年投资热情再度高涨。随着民营资本的进入，口腔医疗成为市场热门。由图 5 可见，2017—2021 年口腔医疗机构数逐年上升，整体复合增长率为 8.46%。在民营资本赋能下的要素供给充满活力，预计中国口腔医疗服务市场将持续快速扩张，整体复合增长率有望在未来五年内达到 9.5%，资本对该市场持有积极态度。

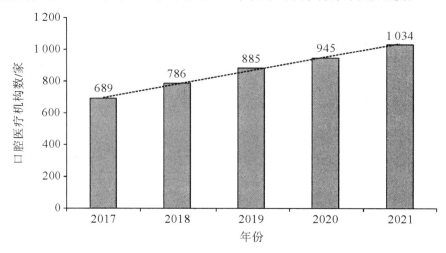

图 5　2017—2021 年口腔医疗机构数

（三）政策端：对民营诊所的放开和支持

在"十三五"时期，中共中央、国务院印发《"健康中国 2030"规划纲要》后，社会加强了对口腔卫生的关注，将口腔健康视为建设健康中国的重要一环。口腔卫生的建设，离不民营企业注入的新鲜血液。随后，国家陆续出台多项政策支持民营诊所的成立和发展（武萍，2023）。在 2017—2021 年，我国口腔医疗机构以民营诊所为主，占比超 80%。公立口腔医疗机构数保持稳定。到目前，民营口腔诊所的数量仍然快速上涨，占比越来越大。从图 6 可推断得知，我国出台的相关政策对民营诊所的放开具有一定促进作用。

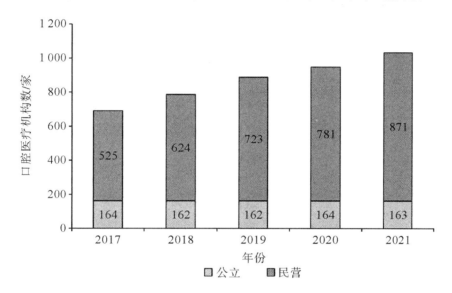

图 6　2017—2021 年公立及民营口腔医疗机构数

三、下游市场发展的问题分析

通过实地调研，项目组发现前景广阔的口腔下游市场存在民营诊所经营问题频发、要素供给不足、医患关系紧张等问题。对此，展开如下分析。

（一）民营口腔诊所经营问题频发

1. 营销问题：成本高、难度大、效果差

目前民营诊所营销费用占比高，通过电视广告、互联网流量广告和传统路边广告等方式获客困难，成本高昂。同时由于品牌效应，大多小型私立诊所投放的广告缺乏可信度，导致患者引流困难，效果不理想。

究其主要原因是居民口腔健康防治意识不足，固化的错误观念加大了诊所的营销难度。该原因体现在以下两个方面。

一是口腔疾病知识的知晓率低。在随机调查中发现，居民对于口腔疾病知识的知晓率低。"牙疼不是病""兔牙是个性"等错误观念阻碍疾病的及时治疗，一些居民误以为牙龈出血或红肿只是因为上火，不了解可能是牙周炎引起的。同时，居民对口腔诊所的营销持有怀疑和不信任态度。图7显示，当前我国居民中有78.13%的人对大多数发病率较高的口腔疾病不太了解，仅有21.88%的人对这类疾病清楚、了解。

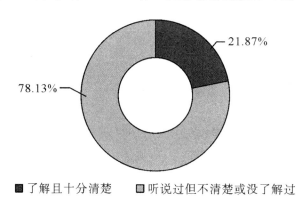

图7 居民对口腔疾病了解情况

二是对口腔保健认识浅薄。图8数据显示，我国口腔健康检查人数呈现"Z"形变化，在2019年达到波峰。由此推测，国民在2019年护牙热情高涨，但由于缺乏专业的口腔健康知识普及，未能形成正确的周期性消费（至少以1年为周期进行健康检查），有近50%的人没有定期检查口腔健康的习惯。该结果与问卷调查结果一致。

然而，口腔健康防治意识的形成存在一定知识壁垒，其养成需要专业的医疗团队给予技术支持。因此，口腔医疗资源分配不均、基层地区缺少医疗团队来普及口腔保健知识是意识不足的深层原因。

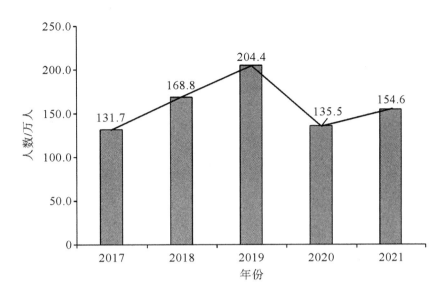

图 8　2017—2021 年中国口腔健康检查人数

2. 管理者认知问题：诊所管理者能力与实际需求不匹配

民营口腔诊所大多为医生创建。医生往往只掌握核心技术，而相对缺少经营管理经验，难以及时掌控市场动向，有效增强客户黏性。这时，有的诊所通过外聘经营管理的专业人员，或参与相关培训来解决这一问题，虽有一定效果，但成本较高。

（二）供给端与需求端的矛盾

1. 专业医师短缺

由图 9 可知，近年口腔执业医师（非助理）人数持续高速增长，在 2021 年达到 2.8 万人，其每年增速始终高于同期全国执业医师的平均增速（见图 10）。口腔专业医师人数的增长呈波动趋势，推测是因为专业医师培养存在周期性。由此计算得，我国 2021 年平均每十万人口牙医数为 16.57 人，虽然较 2020 年的 15.7 人有所增加，但依然不足，也未达到世界卫生组织建议的平均每十万人口牙医数为 20 人这一数值，高素质专业劳动力要素供给不足。

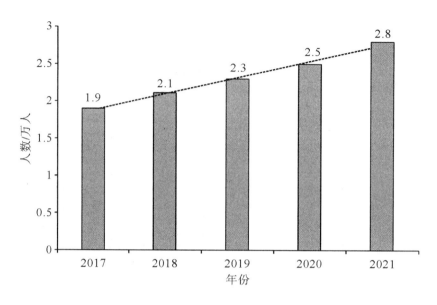

图 9 2017—2021 年口腔执业医师（非助理）人数

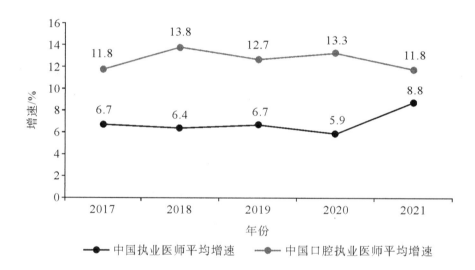

图 10 2017—2021 年中国执业医师与中国口腔执业医师平均增速对比

定性分析：专业口腔医师的培养周期长，口腔医师培养的速度远远跟不上患者的增长速度，造成口腔医师缺口大。

定量分析：采用健康需求预测法，预测当前口腔医疗市场所需的口腔执业医师数量。公式：

$$M = P \times I \times N \times T / S$$

调查数据显示：2021 年我国常住人口数 P 为 2 189 万人，平均每人每年患口腔疾病次数 I 为 1 次，每人每年平均需要就口腔诊所次数 N 为 5.34 次，就诊平均一次服务时间 T 为 0.907 5 小时，一位口腔医师一年工作总小时数 S 为 2 505.887 5 小时，计算得到 2021 年需要口腔执业医师 M 为 4.2 万人。而市场上 2021 年口腔执业医师的实际供给数量为 2.7 万人，与健康需求的人数相差近 1.5 万人。可见，对口腔健康的庞大需求量也是造成专业医师短缺的重要原因之一。

2. 医患关系紧张

由于口腔医疗市场的信息不对称，在医生和患者的博弈中，患者处于信息的劣势（董香书，2012）。信息不对称导致患者面临医疗服务价格过高、过度检查等问题，造成医患关系的紧张局面，激化供需两端矛盾。

项目组对调查结果进行描述性统计（见表 2）后发现，2023 年来口腔医疗市场的医患关系出现小幅度的缓解和改善；专业口腔医师的工作压力较大，收入随着工作量的增长有所提升。综合多方因素，目前专业口腔医师对工作满意度较高。

表 2　工作收入满意度、病人信任程度描述性统计

变量名称	变量含义	整体样本	工作收入满意度分类			病人信任程度分类	
			不满意	一般	满意	一般	信任
		均值	均值	均值	均值	均值	均值
工作满意度	不满意 1 一般 2 满意 3	2.77	2.12	2.73	2.89	2.67	2.81
年龄	单位：岁	35.90	31.43	35.49	36.45	30.55	34.91
性别	女 0 男 1	0.38	0.34	0.39	0.33	0.33	0.40
学历	其他（非大专及本科以上）0 大专 1	0.36	0.37	0.35	0.39	0.39	0.33
	其他（非大专及本科以上）0 本科 1	0.62	0.61	0.63	0.59	0.59	0.65
医疗技术的变化	极大降低 1 略有降低 2 没有变化 3 略有提高 4 极大提高 5	4.31	4.30	4.31	4.32	4.31	4.31

表（续）

变量名称		变量含义	整体样本	工作收入满意度分类			病人信任程度分类	
				不满意	一般	满意	一般	信任
			均值	均值	均值	均值	均值	均值
信任程度的变化		极大降低 1 略有降低 2 没有变化 3 略有提高 4 极大提高 5	3.23	3.22	3.24	3.23	3.20	3.24
社会地位的变化		极大降低 1 略有降低 2 没有变化 3 略有提高 4 极大提高 5	3.00	2.98	3.00	3.01	2.98	3.01
与社会工资比较		是社会平均工资的倍数	1.96	2.01	1.95	1.95	1.96	1.96
工作情况	工作压力	小 1 一般 2 比较大 3 非常大 4	2.46	2.51	2.47	2.44	2.48	2.45
	每天工作时间	单位：小时	8.16	8.14	8.17	8.16	8.15	8.18
	每周加班次数	单位：次	1.46	1.44	1.47	1.46	1.46	1.46
收入情况	实际月收入	单位：元	8 614.55	6 456.76	8 045.88	9 156.67	7 477.64	9 245.66
	理想月收入	单位：元	14 847.00	9 865.66	12 685.97	15 987.54	13 643.86	15 753.08
疾病诊断时间		单位：小时	0.91	0.89	0.90	0.91	0.88	0.93
样本量		单位：个	26	1	10	15	5	21

在进一步调查中发现，专业医师的短缺程度与医患关系的紧张程度具有区域性。通常认为大多数优秀的口腔医疗资源集中在发达城市，造成这些城市供给饱和，但发展较慢的郊区和农村供给缺乏，供需矛盾较大。

四、口腔医疗资源分布及其分配均衡性分析

口腔医疗资源分配的不公平是造成上述发展问题的主要原因，为了更好地对其进行研究，下文以四川省为例，将口腔医疗机构和口腔治疗台设备作为口腔医疗资源的重要

组成部分（钱雯 等，2021），按地理（面积）、人口、经济（GDP）分布，采用洛伦兹曲线和基尼系数对公平性进行实证分析。

（一）口腔医疗资源分布情况

1. 口腔医疗机构分布情况

如表3显示，四川省2021年共计有7 103家口腔医疗机构。其中，成都市拥有口腔医疗机构最多（39.57%），同时其也是每平方公里拥有口腔医疗机构最多的城市（0.196 1家）；甘孜藏族自治州拥有口腔医疗机构数量最少（0.86%），同时其也是每平方公里拥有口腔医疗机构最少的州（0.000 4家）；每万人拥有口腔医疗机构数最多的是成都市（1.326 4家），最少的是达州市（0.331 5家）；GDP每亿元配置口腔医疗机构数最多的是广元市（0.206 9家），最少的是达州市（0.075 7家）。

表3　2021年四川省口腔医疗机构分布情况

市（州）	口腔医疗机构数量/家	口腔医疗机构占比/%	每平方公里拥有口腔医疗机构数/家	每万人拥有口腔医疗机构数/家	GDP每亿元配置口腔医疗机构数/家
成都市	2 811	**39.57**	**0.196 1**	**1.326 4**	0.141 1
绵阳市	474	6.67	0.023 4	0.970 7	0.141 5
南充市	410	5.77	0.032 9	0.737 1	0.157 6
德阳市	314	4.42	0.053 1	0.907 8	0.118 2
泸州市	282	3.97	0.023 0	0.662 1	0.117 2
宜宾市	278	3.91	0.021 0	0.603 7	0.088 3
乐山市	272	3.83	0.021 4	0.863 2	0.123 3
眉山市	247	3.48	0.034 6	0.834 7	0.159 6
广元市	231	3.25	0.014 2	1.011 8	**0.206 9**
遂宁市	217	3.06	0.040 8	0.780 0	0.142 8
凉山彝族自治州	204	2.87	0.003 4	0.418 5	0.107 3
内江市	187	2.63	0.034 7	0.602 4	0.116 5
自贡市	183	2.58	0.041 8	0.741 8	0.114 3
达州市	178	2.51	0.010 7	**0.331 5**	**0.075 7**
广安市	149	2.10	0.023 5	0.458 7	0.105 1
巴中市	144	2.03	0.011 7	0.538 1	0.193 9

表3(续)

市（州）	口腔医疗机构数量/家	口腔医疗机构占比/%	每平方公里拥有口腔医疗机构数/家	每万人拥有口腔医疗机构数/家	GDP 每亿元配置口腔医疗机构数/家
攀枝花市	136	1.91	0.018 4	1.120 3	0.119 9
资阳市	134	1.89	0.023 3	0.586 7	0.150 5
雅安市	116	1.63	0.007 7	0.810 6	0.138 0
阿坝藏族羌族自治州	75	1.06	0.000 9	0.920 2	0.166 8
甘孜藏族自治州	61	**0.86**	**0.000 4**	0.553 5	0.136 5
总计	7 103	100.00	0.637 0	15.78	2.821 0

2. 口腔治疗台设备分布情况

由表4可知，四川省2021年共计有21 760台口腔治疗台设备。其中，成都市拥有口腔治疗台设备最多（48.67%），同时其也是每平方公里拥有口腔治疗台设备最多的城市（0.738 8台）；甘孜藏族自治州拥有口腔治疗设备数量最少（0.55%），同时其也是每平方公里拥有口腔治疗台设备最少的州（0.000 8台）。每万人拥有口腔医疗机构数最多的是成都市（4.997 6台），其也是 GDP 每亿元配置口腔治疗台设备数最多的城市（0.531 8台）；最少的是达州市（0.834 3台），同时其也是 GDP 每亿元配置口腔治疗台设备数最少的城市（0.190 5台）。

表4 2021 年四川省口腔治疗台设备配置情况

市（州）	口腔治疗台设备数量/台	口腔治疗台设备占比/%	每平方公里拥有口腔治疗台设备数/台	每万人拥有口腔治疗台设备数/台	GDP 每亿元拥有口腔治疗台设备数/台
成都市	10 591	**48.67**	**0.738 8**	**4.997 6**	**0.531 8**
绵阳市	1 274	5.85	0.062 9	2.609 1	0.380 3
南充市	1 082	4.97	0.086 7	1.945 3	0.415 8
德阳市	915	4.20	0.154 8	2.645 3	0.344 4
泸州市	827	3.80	0.067 6	1.941 8	0.343 7
乐山市	802	3.69	0.063 0	2.545 2	0.363 7
宜宾市	785	3.61	0.059 2	1.704 7	0.249 4
眉山市	564	2.59	0.079 0	1.906 0	0.364 4

表4(续)

市（州）	口腔治疗台设备数量/台	口腔治疗台设备占比/%	每平方公里拥有口腔治疗台设备数/台	每万人拥有口腔治疗台设备数/台	GDP每亿元拥有口腔治疗台设备数/台
遂宁市	539	2.48	0.101 3	1.937 5	0.354 6
广元市	501	2.30	0.030 7	2.194 5	0.448 8
内江市	496	2.28	0.092 1	1.597 9	0.308 9
凉山彝族自治州	483	2.22	0.008 0	0.991 0	0.254 1
自贡市	467	2.15	0.106 6	1.893 0	0.291 6
达州市	448	2.06	0.027 0	**0.834 3**	**0.190 5**
攀枝花市	376	1.73	0.050 8	3.097 2	0.331 6
广安市	357	1.64	0.056 3	1.099 1	0.251 8
资阳市	351	1.61	0.061 1	1.536 8	0.394 2
巴中市	323	1.48	0.026 3	1.207 0	0.435 0
雅安市	314	1.44	0.020 9	2.194 3	0.373 6
阿坝藏族羌族自治州	145	0.67	0.001 7	1.779 1	0.322 5
甘孜藏族自治州	120	**0.55**	**0.000 8**	1.088 9	0.268 4
总计	21 760	100	1.895 7	41.745 6	7.219 0

（二）口腔医疗资源分配均衡性的实证分析

基于洛伦兹曲线分析，口腔医疗机构按地理（面积）、人口、经济（GDP）分布情况见图11（a）；口腔治疗台设备按地理、人口、经济分布情况见图11（b），与口腔医疗机构的分布情况基本一致。得出结果：面积因素曲线弯曲的程度最大，其次是人口和GDP因素。这说明，地理因素使口腔医疗资源分配的公平性最低，其次分别是人口因素与经济因素。

表5报告了计算结果，基于基尼系数分析，按地理（面积）、人口、经济（GDP）分布，全省人均口腔医疗机构的基尼系数分别为0.559 5、0.220 3、0.096 7，口腔治疗台设备的基尼系数分别为0.655 3、0.305 3、0.154 0，与洛伦兹曲线反映的分布情况基本契合。口腔医疗机构和口腔治疗台设备在地理分布上的基尼系数超过0.5，呈现不公平状态；二者在人口分布上呈现相对公平状态，在经济上呈现高度公平状态。

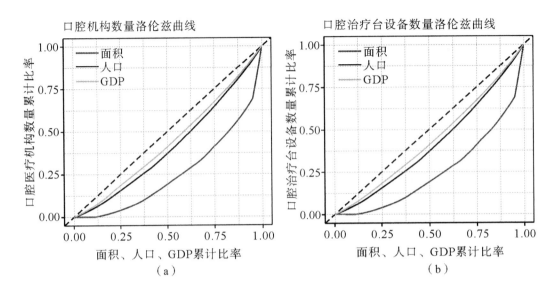

图 11　口腔医疗机构分布（a）及口腔治疗台设备配置（b）的洛伦兹曲线

表 5　口腔医疗资源基尼系数

医疗资源	地理（面积）	人口	经济（GDP）
口腔医疗机构/家	0.559 5	0.220 3	0.968
口腔治疗台设备/台	0.655 3	0.305 3	0.154 0

综上所述，口腔医疗资源配置的公平性为：地理（面积）>人口>经济（GDP），口腔医疗资源分布的不公平性主要体现在地理（面积）方面，空间布局的不公平特征较为突出。口腔医疗资源在人口和经济上的公平配置，意味着每一位国民有同等机会获得口腔医疗服务，直接体现了社会公平。口腔医疗资源地理分布的不公平配置，意味着不同区域民众之间的口腔健康状况存在差距。

将三个因素联系起来分析发现，在资源短缺的基层地区易形成恶性循环。在没有制度约束的情况下，患者就医具有趋高性，天然选择医疗水平更高的医疗机构，而这类高水平诊所往往集中在发达城市。城市较高的口腔医疗服务需求吸引了更多口腔医疗资源。而反观基层地区，因为资源不足，经济难以快速发展，又因为经济发展缓慢，无法分配到优质资源，因此形成恶性循环。

五、针对口腔医疗下游市场健康发展的政策建议

（一）自上而下，全面建设健康口腔的体制机制

1. 顶层设计：建立健全口腔疾病综合防控体系

（1）加强卫生行政部门与财政、社保等相关部门的协作，设置区域性口腔卫生指导中心，保证居民平等享有基本口腔卫生服务。

（2）提升基层工作人员口腔疾病的防治能力，加强对口腔疾病防治专业人员的培养与培训，从而服务更多基层群众。

（3）完善居民医疗保险和社会保障制度，满足人们基本的口腔保健需求，将牙周病、龋病等重点口腔疾病，以及先天性牙颌面畸形等病发率高的口腔疾病纳入国家基本医疗保险。

2. 部门落实：制定针对重点人群的口腔综合防控策略

（1）儿童：联合幼儿园和学校等机构，组织开展儿童口腔检查。开展有趣的活动向儿童普及日常口腔护理知识，使其从小养成正确的口腔清洁方法，降低后期口腔疾病发病率。

（2）中老年人：联合工作单位和社区等部门，适当发放口腔健康检查或洁牙的消费券，以牙周病防治为重点，倡导全方位口腔清洁。

3. 基层夯实：加强全民口腔健康教育，提高居民口腔健康素养

（1）以 9 月 20 号"全国爱牙日"为契机，将口腔健康教育集中宣传与日常宣传相结合，通过招募志愿者的方式，号召广大群众加入宣传队伍。

（2）充分利用口腔专业机构、学术团体、社会组织的优势，积极开展覆盖各类人群、贯穿生命周期的口腔健康教育，提高全民口腔健康意识。

（二）巧用人工智能辅助，下沉优质医疗资源

1. 建立病例数据库，公平配置资源

建立病例数据库，实现资源公平共享，给予口腔医师大量学习借鉴机会，丰富口腔医师的看诊经验，加速成熟口腔医师的培养，使口腔医疗资源更公平地配置。

2. 运用人工智能技术比对筛查口腔疾病

将患者的检查报告在数据库中比对，智能筛查出可能的口腔疾病，运用人工智能技术辅助口腔医师进行判断，增强口腔医师的技术能力。

3. 医险融合，支付先行：商业保险+医疗服务

由于口腔医疗具有基础医疗和发展型消费的双重属性，社会保险难以全面覆盖，因此需要从商业保险入手，补位国家医保，做到支付先行。通过购买口腔保险产品引导患者入院做口腔护理/治疗项目；针对不同患者设计个性化口腔保险产品，精准匹配个人需求，减少过度医疗，同时减少患者的诊疗费用开支；通过口腔健康报告、口腔线上健康管理平台等形式提高患者口腔健康认识，从口腔治疗转变为预防为主，提升群众全生命周期的口腔健康管理意识。

参 考 文 献

董香书，ARIANA P，2012. 为何农村医生工作不满意？工作收入、医患关系和工作满意度的实证研究 ［J］. 管理世界，11：77-88.

冯希平，2018. 中国居民口腔健康状况：第四次中国口腔健康流行病学调查报告 ［C］//2018 年中华口腔医学会第十八次口腔预防医学学术年会论文汇编：13.

胡格莎，2018. 无锡民营口腔医院及连锁机构竞争策略研究 ［J］. 现代营销（下旬刊），11：124-125.

刘怡，胡祖铨，2013. 我国地方人均财政差异状况研究 ［J］. 财贸经济，6：12-21，11.

钱雯，魏咏兰，刘璟，2021. 成都市口腔卫生资源配置现状及公平性分析 ［J］. 现代预防医学，48（6）：1034-1037，1088.

武萍，2023. 新时期民营口腔机构发展中面临的机遇和挑战 ［J］. 企业改革与管理，7：165-167.

郑艳，闫柳清，华成舸，等，2023. 四川省口腔医疗机构和口腔综合治疗台配置现状分析 ［J］. 华西口腔医学杂志，41（3）：333-340.

宽窄巷子文化商业街夜间经济的发展探究

王予潼　袁嘉仪　薛一禾　刘芳兵　李潇

摘　要

本次实践依托党的二十大报告和中央经济工作会议中提出的"把恢复和扩大消费摆在优先位置"的方针以及"十四五"规划、两会政府工作报告中对"经济高质量发展"的展望，以成都宽窄巷子文化商业街为例，探究成都夜间经济高质量转型背后所隐藏的城市治理新理念、经济发展新政策、文化普及新形势，总结成都夜间经济高质量转型经验，并将其推广成为具有普适意义的模型，为全国夜间经济高质量转型提供具有典型性、可行性的参考案例。并针对在实践中发现的发展问题，提出可行性建议。

关键词

宽窄巷子；夜间经济；城市发展；城市治理

一、引言

（一）调查目标

1. 深入了解疫情后国家政策落地情况及民生福祉

团队成员前往成都宽窄巷子文化商业街区进行为期五天的实地调研，通过实地走访切身感受成都市有关文化、消费、经济相关政策的落实情况，深入了解疫情后作为首批国家文化和旅游消费试点城市、全国首批"夜经济"示范城市，成都是如何促进夜间经济高质量发展的。团队计划通过对宽窄巷子不同人群设计具有针对性的采访问卷，并进行抽样调查，全方位感知文旅演艺创新对夜间经济高质量发展的影响，为后期政策效益评估提供现实依据。

2. 总结成都夜间经济高质量转型经验，形成城市文旅结合创新可推广模型

成都作为"国际化消费都市"、夜间经济高质量发展模范城市，政策落实快、效果优、持续时间长，能在疫情后迅速恢复经济繁荣，究其原因与其自身经济文化基础联系密切，更与当地政府的先进政策、发展理念息息相关。2019 年 10 月，成都市文化广电旅游局积极响应国务院办公厅发布的《关于进一步激发文化和旅游消费潜力的意见》，提出要通过引导夜间消费文化时尚，壮大夜间消费群体、打造时尚化夜间空间，实现夜间经济持续发展、围绕文化遗产地打造时尚夜游圈等方式，因地制宜地推动夜间经济的发

展。2019 年，成都发布《关于推进夜间经济发展的实施意见》，提出将构建"一区两带多点"夜间经济发展格局，打造"蓉城之窗"夜游经济发展高地。2023 年上半年，成都共新增夜间经济场所 1 733 个，其中特色街区 16 个，夜间经济载体 25 个。2023 年 5 月，成都市出台《关于发展全市夜间经济促进消费升级的实施意见》，将培育发展夜间经济作为提振消费的重要举措。截至 2023 年年底，全市共打造夜间经济示范街区 16 条、夜间文化休闲体验街区 23 条、夜间旅游消费集聚区 45 个，为市民提供更多夜间消费选择。团队将对实地考察宽窄巷子夜间经济的结果加以提炼，站在政府的层面总结成都夜间经济高质量转型背后所隐藏的城市治理新理念、经济发展新政策、文化普及新形势，并将其推广成为具有普适意义的模型，为全国夜间经济高质量转型提供具有典型性、可行性的参考案例。

3. 提出针对性意见，焕发成都经济新活力

本次调研从消费者角度出发，从物理感知、消费感知、文化感知三大维度考察影响消费者满意程度的因素，多方面测度夜间经济发展现状，收集不同人群诉求。在发现成都结合自身历史文化发展文旅创新、焕发经济活力优良经验的同时，也发现了问题。针对不足，如基础设施建设不够完善等，团队集中讨论商议，提出可行性建议，并向成都宽窄巷子居委会、成都文化广电旅游局反馈，共同交流，形成高质量发展的良好机制。团队计划与成都文旅局建立长期联络关系，及时沟通相应发展状况、跟踪方案落实效果，定时定期针对后续问题进行探究，为夜间经济高质量转型建言献策。

（二）调查意义

1. 贯彻落实党的十九届五中全会精神，激发新一轮消费升级潜力

习近平总书记深刻指出，人民对美好生活的向往就是我们的奋斗目标。满足人民日益增长的对美好生活的需求，把新发展理念融入社会经济发展的各领域，实现更高质量和更高效益的经济增长，是新时代我国经济发展的重要主题。党的十九届五中全会强调，"坚持扩大内需这个战略基点，加快培育完整内需体系，把实施扩大内需战略同深化供给侧结构性改革有机结合起来，以创新驱动、高质量供给引领和创造新需求"，并提出"全面促进消费"。作为激发新一轮消费升级潜力的重要举措，夜间经济是激发城镇商业活动潜力、调适民众消费需求的重要途径，也是拉动城市经济发展的增长点。在成都一系列大谋略下，宽窄巷子可谓集"消费力"与"新场景"于一身，已逐步形成"一巷一

主题、一院一景"形态与业态融合布局。近年来，通过打造多元消费场景，宽窄巷子更已迸发出蓬勃的消费活力。宽窄巷子既为成都其他商业街区打造了发展"模板"，更为其他城市打造消费空间场景、优化城市布局设计提供新思路、新突破口，其发挥了国际消费中心城市在扩大内需和消费升级方面的重要引领作用。

2. 贯彻党的二十大精神，推动多元业态，优化营商环境，引燃成都烟火气

夜间经济是现代城市经济的重要组成部分。据统计，成都夜间消费位居全国第四位，占全天消费的比重高达 50%。这样的活力从何而来？习近平总书记强调："要增强消费能力，改善消费条件，创新消费场景，使消费潜力充分释放出来。"成都夜间经济的繁荣，正是得益于消费场景的不断创新。一方面，鼓励引导如宽窄巷子中的老字号品牌企业，通过技艺展示、非遗传承、文化体验、直播带货等新模式，提升品牌价值，焕发崭新活力。另一方面，引进夜游锦江、特色巴士、Show·看成都等以消费者为中心、自带话题传播特征的新消费场景，紧跟时尚潮流、壮大"新字号"。新老字号，各美其美，历史底蕴与时尚潮流相得益彰；更有华熙 LIVE·528 时代美术馆，布局"成渝双城经济圈"，长期关注生活消费和场景体验，提供演出盛宴、文化展览、音乐剧等多种文艺活动，逐步形成以"夜市、夜秀、夜食、夜购、夜娱、夜读"为主题的多业态夜间经济示范点。

不断创新的消费场景，让成都的夜间经济从单一的餐饮、购物等，发展到演艺体验、灯光夜景等多元业态。繁荣的市场离不开良好的营商环境的打造。党的二十大报告提出，营造市场化、法治化、国际化一流营商环境。2023 年年初，习近平总书记在主持中共中央政治局第二次集体学习时强调："为各类经营主体投资创业营造良好环境，激发各类经营主体活力。"夜间经济容纳的经营主体数量庞大、业态丰富，其繁荣健康程度是良好营商环境的表征。持续优化营商环境，正是成都夜间经济活力充沛的关键因素之一。

3. 立足成都文化消费实际，助力夜间经济持久性高质量发展

近年来，成都市文化广电旅游局以深入推进成渝地区双城经济圈建设为契机，以"公园城市"理念为引领，坚持把扩大消费作为促进经济发展的主抓手，着力推动文化产品供给、文化市场供给和文化服务供给，不断激发居民消费潜力、提升文化消费品质、增强文化消费体验，推动形成"以文塑旅、以旅彰文"的文旅融合新业态和新模式，全力推动成都打造成为国际消费中心城市。本次调研，团队根据成都市青羊区宽窄巷子的夜间经济实际情况，做出了一份实践调研报告，提出对夜间经济发展的建设性建议，反

映给相关管理机构，着重解决"如何促进夜间经济高质量转型""怎样通过文化魅力吸引更多人参与高质量夜间经济""应该怎样将夜间经济与更广泛的经济连接起来"等问题，与管理人员共同探讨夜间经济持久性高质量发展的要求。

4. 践行"大气为人、大智谋事、大爱行天下"的西财青年品格，贡献青年力量

习近平总书记在纪念"五四运动"100周年大会上的讲话中，对新时代中国青年提出了六点要求：树立远大理想、热爱伟大祖国、担当时代责任、勇于砥砺奋斗、练就过硬本领、锤炼品德修为，为青年的自我修养提供了基本遵循。团队在本次调研中深入宽窄巷子文化商业街区，在加深对该片区夜间经济情况了解的同时，爱国情怀得到了激发、理想信念得到了巩固、体恤他人的品德得到了发扬、奉献社会的本领得到了锻炼，增强了团队成员的自我修养，也使团队得以为国家的发展贡献力量。

（三）调查方法

1. 文献研究法

在前期的准备工作中查找大量关于宽窄巷子、文化商业街、场景理论等方面的文献，充分地了解其背景以及发展现状，并针对过往研究的不足之处进行进一步研究。

2. 实地调研法

为深入了解宽窄巷子夜间经济发展状况，本团队前往宽窄巷子进行实地走访，询问当地百姓、商铺的情况，考察宽窄巷子的场景布局、古迹建筑，深入调研当地夜间经济发展状况。

3. 问卷调查法

团队在实地调研中根据调研目的科学有效地设计问卷，对群众进行问卷调查，再对资料进行量化处理。大样本使调查结果可靠性较高，能够体现出群众对宽窄巷子夜间经济的了解情况及经济发展趋势。

4. 统计调查法

团队对回收的问卷进行描述性分析和解释性分析，研究各个指标间的关联性，从数据上深入了解宽窄巷子的发展状况，并针对其现状进行分析并给出建议。

5. 对比分析法

对比分析法是按照特定的指标将客观事物加以比较，以达到认识事物的本质和规律并做出正确评价的目的。团队完成对成都宽窄巷子夜间经济的探究后，既可以将其目前

的发展状况与前几年进行纵向对比，也可以与成都或其他地区的夜市、商业街夜间经济进行横向对比，总结宽窄巷子夜间经济成功转型并快速发展的经验，形成城市文旅结合创新可推广模型。

二、宽窄巷子夜间经济发展现状及调研分析

（一）宽窄巷子夜间经济现状

宽窄巷子位于四川省成都市青羊区长顺街，是在成都市政府领导下打造的以文化为核心、兼具多种功能的文化商业街区，总投入约 6.5 亿元。宽窄巷子面积为 479 亩（1 亩 ≈ 666.7 平方米，下同），核心保护区 108 亩。宽窄巷子已成为成都市文化与旅游发展的名片。

2020 年，成都宽窄巷子步行街获批首批"全国示范步行街"。即使受到疫情冲击，2020 年 1—5 月，宽窄巷子客流量增幅在全国 11 条试点步行街中仍最高，同比增幅达48.2%。在 2023 年春节假期，宽窄巷子累计接待游客 105.26 万人次，同比增长 422.4%。可见，宽窄巷子作为成都市具有代表性的文化商业街区之一，具备强大的经济活力。

（二）实地调研与分析

团队借助场景理论、游客感知理论和文化因素，从客观和主观两个视角出发对宽窄巷子文化商业街区的夜间场景进行深入分析。在过往的文献中，团队发现：驱动一个区域发展的因素众多，大部分针对区域发展的理论往往集中于场景理论，并结合消费者即游客的感知进行分析，而从文化角度进行分析的研究又缺少其他角度的分析。对于宽窄巷子这种既具有商业娱乐功能，同时又承载大量文化内涵的场景，团队认为应当将场景理论、游客感知和文化因素结合进行分析（见图 1）。

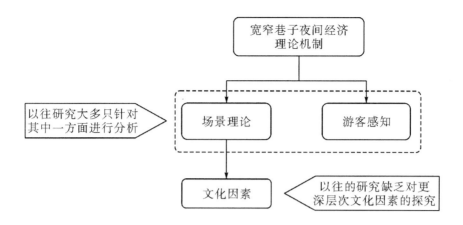

图 1　宽窄巷子夜间经济理论分析机制图

1. 基于场景理论对宽窄巷子内舒适物的分析

场景理论主张用"场景"来解释空间中的文化内涵，分析地方文化风格和文化特点。在客观结构层面，其认为舒适物设施是衡量场景并对场景进行定位的重要尺度。在主观认识层面，其提出了界定场景文化价值观的三大主维度，并利用 15 个次维度进行解释，从而形成场景理论的核心价值维度体系。

场景理论中的核心关键词"舒适物设施"是从客观视角对宽窄巷子场景进行定位的核心要素。在对街区内 4 个重要的场景客观要素——周边社区环境、街区设施、人群、活动进行分析后，从场景中的"舒适物设施"出发，对宽窄巷子夜间场景进行价值维度层面的定位。团队通过对宽窄巷子夜间场景的定位，形成对街区夜间场景的充分认识，与主观视角下消费者对宽窄巷子的感知形成对照关系。舒适物分析如图 2 所示。

宽窄巷子注重协调文化设施的组合与建设，根据成都文化、市井文化、流行文化等对不同夜间消费聚集区进行重新设计与配套规划，明确地体现出文化差异。优化灯光设计、改善人们夜间出行的基本设施；修复保护历史建筑和历史遗存、优化夜间消费聚集区内铺装，以强化各个街区的文化特征。如宽窄巷子中的茶馆与老宅，其市井气息与夜生活的烟火气吸引了大批外地游客；井巷子的文化墙则记录了老成都的历史，形成了多元、包容、开放的文化氛围。宽窄巷子已然成为国内外游客的主要参观地以及成都文化的名片。

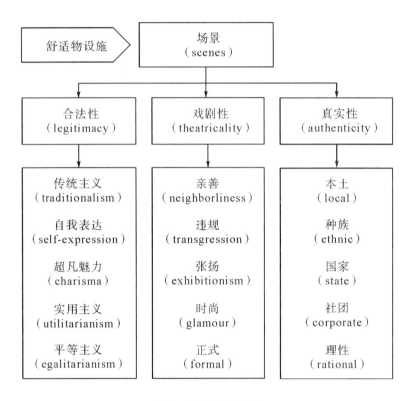

图 2　舒适物分析图

2. 基于游客感知理论对宽窄巷子游客满意度的分析

场景研究从消费者的视角出发，无法避开的是消费者对场景文化价值的感知以及消费者对街区场景营造的满意度的分析。在旅游营销与管理的研究中，顾客感知价值作为旅游目的地提升竞争力和吸引力的关键环节，被称为游客感知——人们通过感官对旅游对象、环境条件等信息所获得的心理认知过程，是旅游者将外部的旅游信息转换为其自身内部思维的过程。因此，团队在讨论与研究城市文化商业街区的夜间场景时，将处在场景中的市民与游客的场景感知纳入研究范围。

夜间经济的游客感知在宽窄巷子有充分的体现。例如，"2023 百场演艺"以富有娱乐性的文旅活动吸引年轻市民参加；而日常每晚 8 点，宽窄巷子的三个院子里会上演烛光音乐会、庭院音乐剧、沉浸式舞剧以及近景魔术、脱口秀、曲艺相声等，演出场场爆满。再加上丰富的特色餐饮、众多的艺术场所以及各种文化旅游项目，人们在与场景的深度互动中实现对场景的认同。

宽窄巷子夜间经济机制分析如图 3 所示。

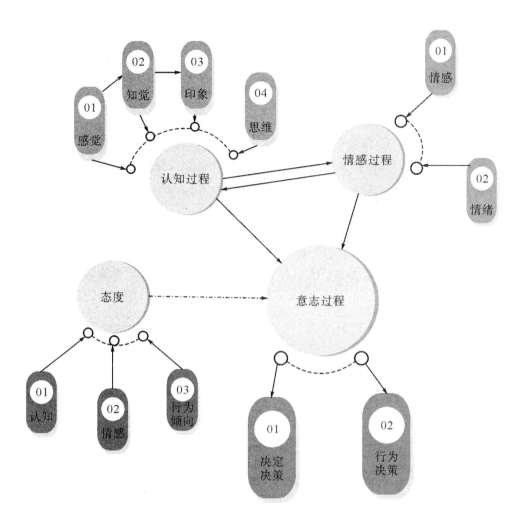

图3 宽窄巷子夜间经济机制分析图

3. 基于文化因素对宽窄巷子文化商业景观的分析

场景模式聚焦市民文化艺术参与、消费与娱乐等对城市经济社会发展的影响。城市发展到一定阶段后，原有的增长模式受到了限制，而市民对文化艺术的参与对于城市发展开始变得至关重要。市民主体性的文化艺术消费与多样性人群等元素，以及场景中蕴含的文化价值观与生活方式等集合形成场景。不同的场景对不同社会阶层的消费行为、居住模式、政治活动等都会产生影响，从而影响到地区发展。

宽窄巷子商业街既以成都繁华的商业发展为背景，以成都丰富多彩的市井生活为基调，呈现了历史文化以物质空间为载体的辐射作用，同时承载的文化也反过来作为促进其夜间经济增长的内生动力。在文化场景的打造上，宽窄巷子除了扶植传统老店、对当地文化建筑进行保护以外，还融合了大量新潮文化，继承发扬中华优秀传统文化。比如，Show·看成都以现场沉浸式演出的方式为商家和街区注入新的文化旅游、演艺消费体验内容，把历史文化内核与文化演艺内容有效结合，吸引了大量游客参观。

在文化场景宣传上，宽窄巷子利用智能化手段，为群众提供更多的消费渠道和服务体验。比如，许多店铺支持在美团等软件上预约，并且不仅限于餐饮，极大提升了游客对市井文化的感知度和兴趣。此外，宽窄巷子也尝试在影视、游戏等网络文化产品中融入成都文化元素，探寻新的宣传视角。如 2023 年 2 月，知名手游《王者荣耀》全国首家授权文创店"稷下鲁班工坊"正式落地宽巷子 7 号，吸引了不少游客关注，宣传效果很好，这也体现了传统文化与社会科技、新潮文化的融合。这些文化景观极大促进了当地夜间经济的发展。

宽窄巷子文化商业景观机制如图 4 所示。

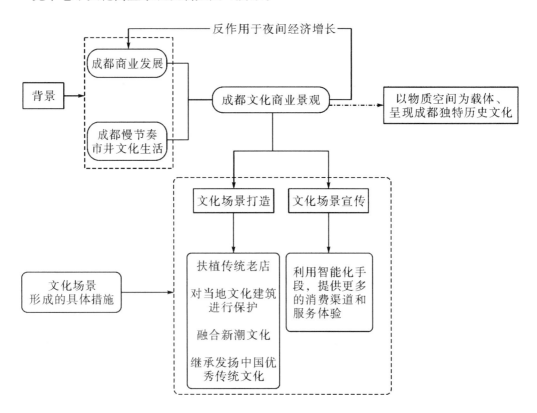

图 4 宽窄巷子文化商业景观机制分析图

三、宽窄巷子文化商业街夜间经济的发展问题及成因分析

（一）宽窄巷子文化商业街夜间经济的发展问题

1. 游客旅游体验感受不足

团队经过为期四天的走访调研发现，相较于其他人文景区内提供的人工讲解或是自助租赁讲解器服务，宽窄巷子在这一方面较为缺乏，大多数游客初次到访不了解巷子结构以及商业布局，仅是走马观花式游览，导致在景区内的文化体验感和互动感不足，难以满足游客精神文化需求。2023 年春节期间，宽窄巷子通过灯会、夜秀、夜展等体现非遗传承和地方年俗的方式吸引了大批游客，在社交平台上引发讨论的热潮，类似的文化植入有助于提升游客和市民的互动感和参与感。但非节假日时相关的文旅活动较少，游客感受较弱。

2. 文化底蕴彰显力度不足

宽窄巷子作为将文化和商业紧密融合的景区，步行街内现有的茶馆、特产专卖店、文创产品店、地摊等虽然在一定程度上体现了老成都的特色，帮助人们探寻三千年少城文化和三百年满城文化，但能够更直观体现宽窄巷子传统特色的民俗馆、博物馆、展览馆等科普类型的对外宣传窗口始终缺乏。在采访过程中，近七成的游客表示宽窄巷子内古色古香的建筑富有本地特色、令人眼前一亮，但若在景区内依靠古建筑设置一处以宽窄巷子、少城文化、巴蜀特色为主题的展馆，将会吸引更多游客驻足，让大家近距离感受成都特色文化，加深人们对这座城市的记忆，彰显深厚的历史文化底蕴。

3. 景区消费购买力亟待提升

宽窄巷子每年人流量达 2 000 万人以上，却仅有 10% 的消费转化率，接近一半的旅游支出在 500 元以下，购买力有很大提升潜力。团队通过文献阅读，问卷调查，对景区内游客、商家及工作人员进行随机采访的方式对宽窄巷子文化商业街内消费者购买力水平进行了深入调研。问卷数据显示，景区内的消费以中低端为主，餐饮和体验当地特色文化占据较大比例；在随机采访过程中被问及在景区内怎样进行消费以及愿不愿意消费的问题时，大多数游客表示愿意在宽窄巷子进行消费，但他们的消费大多集中在购买本地特产商品以及体验川剧变脸等民俗文化活动；部分商家认为目前宽窄巷子游客的消费

能力还未恢复到疫情前的水平，应适当促进中低端消费向高端消费转型，以此提升购买力，刺激夜间经济发展。

（二）宽窄巷子文化商业街夜间经济发展问题成因分析

1. 经营、管理水平有待提高

宽窄巷子位于一环路近市中心的交通繁忙地带，附近停车场容量不足，车辆乱停乱放现象严重，使得狭窄的道路更加拥挤；环境卫生情况也存在问题，街道垃圾桶数量不足，路边的垃圾没有得到及时的清理；安全问题仍然突出，盗窃的风险依然存在。这些问题都使游客体验降级。

宽窄巷子缺乏整体旅游形象与市场营销规划。街区没有应对夜间经济的针对性市场促销措施，处于被动状态，制约了街区旅游效益的发挥。

2. 街区文化特性不够突出

宽窄巷子在清朝为旗兵驻地，但如今经开发后却无法再现当年的风貌，仿古街区主题不鲜明，各种文化元素混杂，建筑样式虽别具风味但千篇一律。仿古街区应当以历史特性和生活特性即人文环境和物质文化作为重要内容，然而宽窄巷子在规划和建设过程中，仿古街区的居住环境未曾改善，街区缺乏生机和活力，独特且浓厚的民风民俗得不到延续，过浓的商业气息也破坏了老成都恬静、悠闲的市井生活气息，这使得宽窄巷子的资源无法被更好地开发利用，难以践行"街区是载体，文化是灵魂"的理念，无法满足游客的旅游体验。

3. 街区夜间经济体验项目功能单一

通过对宽窄巷子仿古街区的考察，团队统计出街区店铺数量（见图5），将其分为购物、餐饮、休闲娱乐三类，由此窥见其旅游项目功能单一的问题。宽窄巷子中的几处重要景点和特色商家成为人流较为集中的地方，而其他地段人气低迷；休闲类业态占比较大，酒吧、茶馆形成规模，但因为竞争较大无法形成优势，部分商家收益减少甚至被淘汰。

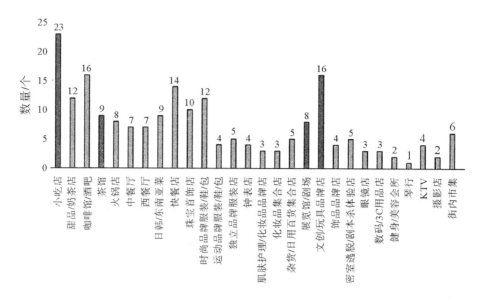

图 5 街区夜间店铺数量

本土品牌也无法彰显宽窄巷子有别于其他仿古街区的特色，削弱了用户体验感。这将降低游客消费欲望，无法刺激夜间经济进一步发展。过度商业化将削弱仿古街区的文化特性，没有文化内核的支撑，便难以更上一层楼。

四、针对宽窄巷子文化商业街发展问题的政策建议

1. 增加文化讲解服务，满足游客精神文化需求

经实践发现，宽窄巷子文化商业街的商业部分占据较大比例，冲淡了文化气息，不能满足游客对文化的渴求，因此宽窄巷子需尽快解决此类问题。

针对此现象，团队认为可以在景区内增加讲解服务，分为人工讲解和景区自动导游讲解器两种形式，全方位满足旅客的各种游览需求。选择人工讲解的游客可以跟随当地导游前往特色建筑和特色店铺进行游玩参观，并与导游互述风土人情，享受成都独有的慢节奏生活气息；选择景区自动导游讲解器的游客可以自主选择游览地点，更具自由性和自主性。

另外，随着互联网技术的飞速发展，各种 App 和小程序脱颖而出。宽窄巷子文化商业街可以选择开发"宽窄巷子景区讲解"App 或者小程序，游客在手机上就能即时享受

讲解服务。将传统的讲解服务与互联网融合，为游客带来全新的游览体验，也对宽窄巷子的文旅发展起到极大的促进作用。

2. 增设特色展馆，加深文化底蕴

成都的慢节奏生活造就了茶文化的传承和流行，宽窄巷子中更是随处可见各类茶馆和相关文创产品营销店。美中不足的是，由于过度商业化，茶馆与文创店对钟情于文化的游客缺乏吸引力，所以宽窄巷子需要增设文化类特色展馆，来弥补商业化带来的文化缺失。

（1）茶文化历史展馆

茶馆在成都随处可见，体现着成都人民对茶文化的喜爱。在宽窄巷子内开设免费的茶文化历史展馆可以吸引更多的游客前往参观，也在一定程度上带动了宽窄巷子旅游经济的发展，更好地诠释了宽窄巷子文化与商业相结合的发展模式。

（2）成都民俗展馆

兼具文化底蕴和新都市风格的成都，对世界各地的游客都有极大的吸引力，宽窄巷子也已经成为所有游客的必去景点之一。在宽窄巷子开设成都民俗展馆，不仅可以让游客更加深刻全面地了解成都的历史和民俗，还会吸引本地居民前来回忆祖辈的生活往事。

（3）宽窄巷子发展历史展馆

康熙五十七年（公元 1718 年），准噶尔之乱平定后，千余兵丁驻守成都，在少城的基础上修筑了满城。清朝灭亡之后，满城不再是禁区，百姓可以自由出入，有些外地商人在满城附近开起了典当铺，大量收购旗人家产。此时，形成了旗人后裔、达官贵人、贩夫走卒同住满城的独特格局。此间的宽巷子名叫兴仁胡同，窄巷子名叫太平胡同，井巷子名叫如意胡同（明德胡同）。

辛亥革命以后，少城城墙拆除，一些达官贵人来此辟公馆、民宅，于右任、田颂尧、李家钰、杨森、刘文辉等先后定居在这里，蒋介石也曾经来过。民国初年，当时的城市管理者下令，将"胡同"改为"巷子"。

拥有如此深厚文化底蕴的宽窄巷子，吸引众多游客前来的同时，也要积极向大家展示自己的悠久历史和深厚文化。开设宽窄巷子发展历史展馆，能够为本就古色古香的宽窄巷子增添韵味。

3. 开拓"商业+文化"版图，增加游客购买意愿

商业化程度的加深使宽窄巷子内本来各色各样的产品变得千篇一律，降低游客购买欲望的同时也削减了游客的购买意愿。针对此类现象，团队提出下列建议。

（1）增加消费品种类，使消费者重建购买欲望

团队通过实地调研发现，宽窄巷子内的消费品种类单一，经营者缺少开发新产品的创意和活力，不能使游客产生浓厚兴趣，从根源上减少了游客数量，影响了景区的经济发展。所以宽窄巷子应及时突破思维限制，相关部门与经营者要齐心协力开发新产品，激起消费者的购买欲望，为宽窄巷子的二次发展带来可能。

（2）加大文化领域产品的宣传力度

文创产品已为各景区带来新的发展动力，但若想获得更多游客的青睐，宣传工作不能忽视。宽窄巷子可以主动寻求合作，联名打造新的文化产品，从而引起游客的关注，提高文化产品的销量。更重要的是，可以扩大宽窄巷子的影响范围，将宽窄巷子的品牌特色融入各大领域，使宽窄巷子迸发新的经济活力。

4. 协调商业与文化比例，防止过度商业化

过度商业化让宽窄巷子的物价大幅提升，游客逐渐减少消费行为。所以宽窄巷子应该控制物价，防止因物价过高而使游客降低消费欲望。同时，一些商铺因个人利益而侵犯游客的权益，此类行为都应明令禁止。

参 考 文 献

周勇，2024. 中国消费中心建设：现有格局、调整逻辑与发展路径 [J]. 河南社会科学，32（3）：49-58.

汪婧，2019. 国际消费中心城市：内涵和形成机制 [J]. 经济论坛，5：17-23.

关利欣，2022. 顶级世界城市的消费中心功能比较及其对中国的启示 [J]. 国际贸易，7：30-38.

辛伟，任保平，2021. 中国高品质消费引领高质量供给的机制和路径研究 [J]. 消费

经济，37（6）：13-20.

　　陆铭，彭冲，2022. 再辩大城市：消费中心城市的视角 [J]. 中山大学学报（社会科学版），62（1）：175-181.

　　李潮阳，聂彤，李静，2023. 消费活力提升导向下的老城区街道空间活化策略：以青岛龙江路历史街区为例 [J]. 城市建筑，20（16）：211-213.

　　高丽敏，王丽娟，周航，2023. 双循环背景下北京旅游者消费行为转型发展研究 [J]. 旅游纵览，11：40-44，48.

　　叶德珠，连玉君，黄有光，等，2012. 消费文化、认知偏差与消费行为偏差 [J]. 经济研究，47（2）：80-92.

　　南永清，臧旭恒，后天路，2023. 新发展格局下居民消费潜力释放研究：基于中国消费金融现状及投资者教育调查 [J]. 当代经济研究，2：112-128.

　　邹海，2022. 居民消费升级助力经济增长的效果分析 [J]. 湖南社会科学，6：75-83.

　　徐望，2023. 消费心理学角度的文化消费心理初探 [J]. 中国临床心理学杂志，31（1）：222-225，221.

　　李春梅，张瑞洁，2019."媒体+文创+科技"开启融媒体产品创新交互模式：以新华网首创"瓷文化"IP为例 [J]. 传媒，20：61-63.

工业城市绿色发展路径研究

——以德阳市为例

李昊昕　李治霖　何俊杰　王奕锦

王旭华　刘乙田　王婷婷　张清秋　宋昱萱

摘　要 ···

　　党的二十大报告提出，推动绿色发展，促进人与自然和谐共生，要加快发展方式绿色转型。本文以工业城市德阳为例，通过文献研究了解了德阳在产业结构、发展方式等方面存在的历史问题。如今德阳市政府在"十四五"规划中提出要高水平推进德阳市生态环境保护工作，持续提升生态文明建设水平，加快建设美丽德阳。为此德阳市政府积极推动产业转型升级，大力发展新兴产业。本文重点关注了德阳在新能源产业、重工业转型等方面的举措，通过综合研究文献、实地调研经验和访谈记录，结合世界清洁能源大会的举办、清平镇的转型、德阳昊华清平磷矿有限公司的转型升级三大案例分析，总结了德阳市绿色发展的经验，并针对其问题提出了相应的建议。

关键词 ···

　　绿色发展；产业转型；清洁能源；案例分析

一、引言

（一）调查目的

本次调研活动旨在通过实地调研采访，走进世界清洁能源大会，感受各企业在绿色低碳发展方面的技术创新和发展成果；走进清平小镇，感受矿山变青山，渣区变景区的奇妙转变，倾听清平小镇居民最真实的生活体验；走进企业，了解企业为城市绿色发展做出的技术改革与标准提升。团队将社会调研与专业学习相结合，对实际案例进行分析研究，并总结德阳市绿色转型成功经验。目的在于通过实地调研，展现德阳绿色发展的成功模式，总结并推广其绿色转型发展的路径及经验，助力全国可持续发展，助力"双碳"目标的实现，推动建设富强、民主、文明、和谐、美丽的社会主义现代化强国。

（二）调查意义

1. 展现当代青年责任与担当

习近平总书记在党的二十大报告中指出，"当代中国青年生逢其时，施展才干的舞台无比广阔，实现梦想的前景无比光明"，殷切寄语广大青年"立志做有理想、敢担当、能吃苦、肯奋斗的新时代好青年"，为新时代中国青年成长成才指明了方向。生逢盛世，作为当代青年的我们理应担负起为国为民的责任与使命。团队谨记党中央的号召，投身基层实践，调研生态文化建设现状，探寻绿色发展现实意义，将理想信念之基内化于心、外化于行，让青春在全面建设社会主义现代化国家的火热实践中绽放绚丽之花。

2. 落实调研成果，推动成果转化

2020 年 9 月，我国明确提出了碳达峰、碳中和的目标，实现这一目标是一场系统性、战略性、全局性的工作，离不开党中央、地方政府、社会力量三方的协作。团队秉承生态优先、绿色发展的指示，积极探寻生态格局变化，探寻绿色发展受益区、自然保护区时代变化，总结优秀经验，发现不足和问题，在此基础上，认真严谨地撰写调研报告，落实实践调研成果。运用所学知识，积极联系企业与地方政府，提供新思路，推动实践成果转化。为其他地区提供绿色发展思路，助力碳达峰、碳中和目标的实现和全社会可持续高质量发展。

（三）调查方法

1. 文献查询

在前期准备过程中，团队成员广泛收集了有关德阳产业升级绿色发展的文献资料，对德阳的发展历史和发展现状有了大致的了解。前期的文献查询为团队成员能够更快地融入当地、更好地与当地的政府企业和居民展开高效率的交流打下了良好的基础。

2. 实地走访

团队成员在大致了解德阳市磷矿产业转型和绿色发展情况的前提下，前往世界清洁能源大会、绵竹市清平镇、昊华清平磷矿有限公司总部和工厂进行了实地考察。在实地走访的过程中，团队成员与多家参与世界清洁能源大会的企业的工作人员、清平镇的居民和政府工作人员、昊华清平磷矿有限公司工作人员和工厂厂长进行了深度的交流和热烈地讨论，对德阳市产业转型升级和绿色发展情况有了更加深入的了解。

二、德阳的工业发展问题和原因

（一）德阳市地区生产总值持续增长，但增长速率放缓

如图 1 所示，在经济方面，全市经济总量（地区生产总值）由 2012 年的 1 280.2 亿元增加到 2021 年的 2 656.56 亿元，人均地区生产总值突破 7 万元大关，居民人均可支配

收入为 32 251 元，比上年增长 9.6%，坚持我国经济高质量增长总基调。但在 2011 年后，增速大幅减缓。2022 年增速仅有 3.1%，相较于 2011 年增长率仅为 14.8%，下降 11.7 个百分点，增长后续乏力。

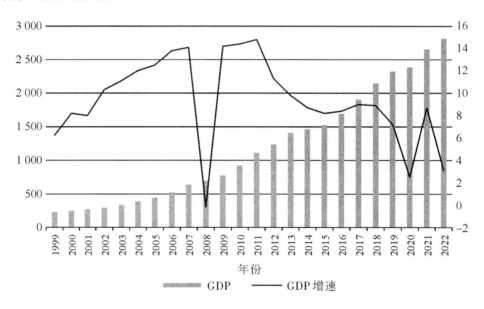

图1　1999—2022 年德阳 GDP 总值及增长速度

（数据来源：德阳市历年统计年鉴）

（二）产业结构单一，区域经济发展脆弱性和风险性加大

德阳市是国家重要的工业城市，是中国重大技术装备制造业基地，拥有中国二重、东方电机、东方轮机等一批国内一流、世界闻名的重装制造业。如图 2 所示，从三次产业结构来看，2020 年德阳市产业结构为 11.3∶46.9∶41.8，与 2019 年的 10.1∶48.7∶41.2 相比，第一产业上升了 1.2 个百分点，第二产业下降了 1.8 个百分点，第三产业上升了 0.6 个百分点。虽然产业结构有所改善，但是重装业依然占比较大。

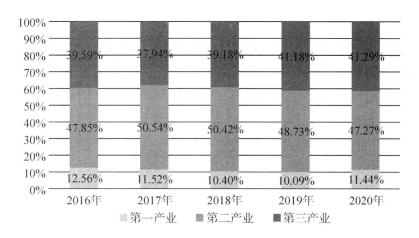

图 2　2016—2020 年三次产业增加值占地区生产总值的比重

德阳市的主要产业是机械制造业。以德阳市的龙头企业东方电气为例,电力设备制造业产业集中度高,依赖性强,如果全球或国内市场出现波动,市区经济容易受到冲击。同时电力设备制造业市场竞争激烈,全球市场波动较大,价格竞争压力大,增加了市区经济的风险。如果市场需求下降或竞争加剧,企业可能面临营收和就业问题等挑战,对区域经济产生不利影响。德阳市未能有效推动其他产业的多元化发展,过于依赖机械制造业,缺乏其他支柱产业的支撑,使区域经济更加脆弱,应对不同产业间的冲击的能力较弱。

由于产业单一,吸引本地和外地高素质人才留在德阳的机会较少,这可能导致人才流失,限制了区域经济的创新和发展。

（三）德阳经济发展对资源依赖性强,经济增速波动较大

在德阳经济结构中,以磷矿资源产业为主的工业占地区经济比重较大。如图 3 所示,工业增加值自 1990 年的 18.02 亿元增长到 2022 年的 1 225.8 亿元,增长幅度较大,顺应我国工业发展迅速的趋势。2012 年至 2013 年间,工业增加值上升了 19 个百分点,工业增加值占地区生产总值的比重始终占领高位,自 2003 年以后皆不低于 40%,在 2013 年甚至超过了 50%,经济增速波动较大。

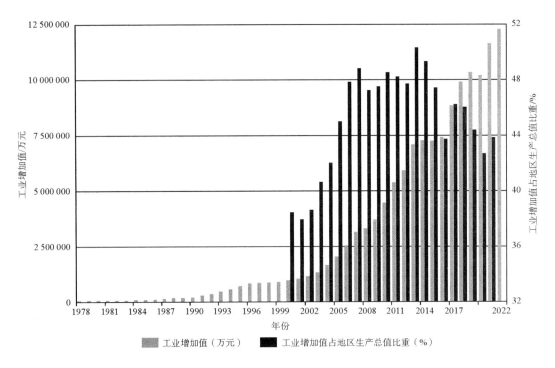

图 3　1978—2022 年德阳工业增加值及工业增加值占地区生产总值比重

（四）经济发展的资源环境约束日益严峻，经济发展方式传统粗放

德阳位于成都平原东北部，地处龙门山脉向四川盆地过渡地带，蕴藏丰富的磷矿、煤炭等自然资源。自三线建设以来，德阳依靠自身优势，成为西部传统工业城市，为国家重工业的发展做出重要贡献。但是长期依赖机械、化工等重工业拉动经济增长使德阳的资源和环境受到严重影响。以污水排放量为例，德阳自 2015 年到 2021 年污水排放量由 1.244 3 亿立方米增长到 1.929 8 亿立方米，呈逐年增多的趋势，辖区内沱江、涪江流域水质受污染严重。由于磷石膏等矿渣未得到有效处理，易出现矿渣渗漏、滑坡等情况，导致周边水质、土壤总磷超标，耕地受到重金属的污染，耕地面积由 1998 年的 210 240 公顷（1 公顷＝10 000 平方米，下同）减少到 2015 年的 183 983 公顷，呈递减趋势，环境破坏严重，社会矛盾突出。

三、德阳市的发展现状及案例分析

（一）发展现状

党的二十大以来，对新时代"五位一体"不断做出新的部署要求。对于城市发展现状，可以通过政治、经济、文化、社会、生态文明五个方面进行全面考察。本研究着重考察经济与生态文明两个方面。

1.经济

（1）农业

德阳，位于成都平原腹心地带，地处都江堰灌溉区，作为"天府粮仓"的重要承载地区，拥有得天独厚的农业生产地理条件。据《四川日报》，2022年，德阳粮食总产达19.61亿公斤，粮食单产居全省第二，小麦、油菜籽单产居全省第一，粮食人均占有量居全省第三。表1为德阳2023年上半年农业生产状况。

《德阳市国民经济和社会发展第十四个五年规划和二〇三五年远景目标纲要》（以下简称《德阳市"十四五"规划》）指出，围绕"双圈层"产业大环线和"2+5"现代农业产业布局，推动农业转型升级，实现高质量发展。建设"双圈层"农业产业大环线，打造"180公里城乡融合发展内环线"和"300公里现代农业产业外环线"双圈层。完善"2+5"现代农业产业布局，"2"指的是两大主导产业，分别为粮油和生猪；"5"指的是五大农业优势特色产业，分别为蔬、果、菌（食用菌）、中药和桑蚕。规划还提出要强化农业综合生产能力建设以及发展完善新型农业经营体系。

表1 德阳市2023年上半年农业生产状况

种类	产量/出栏	同比增长
油料	24.8万吨	0.1%
蔬菜及食用菌	120.7万吨	4.8%
水果	6.5万吨	5.8%
生猪	139.5万头	3.0%
牛	4.0万头	1.1%
羊	9.9万只	2.0%

数据来源：德阳市统计局。

2023 年 4 月 5 日，德阳发布《德阳市"无废城市"建设实施方案》，在农业方面对农作物秸秆进行多元化利用、加强畜禽养殖生态循环利用、促进农业固体废物回收利用以及推进生态特色现代农业发展。这一系列举措表明，德阳正在进行农业农村绿色转型升级。

（2）工业

德阳工业发展历史悠久，历经"一五计划"、"二五计划"、三线建设以及改革开放，逐步成为四川乃至西部地区的工业强市，于 2013 年授牌"中国重大技术装备制造业基地"，拥有中国第二重型机械集团公司（以下简称"中国二重"）、东方电机股份有限公司（以下简称"东电"）、东方汽轮机厂（以下简称"东汽"）、宏华石油等一批国内一流、世界知名的重装制造企业，其发电设备产量长期位列世界第一，其石油钻机出口量长期位列全国第一，因此德阳也被称作"重装之都"。

随着时代发展，三大厂（中国二重、东电、东汽）带来的发展红利逐步消失，出现了发展理念滞后、创新能力不足、产品结构单一、经营规模小、资本结构不合理、管理理念落后、资源利用率低等问题。中国二重的入市退市风波，使得德阳开启了工业城市的绿色转型，东拓政策、智慧之心、凤翥湖数字小镇、云上天府等政策项目逐步落地。

《德阳市"十四五"规划》指出，要推动制造业高质量发展，构筑"一带两翼"工业空间格局，突出发展五大产业（装备制造、通用航空、食品医药、电子信息、先进材料和数字经济）集群，加快建设产业功能区，提升产业发展质量效益。2021 年，德阳市地区生产总值增速位列全省第二，实现"十四五"良好开局，如图 4 所示。

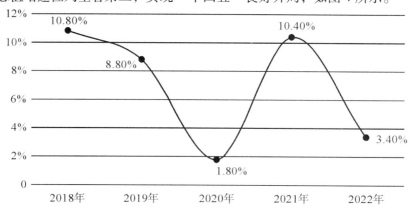

图 4　2018—2022 年德阳市规模以上工业增加值比上年增长

（数据来源：中国经济社会大数据研究平台）

德阳高度重视五大产业支撑的现代工业体系建设，布局数字经济这一工业发展"新赛道"，突出新旧动能转换新理念，积极推进产业绿色低碳转型发展，推进工业固废减量和回收利用，防范工业固废环境风险，逐步推进产业绿色转型。

（3）服务业

德阳市政府工作报告指出，2022年四大支柱型服务业转型升级，服务业企业新增规模达180家，百亿级商贸企业新增2家，批发增速达25%。物流业快速发展，邮政业务总量、快递业务量分别增长41.8%、29.2%；金融增速可观，机构增至131家，存贷款余额增长14.3%；旅游资源不断丰富，三星堆发掘取得新成果，新发掘文物1.5万件，入选"中国考古新发现"以及"十大年度国家IP"，推出一系列如夜游旌湖、灯光秀、印象川派餐饮等项目；发展壮大家庭服务、社务服务、医疗保健、人力资源保障等，不断出台消费刺激政策，拉动消费增长。

《德阳市"十四五"规划》指出，要推进"两区三地一枢纽"建设，优化服务业内部结构，加快支柱型服务业务转型，做强做优物流、商贸、旅游、金融等服务，推进成长型服务业壮大，发展科技信息、人力资源、特色餐饮、医疗康养等服务，推进服务业与制造业融合发展。

"十三五"期间，德阳市文旅得到显著发展。文旅发展环境持续优化，出台旅游业发展规划，举办文化和旅游发展大会；文旅经济稳步增长，接待游客总人数累计18 978.65万人，旅游收入累计1 592.75亿元（如图5所示）；文旅资源普查顺利完成，为创造文旅产品奠定根基；文化品牌持续塑造，旅游品牌建设成效显著，重大文旅项目储备不断增加；大力建设公共文化服务设施，配套设施日益完善；文物发掘与保护并重，不断增强古蜀国文化的影响力，继承和发扬非遗传统文化；推进文旅资源推介，参加四川国际旅游交易博览会、中国西部国际博览会、北京国际旅游博览会等，先后前往东亚、北欧、西欧等地区进行文化交流；成立区域旅游联盟，频繁与省会、同城文旅互动。

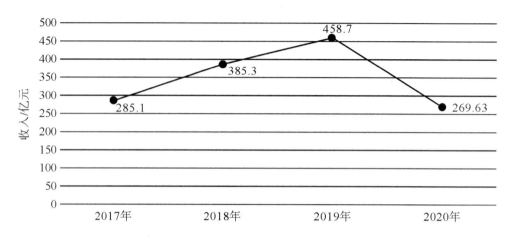

图 5　2017—2020 年德阳市旅游总收入

（数据来源：中国经济社会大数据研究平台）

2. 生态文明

（1）生态文明现状

"十三五"期间，德阳市环境治理取得显著成效。大气环境质量明显改善，地表水实现了 100% 优良水质的目标，水污染物排放量呈现下降趋势，生态环境状况良好。

根据 2022 年德阳市生态环境状况公报，2022 年市区大气环境质量稳中趋好，$PM_{2.5}$ 指标实现首次达标（如表 2 所示）；全市范围均为非酸雨区，地表水水质总体为优，县级及以上城市集中式饮用水水源地水质 100% 达标，地下水环境与质量保持总体稳定（如表 3 所示）；声环境、辐射环境质量良好，生态环境总体良好（如表 4 所示）。

表 2　2015—2020 年德阳市大气污染物浓度

年份	SO_2 （ug/m³）	NO_2 （ug/m³）	PM_{10} （ug/m³）	$PM_{2.5}$ （ug/m³）	O_3 （ug/m³）	CO （mg/m³）
2015 年	12.1	27.6	77	47.8	142.6	1.3
2016 年	11.8	24	78	47.4	145.5	1.3
2017 年	8.4	27.6	75.6	46.1	152.2	1.2
2018 年	7.5	29.7	70.5	38.6	141.6	1.1
2019 年	5.1	31.1	66.6	40.2	147.4	1.1
2020 年	6.2	29.4	61.4	37.4	158.5	1.0

数据来源：《德阳市"十四五"生态环境保护规划》。

表3　2015—2020年德阳市水污染物排放量　　　　　　　单位：吨

年份	氨氮	化学需氧量	总氮	总磷
2015 年	5 808.86	51 330.91	—	—
2016 年	5 688.62	50 717.13	5 292.84	423.32
2017 年	5 660.41	47 773.16	5 269.56	350.45
2018 年	5 152.31	44 073.34	5 467.75	330.96
2019 年	3 805.215	31 226.27	5 468.95	356.80
2020 年	3 273.75	23 379.29	4 430.17	177.26

数据来源：《德阳市"十四五"生态环境保护规划》。

表4　2015—2020年德阳市生态环境质量指标

年份	生物丰度指数	植被覆盖指数	水网密度指数	土地斜坡指数	污染负荷指数
2015 年	42.46	85.28	40.52	17.64	1.66
2016 年	42.54	87.04	38.64	17.62	1.57
2017 年	42.57	88.58	37.62	17.62	1.07
2018 年	47.92	83.06	38.93	20.05	0.65
2019 年	47.80	82.80	51.20	20.55	0.70
2020 年	47.70	81.60	46.20	20.55	0.60

数据来源：《德阳市"十四五"生态环境保护规划》。

（2）生态问题

《德阳市"十四五"生态环境保护规划》指出，德阳市仍面临着严峻的生态问题：一是资源约束形势趋紧，全市产业中资源消耗性产业占比较大，水资源总量短缺而利用效率却不高，能源消耗量大；二是工业区生态环境问题较为突出，受制于工业历史发展问题，流域磷负荷较重，工业大气污染物排放量大，生产废弃物土地污染严重；三是环保基础设施与能力建设有待加强，部分基础设施相对滞后，污水垃圾处理配套设施系统有待完善，环境执法监管力度有待增强，科技赋能支撑环境保护能力弱。

（二）案例分析

1. 发展清洁能源，迸发绿色生机——以世界清洁能源装备大会为例

（1）世界清洁能源装备大会简介

随着生态环境的日益恶化，可持续化成为当今世界发展的一个重要课题，清洁能源在实现可持续的道路上起着至关重要的作用。2023世界清洁能源装备大会在工业重镇德阳召开，这不仅表明了我国实现可持续发展的决心，也反映了近年来德阳绿色产业的发展进步。

本次大会以"绿动地球·智造未来"为主题，契合了德阳的发展目标，建设清洁能源装备制造基地，发展新兴绿色产业。德阳具有得天独厚的条件与优势，它是全国三大动力设备制造基地之一，也是联合国清洁技术与新能源装备制造业国际示范城市，清洁能源装备在全国乃至世界具有较强的影响力。德阳拥有东方电机、国机重装、东方汽轮机、东方风电等一批知名清洁能源装备制造企业，重型燃气轮机等15个清洁能源装备产品市场占有率国内第一，2021年，德阳清洁能源装备产业实现总产值570余亿元，占全市装备制造业比重达40%。

（2）以世界清洁能源装备大会为契机，德阳抢抓绿色发展机遇，大力发展新兴绿色产业

近年来，德阳全力构建"源网荷储"全产业体系，大力发展以风电、水电、核电、火电、氢能等为主的"源"端装备，以先进电网装备为主的"网"端装备，以充电桩、节能电动机等为主的"荷"端装备，以抽水蓄能、空气储能、飞轮储能、锂电池等为主的"储"端装备。探索建立"头部+配套""研发+制造""总部+基地"成德模式，协同成都共同打造跨区域集群生态圈，2022年两地相关配套产业实现产值2 300亿元。

一是在新能源装备领域加强"卡脖子"关键技术攻坚、德阳研制了飞轮储能、压缩二氧化碳储能、地热发电等新能源装备，开发了一批具有自主知识产权和自主品牌的标志性产品。特别是2023年，由东方汽轮机有限公司自主研发制造的国产F级50兆瓦重型燃机实现并网发电，使我国成为继瑞士、美国、德国、日本之后能够自主量产主流重型燃气轮机的国家，实现与国外先进企业同台竞技。

二是开展制造企业"上云用数赋智"行动。德阳支持龙头企业推广应用智能制造新模式，突破核心部件装配、大件加工等领域的智能化改造瓶颈，东方电机"大型清洁高

效发电设备智能制造示范工厂"入选 2022 年度国家级智能制造示范工厂，特变电工、东方电气等 3 个项目入选 2022 年四川省"5G+工业互联网"标杆项目。

三是依托头部企业在能源装备研发、设计和制造能力等方面的国际领先优势。德阳借助成都空港枢纽、成德"两港一体化运营"，搭建"通道+物流+产业"平台，推动企业抱团出海，开拓海外市场。

（3）经验总结

积极培育创新优势，加强企业间、政府间协同合作。德阳作为工业之城，具有浓厚的工业底蕴与历史积淀，培育创新优势、推动制造智能化、加快数字赋能、突破科技瓶颈，使德阳的科技创新迸发新活力、新生机。一是加速能级跃升，聚焦新材料、新装备的研发，提高产品质量，在清洁能源核心技术领域攻坚克难，加强知识产权及品牌自主化。二是聚焦产业集群化发展，发挥龙头企业辐射带动作用，吸引更多上下游关联配套企业，为德阳做大做强高端清洁能源装备产业集群贡献力量。三是抢抓绿色转型机遇，以政策赋能，出台绿色优惠政策，减少企业研发成本，汇集力量，共促发展。

2. 绿色生产，走可持续发展之路——以德阳昊华清平磷矿磷铵厂为例

（1）德阳昊华清平磷矿磷铵厂简介

德阳昊华清平磷矿磷铵厂是位于德阳市清平镇的一座绿色工厂，隶属于德阳昊华清平磷矿有限公司，其前身是四川省清平磷矿，始建于 1964 年 5 月；是全国重点化学矿山，四川省大型磷矿石生产基地，国家大型矿山企业。磷铵厂始终坚持以"绿水青山就是金山银山"作为其发展理念，坚定不移走绿色发展的道路。

（2）德阳昊华磷铵厂绿色发展具体途径

德阳昊华清平磷矿磷铵厂真正做到了资源节约、生态保护、环境治理与人全面发展相统一的绿色发展。

磷铵厂在能源上做到了绿色化。由于硫酸在生产过程中全程放热，一般而言，其产生的余热就能够满足一系列设备工艺的用电需求。磷铵厂利用低温余热发电技术，在生产过程中不外用燃料，这在降低能耗、保护环境等方面有着重要意义。

磷铵厂在节水节电节能源方面做到了绿色化。磷铵厂为降低能耗，不断对设备、流程进行优化，先后采用了使用变频器、高效节能棒等节能方式。工厂对节能电机的投入金额十分庞大，节能电机基本可以在 2~4 年产生效益。目前，工厂生产的磷酸一铵的综

合能耗水平已经达到 171 千克标准煤/吨，这一数值已经低于国家规定的基准水平（185 千克标准煤/吨）。同时，磷铵厂注重对水资源的利用，工厂不仅回收利用工业废水，而且其通过对导水渠、防渗功能的优化，对雨水进行充分利用，收集雨水作为生产用水的补充，实现了环保与经济的双重效益。

磷铵厂对废液、废气、废渣的处理也充分体现了其对"三废"的综合利用。在废液处理方面，磷铵厂自建厂以来就建立了完善的废水处理系统与循环利用系统，工业上产生的废水在经过一系列处理过后将继续用于生产，真正做到污水不外排。在废气处理方面，磷铵厂积极响应国家的排放政策，改良工艺，改进设备，最终以低成本达到目前国家规定的指标，做到了低成本高回报。在废渣处理方面，磷铵厂注重对工业废渣磷石膏的综合利用。其对磷石膏的处理方式主要分为两种。一是与第三方企业合作，增长产业链，利用磷石膏为原材料生产建筑石膏粉及相关建材制品。此举不仅具有良好的经济效益，可以变废为宝，而且可以化害为利，在保护耕地、保护环境方面有着重要意义。二是用于矿山回填，磷石膏经过无害化处理，可以回填到矿山的采空区。这样不仅可以避免地表塌陷，也有助于当地生态环境的恢复。使用无害化处理后的磷石膏可以降低回填成本，综合利用工业废弃物。目前，磷铵厂正向着磷石膏制酸的方向发展。

（3）经验总结

绿色制造是生态发展的需要，也是中国制造向高端发展的必然选择。如德阳昊华磷铵厂将自身打造成绿色工厂，就符合国家所倡导的绿色发展。在这一发展过程中需要注意以下两个方面。一是在能源与材料等方面实现原料无害化、能源低碳化，鼓励自主创新，推进制造装备的节能改造，采用先进适用的清洁生产工艺技术和高效末端治理装备，淘汰落后设备，最大限度地降低资源消耗。二是合理布局厂内能量流、物质流途径，合理设置通风系统、隔离间、降噪设备等，做好能源的利用与工业"三废"的回收再利用，减少工厂大气、水体、固体废物和噪声等污染物的产生和排放。

3. "矿区变景区"，产业转型引领致富之路——以德阳绵竹清平镇为例

（1）清平镇情况简介

绵竹市清平镇位于绵竹市西北部山区，全镇面积 324.85 平方千米，与茂县接壤，地处龙门山国家地质公园、九顶山自然保护区和大熊猫国家公园内。

清平镇由于特殊的地理位置和丰富的磷矿石资源，拥有长达半个世纪的挖矿史。直

到 2016 年，清平镇依然是一个拥有上万名矿工的矿业小镇，一直以采矿为主要产业。长期开发磷矿给这个小镇带来了不少问题，道路坑洼，灰尘漫天，资源不断枯竭，对生态环境造成持续破坏；矿工们也不可避免地患上职业病。

2016 年 12 月，国家发展改革委报请中央全面深化改革领导小组第三十次会议审议通过《大熊猫国家公园体制试点方案》，并于 2017 年 1 月全面启动大熊猫国家公园体制试点工作。清平镇开始封矿并进行生态修复，探索"绿色经济""美丽经济"的发展路径。到 2019 年，清平镇成功创建国家 4A 级旅游景区，实现了"矿区变景区、家园变花园、颜值变产值"的新"三变"转型。

（2）清平镇绿色发展具体路径

清平镇在绿色发展过程中始终坚持"绿水青山就是金山银山"的发展理念，大力发展乡村旅游，根据现有资源优势合理规划，提出"矿区变景区、家园变花园、颜值变产值"的发展路径，致力于将曾经的"矿业小镇"打造为"童话小镇"。

为调动当地居民发展热情，清平镇着力发展集体经济。以盐井村为首的村集体成立金色清平旅游开发公司，坚持"民宿搭台，业态唱戏"，配套打造"5 分钟民宿消费圈"，又将村组集体资产包装成块、串联成线，打造帐篷基地、高山茶园等集体产业，推出冷水鱼等绿色健康农副产品（如图 6 所示）。

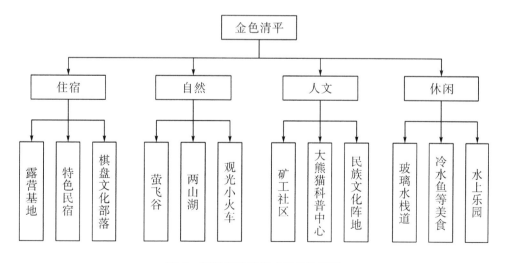

图 6　清平镇发展模式及具体项目

清平镇立足生态环境保护，将乡村振兴与生态治理、产业转型同步推进，合理开发旅游资源，将矿业小镇转变为集亲子游乐、研学旅游、康养度假、文创体验于一体的综合性旅游目的地。在绿色转型发展的同时大力发展第三产业，实现生态保护与旅游产业发展的良好互动。新型城镇化的推进也有利于破解城乡二元结构，助力共同富裕，这毫无疑问是一次成功的绿色转型发展。

（三）经验总结

大力发展第三产业，加快经济转型。大部分资源枯竭型城镇都会结合自身特色向旅游业转型，如清平镇打造童话旅游小镇、东北弓长岭区建设温泉康旅小镇。在这一过程中，需要注意以下四点。其一，结合自身特色产业做好科学布局，避免同质化问题。清平镇打造矿工社区、将矿车改造为观光火车，将小镇定位为童话小镇，既新颖有趣又充分结合了自身实际。其二，完善投融资体制。清平镇的成功离不开村集体经济的支持和金色清平旅游公司的成立，引入社会资本可以考虑与大型企业合作、股权支持、PPP 或寻求政府帮助。其三，迎合市场发展需求，及时转变发展观念。清平镇打造集亲子游乐、研学旅游、康养度假、文创体验于一体的综合性旅游目的地，针对不同人群设计了亲子类、养生类、农业体验类、时尚休闲类等综合旅游项目。其四，挖掘文化内涵。文旅结合发展，通过特色文化寻找突破路径、扩大宣传，构建有影响力的品牌形象，吸引游客的到来。

四、针对德阳市产业转型的建议

德阳矿产资源开采已有几十年的历史。城市随着国家重工业的发展而兴起，也因产业转型而面临考验。德阳传统产业以原料生产为主，主要位于生产链上游，经济效益低。产业结构又以重工业为主，化工制造占据大头，对于环境的影响不容忽视。因此，资源开发利用方式、资源性产业发展战略和路径的选择对于德阳未来经济、社会以及生态发展至关重要。选择绿色发展的路径、平衡环境与经济发展之间的关系，不仅有利于实现经济、生态、社会协调可持续发展，而且也是推进西部形成高质量发展新格局的重要支撑。因此，德阳应积极转换经济增长动力，走绿色、可持续的高质量发展之路。

（一）完善绿色发展政策体系，营造绿色转型优良环境

党的二十大报告指出："推动经济社会发展绿色化、低碳化是实现高质量发展的关键

环节。"要实现绿色转型，就需要完善相关法律法规，发挥政策对转型发展的监督与激励作用，使企业实现经济效益与社会效益的有机统一。

1. 完善绿色低碳政策体系

出台绿色发展优惠激励措施，加大对绿色低碳产品、技术等的支持。扩大环境保护、节能节水等企业所得税优惠目录范围，落实环境保护税、环境保护专用设备企业所得税、第三方防治企业所得税以及资源综合利用领域税收支持政策。加强对环境保护的督察监管。完善生态监督执法制度，扎实推进生态环境保护综合行政执法改革。遵循教育和惩戒相结合；严格执法和引导自觉守法相结合；证据确凿，程序合法，定性准确，处理恰当；公正、公开、高效的原则。加强环境监察队伍建设，提升环境监察效能。

同时从宏观上制订区域经济社会发展的计划，对生态环境保护方式，社会经济发展模式做出设计。背靠成渝地区双城经济圈，积极引进绿色低碳、具有创新能力的企业。加强环境风险防范，提升环境应急处置能力。实现协同联防联治，明确划分环境治理责任。

2. 完善绿色低碳标准体系

无论是对于政府还是企业，标准能直观体现绿色发展状况。一是完善绿色核算标准体系。既要重视投入—产出比，也要重视在生产过程中对环境造成的损害，从而探索出一套能够同时体现经济发展与环境保护的核算方法。二是健全绿色产品认证标准。发挥标准对企业的指挥作用，进一步完善并强化绿色低碳产品和服务标准、认证、标识体系，加强与国际标准衔接，大力提升绿色标识产品和服务市场认可度和质量效益，促使企业主动向低污染生产方向转变。

3. 加快健全绿色低碳技术体系

推动发展方式绿色转型，科技支撑是关键。狠抓绿色技术攻关，加快节能降碳先进技术研发和推广应用。聚焦化石能源绿色智能开发和清洁低碳利用、可再生能源大规模利用和储能、二氧化碳捕集利用和封存等重点。发挥国有企业的龙头作用，支持整合产业集群力量，共同攻坚克难。支持企业与高校、研究所合作。创新人才培养模式，鼓励高等学校加快相关学科建设，为我国绿色低碳发展提供源源不断的人才支撑，实现"产学研一体化"。

4. 发挥财政、金融对绿色发展的杠杆作用

财政和金融是调节宏观经济的两大杠杆，发挥市场机制引导作用，推广生态环境导向开发（EOD）、政府和社会资本合作（PPP）等模式，引导社会资本加大绿色项目投入；吸引社会资金以同形式参与生态环境保护事业。落实环境保护，节能节水项目企业所得税等减免税政策，创新绿色金融产品和服务，发展绿色信贷。加快融入西部碳交易中心、全国重要资源交易等市场。推动构建覆盖范围更广，补偿方式多元化、市场化的生态补偿机制，探索引入市场机制和社会资金参与生态补偿。

5. 推动形成绿色转型的社会环境

推动形成绿色低碳的生产方式和生活方式需要全社会的共同努力。强化宣传教育，引导职工、学生和居民节粮、节水、节电、绿色出行、绿色购物等绿色消费实践，增强全民节约意识、环保意识、生态意识。持续推进垃圾分类，养成城市社区和乡村文明新风尚。

（二）构建绿色产业体系，推动产业转型

1. 加快淘汰低效落后产能

对于高能耗产业，实行阶梯价格、能源限额等措施，以经济手段促使企业改进技术、降低能耗。对于高污染企业，严格按照排污标准进行督查，追踪污染去向。对于多余产能，深化"产销平衡"政策。以市场化手段淘汰低效落后产能，依法责令整改、停业整顿或关停违规企业，进一步深化"腾笼换鸟"，及时发现、及时整治。

2. 推进传统行业绿色转型

深入贯彻绿色发展理念，加快产业转型升级，培育发展新动能。实施清洁生产技术改造工程，推进产业园区绿色发展，鼓励进行生态化、循环化改造，推动余热余压、废水等再回收利用。在能耗方面加强清洁能源的开发利用，以世界清洁能源装备大会为契机，积极引进绿色、具有创新能力的企业。借助国家部委和省市部门的支持，提升技术创新能力，鼓励行业龙头骨干企业积极拓展延伸产业链、拓宽产品范围。将传统产业与大数据、物联网、人工智能等新兴技术结合，提高生产效率，减少污染产生，提高经济效益，实现产业转型。

3. 调整城市产业结构，增强经济发展动力

第三产业的绿色发展是适应时代发展潮流的趋势。德阳应利用好自身地理位置，依

靠成渝地区双城经济圈，抓住发展机遇。德阳在依靠本土矿产资源发展的同时，也必须大力培育第三产业。最大限度地利用自身生态资源，充分利用特色农产品资源带动区域生态经济发展。依托绵竹年画村景区、九龙山—麓棠山乡村旅游景区、白马关三国蜀汉文化旅游区、绵竹沿山乡村旅游观光带等旅游资源，推动德阳生态农业旅游发展。

参考文献

周玉琴. 打造更高水平"天府粮仓"德阳有"粮"方 [N]. 四川日报, 2023-03-22 (15).

郝晓菲, 2014. 德阳市重装产业发展对策研究 [D]. 成都：西南石油大学.

肖海霞, 2021. 西北地区成长型资源城市绿色发展路径选择：以甘肃庆阳为例 [J]. 陇东学院学报, 32 (4)：70-75.

邹建新, 2017. 生态文明战略下资源型城市转型过程中的困境与策略 [J]. 四川理工学院学报（社会科学版）, 32 (4)：81-100.

孙博, 2020. 特色小镇建设：东北资源枯竭型城镇转型研究 [D]. 大连：东北财经大学.

乡村振兴视域下普惠金融服务助力产业、组织双振兴的研究
——基于农村居民金融素养的调研

贾慧滢　乔天龙

摘　要 ··

本文以"乡村振兴视域下普惠金融服务助力产业、组织双振兴"为主题，基于对农村居民金融素养的调研，旨在探索普惠金融服务在乡村振兴中的作用及其对产业和组织双振兴的促进效果。

首先，通过数据分析和相关性检验的方法，本文证明农村居民金融素养存在不足。农村居民对金融知识和金融技能的掌握程度较低，对金融市场和金融产品的了解有限，对于基本金融知识认识仍存在较大的空白。这限制了农村居民有效利用金融工具来支持他们生产生活组织，阻碍了农村产业发展。

其次，通过调研反馈，本文证明普惠金融服务对乡村振兴具有积极作用。调研数据显示，普惠金融服务有效弥补了农村居民的资金缺口，提升了他们的生产和创业能力。通过普惠金融服务，农村组织和农村产业也得以获得更多资金支持和金融服务，促进了经营管理水平的提升；农村产业得以加强技术创新、改善产业链条，提升竞争力和生产效益。

最后，本文综合上述研究，从中央政府、地方政府二维宏观角度为助力乡村产业、组织双振兴提供宏观思路，从金融机构、农村农户二维微观角度为推动农民金融素养提升提供解决思路和解决方案。

关键词 ··

乡村振兴；普惠金融；金融素养

一、绪论

（一）实践活动背景

1. 村民的农业生产经营中普遍存在融资难的问题

乡村要振兴，产业必振兴。产业振兴是乡村振兴的重中之重，而金融支持是产业振兴的重要前提。在农村居民的生产和涉农企业的经营过程中，由于信用评级低、合作性较差、相关政策支持力度不强和农业领域信息不对称等原因，成本高、规模小、周期长、渠道单一已经成为农业生产经营的融资过程中亟待解决的重点问题。在 2023 年 6 月 16 日，中国人民银行、金融监督管理总局、中国证监会等五部门联合发布的《关于金融支持全面推进乡村振兴 加快建设农业强国的指导意见》（以下简称《意见》）对乡村振兴中的金融支持方面进行了全面的安排和部署，其中对相关农产品生产和涉农企业的融资问题做出了指导。《意见》中指出，要加大粮食和重要农产品生产的金融支持力度，持续加大信贷投放力度，完善项目融资方案，满足农业生产主体相关周转资金的需求。

2. 中国农村居民金融素养普遍有待提高

中国农村居民金融素养偏低的问题较为普遍。在农村居民中，大部分人的受教育程度相对较低，对于金融知识的了解渠道相对狭窄、信息掌握相对匮乏，对于合理利用金融产品增收致富的意识不强，对国家金融政策的理解能力不够。同时，传统农耕的生产经营模式对村民的影响较大，使其学习现代金融知识的意愿不强，对金融市场缺乏基本了解。此外，一些农村居民对一些金融服务（如保险、信托等）的信任度不高，这会在一定程度上阻碍其对金融知识的接受与学习，也阻碍其金融素养的提高。

3. 建立完善现代农村金融服务体系是乡村振兴的重要抓手

随着我国农村金融改革的不断深入，建立完善"多层次、广覆盖、可持续"的现代农村金融服务体系是乡村振兴，尤其是产业振兴和组织振兴的重要抓手。对产业振兴而言，现代农村金融服务体系在资金支持、技术创新、风险管理等方面起到积极的促进作用；对组织振兴而言，农村基层党组织的党建工作与金融服务的有机结合是将党的政治优势、组织优势、作风优势转化为业务发展优势的生动范例，而对家庭农场、农民专业合作社等其他社会组织的金融支持亦是组织振兴的重要发展。

（二）实践活动意义

1. 紧扣时代振兴脉搏，体察农民金融素养——在乡村振兴视域下了解农民金融知识储备与金融服务的认知水平

乡村振兴是指以农业农村为重点，以促进农民增收、改善农村居民生活条件为目标，通过推动农村经济发展、改善农村基础设施、优化农村环境、提升农村居民素质等综合措施，实现乡村全面振兴和现代化建设的战略。乡村振兴离不开金融，农村居民的金融素养是考察乡村振兴完成度的重要指标之一，金融服务也涉及农村居民生活生产的方方面面。因此，通过实地调研、走访农户，了解农村居民金融知识储备和对金融服务的认知水平，有助于了解农村振兴的发展现状，感悟过去乡村振兴取得的成就，发现当下乡村振兴过程中仍存在的问题和不足，为未来乡村振兴特别是乡村金融进一步发展提供思路和建议。此外，乡村金融素养调研还可以促进金融教育的开展。通过调研了解农村居民的金融知识和理解水平，可以有针对性地设计和开展金融教育活动，提高农村居民的金融素养。通过提高农村居民的金融素养，可以增强他们的金融风险意识和决策能力，避免掉入金融陷阱，提高金融资产的保值和增值能力。

2. 实践为骨数据为肉，反映当下乡村金融问题——为金融机构、金融产品和金融服务优化创新提供建设性意见

本次乡村金融素养调查坚持以"实地考察，实事求是"为纲领，通过采用卫星定位采访地点、调研录音等方式，在保证调研数量的同时，最大限度保证调研的质量和有效性。同时，采用统一设置调研问卷和分散调研的方法，在保证调研内容的客观性和一般性的基础上吸纳调研结果的特殊性，让本次调研更具参考价值和参考意义。本次调研注重数据的收集，"数据是调研的血液"，作为实践的重要组成部分，为调研结果提供统计学意义和分析价值。本次研究同样注重对数据的处理，首先清洗"脏数据"，再将数据分类整理，最后通过检验等统计学方法对数据做出分析，让数据"说话"，反映当下乡村金融问题。这些问题恰是限制乡村振兴和普惠金融推进的症结所在，整理分析这些问题，可以为金融机构、金融产品和金融服务优化创新提供建设性意见。金融机构可以有针对性地对金融产品和服务进行创新，提高金融产品的适配性和可用性，解决农村居民的金融需求问题。通过持续改善和创新，可以提高乡村金融服务的质量和效率，进而推进乡村经济的发展。

3. 政策引领制度护航，推动乡村金融体系健康发展——为制定有针对性的政策提供思路和建议

良好的乡村金融体系离不开政策的引领和支持。通过实地调研，切实了解农村居民的金融需求和认知水平，了解乡村金融的问题，了解政策的实施效果，进而为政府部门提供政策层面的参考和建议，推动乡村金融制度的改革和完善。此外，建立健全的金融机构、完善的金融市场、规范的金融监管措施等，有助于提高乡村金融的稳定性和可持续性，为乡村经济的发展提供有力支持。唯有政府政策、金融机构服务、农村居民金融知识三者实现良性互动、相辅相成，才能为乡村振兴、生活质量的提高、金融服务的完善添砖加瓦。

（三）实践活动目的

1. 探秘金融素养，脚步丈量山海——开展中国农村居民金融素养大调研

金融素养作为一种对金融知识技能的认知与应用能力，对于树立正确财富观念、提升居民生活水平以及维护金融市场的稳定具有重要意义。农村居民的金融素养亦会对其个人的生活、农村经济以及农业生产发展产生较大影响。本团队的调研活动依托《中国农村居民金融素养调查（2023）》这一调查问卷，计划在全国范围内开展针对农村居民金融素养的实地调查。本次调查范围包括黑龙江、吉林、河北、山东、甘肃、浙江、重庆、湖南、广东、广西等十余个省份，调查足迹遍布五十余个村庄。团队通过此次活动以期了解农村居民的金融需求，发现其在金融素养方面存在的问题，并结合乡村振兴的时代背景，为金融知识的普及和金融服务的推广提出建设性意见。

2. 普惠助农行天下，金融灌溉万顷禾——以普惠金融服务助力乡村产业、组织双振兴

在实现中华民族伟大复兴的进程中，最艰巨、最繁重的任务仍在农村，"坚持农业农村优先发展"是党的二十大做出的重要指示。而金融作为国民经济的命脉，在农业生产经营及农村经济发展中起到了重要作用。团队以农村居民金融素养调研结果为依托，以助力"产业振兴""组织振兴"两方面为重点，针对发现的问题，结合当代新型普惠金融服务和组织，如低利率惠农贷款、农业保险和农民专业合作社等，为农户的生产经营发展提供借鉴，以期对乡村振兴中的产业振兴和组织振兴起到重要的助推作用，用创新型金融服务惠及农村千家万户，以普惠金融之源灌溉万顷禾苗。

（四）文献综述

1. 综合性研究

乡村振兴和普惠金融是中国推动农村发展的重要战略方向。乡村振兴旨在实现农业农村现代化，提高农民收入和生活水平。普惠金融则着眼于解决金融服务不平衡问题，为农村居民提供更加便捷和适合的金融产品和服务。

（1）乡村振兴与普惠金融的概念与内涵

乡村振兴是以农业农村为重点，通过促进农村经济发展、改善农村基础设施、提高农村环境质量和提升农村居民素质等综合措施，实现乡村全面振兴和现代化建设的战略。普惠金融则强调为普通人提供全方位、包容性的金融服务，以满足其金融需求和提高其金融素养。乡村振兴与普惠金融的目标在于提升农村金融服务的可及性、质量和效率，促进农村经济和社会的可持续发展。

（2）乡村振兴与普惠金融的互动关系

研究表明，乡村振兴与普惠金融是相互促进的关系。第一，普惠金融为乡村振兴提供了金融资源支持和服务保障。通过普惠金融的推广和发展，农村居民可以获得更多金融产品和服务，提高资金使用效率，促进农村经济的发展（雷洪博 等，2023）。第二，乡村振兴为普惠金融创造了广阔的市场空间。通过乡村振兴战略的实施，农村经济发展、农村居民收入增加，为普惠金融提供了更多的市场需求和发展机会（李光辉 等，2023）。

（3）影响乡村振兴与普惠金融的因素

综合研究发现，乡村振兴与普惠金融的有效融合受到多种因素的影响。政策支持是促进二者融合的重要因素之一。政府部门需要出台相关政策，为普惠金融的开展提供支持和便利，同时将普惠金融纳入乡村振兴的整体战略规划。金融机构要在乡村振兴和普惠金融中扮演积极的角色，提供专业化的金融产品和服务，满足农村居民的多样化需求。此外，农村居民的金融素养提升和意识改变也是影响乡村振兴和普惠金融融合的重要因素，需要加强对农村居民的金融知识普及和教育培训。

2. 关于乡村振兴的研究

在脱贫攻坚取得全面胜利后，如何将乡村振兴和脱贫攻坚伟大成果结合起来，是进一步推进乡村振兴向纵深化发展的重要前提。吴丰华（2023）指出，乡村振兴和脱贫攻坚有效衔接的关键维度有二：产业衔接和人才衔接。产业衔接离不开政府与金融机构的支持，特别是普惠金融服务对产业融合和产业发展起到重要推动作用；人才衔接同样离不开政府和金融机构的协助，人才衔接的重点在于观念的衔接，站在共同富裕这一角度认识人才衔接，必须丰富人才的普惠金融素养。可以看到，普惠金融是乡村振兴的重要组成部分，对乡村振兴也有积极的推动作用。李光辉（2023）在数字普惠金融助力乡村振兴的研究中，用面板数据分析的方法揭示了普惠金融对于减少农民信息不对称性、发掘创业机会、吸引社会人才等方面发挥的积极作用。张旦旦（2023）指出，乡村振兴和普惠金融间存在耦合关系，二者协调发展对乡村振兴具有深远影响。可以说，乡村振兴离不开金融的助力，特别是普惠金融对农村产业发展和农户生产生活的助力。正如姚茗珂（2023）指出的，实现农业农村农户富裕是乡村振兴的目标，而普惠金融可以发挥支持"三农"发展、支持乡村振兴的作用。

3. 关于金融素养的研究

目前国内学者对国内居民，特别是农村居民的金融素养已有了较为广泛的研究。刘琪、段晓华和马玲（2023）指出，金融素养作为一种能力，在微观上能够保障和优化个人及家庭的财富管理，降低财务风险；在宏观上能够促进金融市场的稳定，促进国家经济持续健康发展。刘运方（2023）以缓解相对贫困为切入点，探讨了提高金融素养对遏制家庭相对贫困起到的作用。李昭楠、邢天阳和刘七军（2023）研究了金融素养的提升对增强农村居民的经济获得感，以及在全面推进乡村振兴的进程中对农户需求的有效满足的重要意义。钱净净（2023）提出为让金融科技更好地作用于乡村振兴，提高农村居民金融素养必不可少；因此可以从界定村民所需金融知识、转变其对金融的固有态度、普及必要金融技能、增设可及机构网点、开发适用金融产品和构建激励支农金融机构的机制六方面来着手研究。吴玮（2023）在健全农村金融服务体系的背景下，指出农村家庭保险服务乡村振兴的大有可为，而金融素养的提升在有效应对风险、增进金融福祉、促进保险市场健康稳定发展以及助力乡村振兴等方面具有重要意义。胡振和苏玉文（2022）基于家庭农场微观调查，探讨了金融素养在家庭农场的融资能力、融资金额和融资期限方面均有着正向作用，因此应采取有效措施提高农场主的金融素养水平，促进乡村的产业振兴。

4. 关于金融服务的研究

健全农村金融服务体系是党的二十大报告做出的重要指示，也是不容忽略的重要课题。邱得闲（2023）在研究中指出，金融服务对于乡村振兴在加快进程、促进乡村经济快速发展等四个方面起到了重要作用。闵海燕（2014）提出了我国农村金融服务体系存在金融业务创新不足、服务机构及功能日益萎缩、民间金融抗风险能力弱、金融监督效能与管理水平均较低等突出问题，并对构建现代农村金融服务体系提出了创新现代农村金融服务品种、提供多层次农村金融供求渠道、推进民间金融正规化、建立涉农金融风险补偿机制和农村贷款抵押担保机制等对策思考。刘祚祥（2023）在全面推进乡村振兴和加快建设农业强国的背景下，提出须对农村金融体系进行扩大化、民主化和人性化改造，促进普通农村居民全面获取信息，从而对农村居民的生产组织和生活交往产生更为积极的影响。马梅若和马玲（2023）基于《关于金融支持全面推进乡村振兴 加快建设农业强国的指导意见》，对健全农村金融服务体系提出了用好货币工具、拓展多元化金融服务和加强跨部门联动的建议。

5. 文献评述

首先，乡村振兴不仅仅是经济的发展，更是乡村文化、教育、生态等多方面的全面进步。《乡村振兴路径与策略研究》指出，金融是乡村振兴的重要支撑。金融的力量可以为乡村提供必要的资金，推动乡村产业升级，引导乡村产业向绿色、生态、高效的方向发展。

其次，普惠金融在乡村振兴中的作用逐渐凸显。普惠金融着重为广大农村地区提供普及、方便、低成本的金融服务，能有效弥补乡村金融服务的不足，提高农村居民的金融可得性，助力农村居民增收。然而，仅仅提供金融服务是不够的。金融素养的提高对于农村居民来说同样重要。金融素养低下的农村居民难以做出明智的金融决策，更容易受到金融欺诈。故此，提高农民的金融素养，不仅可以帮助他们更好地利用金融服务，还能为他们带来长远的经济利益。

最后，金融服务在乡村振兴中起到了桥梁作用。《金融服务与乡村产业链整合》研究表明，有效的金融服务能够帮助乡村企业获得融资、拓展市场，与城市企业建立合作关系，进而推动乡村产业链的整合和优化。研究金融服务现状，总结不足和局限性，对于完善金融服务具有重要作用。

综上所述，乡村振兴、普惠金融、金融素养和金融服务四者相辅相成。为了实现乡村振兴，必须确保普惠金融的普及，提高农民的金融素养，优化金融服务，使之更好地服务于乡村地区。只有这样，乡村振兴战略才能真正落地，发挥其应有的作用。

（五）研究思路

1. 研究方法

（1）文献研究法

为使调研更具科学性，使调研结果更具逻辑性、实用性，团队采用文献研究的方法，大量阅读和研究目前已有的学术文，可以说是"踩在巨人的肩膀上向远处眺望"。文献研究主要集中在"乡村振兴"和"普惠金融"角度，通过分析金融服务、金融素养层面对农村居民生活的影响，总结目前已有的研究方法和现有的研究不足，在为实践活动提供方法论指导的同时也提供理论指导和思想指引，同时也为调研活动提供调研思路和思想准备，为调研活动顺利进行保驾护航。

（2）多角度访谈法

为了使调查内容更加全面，团队从多个层次深入了解农村居民的金融素养以及普惠金融服务对乡村振兴中组织、产业振兴的助力作用，进行了多角度的深度访谈。除在发放问卷的过程中对被调研的农村居民进行访谈外，也与当地农业农村局的工作人员、保险公司工作人员以及村"两委"成员等进行了访谈。在获得允许的情况对访谈进行录音，并在访谈结束后将资料进行整理。

（3）实证研究法

实践队成员基于从问卷、访谈以及文献中获取到的相关信息，对当今农村居民金融素养调查中所暴露出的问题进行分析；并针对问卷上的具体问题的相关数据，进行 x^2 相关性检验，对调研结论进行进一步佐证。

2. 研究创新点

本文创新点主要体现在以下两个方面。

一方面，在全面推进乡村振兴的背景下，从农村居民金融素养的调研入手，深入分析在金融素养方面农村居民存在的困境、困境机理以及暴露出的"普惠金融服务并不普及"等更深层次的问题，并指出农村居民金融素养的提升对乡村振兴的重要意义。

另一方面，从调查问卷结果发现的问题出发，从发展普惠金融服务的角度分析解决方法。结合中央发布的乡村振兴政策导向，研究普惠金融服务对乡村振兴中产业和组织振兴两方面的积极推动作用；并以调查过程中各地创新性、特色性的普惠金融服务为借鉴，为政府制定相关政策提出建议。

二、调研过程

（一）前期准备

1. 实践地点

黑龙江、吉林、河北、山东、甘肃、浙江、重庆、湖南、广东、广西等十余个省份的五十余个村庄。

2. 工作安排

（1）收集文献资料，增强理论知识的学习，了解当前农村居民金融素养的基本情况。

（2）查阅政府文件和相关文献，学习关于全面推进乡村振兴和普惠金融服务的政策引导，了解具体实施情况。

（3）调查员对问卷内容进行初步了解，明晰其所包含的个人特征、家庭概况、金融素养、借款需求、金融服务现状、乡村振兴现状与家庭财务状况七个方面的具体内容。为实地采访时为农村居民具体解释问卷内容和进行正确引导打下良好的基础。

（二）中期调研

1. 访谈政府部门与村"两委"工作人员，了解乡村的产业、组织振兴与农村金融服务现状

在实地调研中，在河北省唐山市调研的成员通过对唐山市丰润区农业农村局（乡村振兴局）的相关工作人员进行访谈，了解到了当地农业农村局的工作情况。队员发现农业农村局通过制订乡村振兴战略规划、统筹协调相关工作、支持乡村产业发展和推动农村就业与社会保障等，持续有效地推进乡村振兴。

团队就"在全面推进乡村振兴中的产业与组织振兴方面采取了哪些措施，取得了哪些成效"的问题，对农经科、农村财务监管中心、土地流转中心和农村资金专业合作社试点工作领导小组办公室的相关工作人员展开访谈。农经科的工作人员从"发展壮大农村集体经济、培育新型经营主体家庭农场"的角度向队员介绍了为推进产业振兴，当地在 2022 年全年完成注册家庭农场 166 家，将集体经济收入低于 5 万元的村全部清零；农村财务监管中心的工作人员从"实施农村集体经济审计工作，重点审查农村集体经济组织的资产管理、资金管理、运营管理和经济合同管理是否规范"的方面介绍了相关的审计工作，这有利于对农村集体经济组织的财务方面进行监督，及时发现财务风险和财务问题，促进农村集体经济的进一步壮大；土地流转中心的工作人员从"积极培育土地流转先进主体、强化土地流转管理服务以及与银行合作办理土地经营权托管与地押工作"的方面介绍了相关土地流转工作，即以土地流转主体带动规模经营、为规模经营主体办理云贷服务和规范土地流转合同等方式助推乡村的产业振兴；农村资金专业合作社试点工作领导小组办公室的工作人员从"规范管理合作社资金良性运营和做好金融领域的风险防控工作"方面介绍了有关管理工作，即通过防范、打击非法集资和排查金融领域风险等工作确保农村金融领域的良性发展，有力地保障了乡村振兴。

在山东省菏泽市的调研中，实践队队员通过对当地皇镇王桥村村委会的村支书进行访谈，了解到了解决农户资金难题的涉农贷款服务对当地村民与企业的扶持作用。村支书表示，中国农业银行菏泽牡丹支行推行的"强村贷"为王桥村合作社的发展提供了极大帮助。"强村贷"主要用于粮食生产、畜牧水产养殖、菜果茶种植等农林优势特色产业，具有贷款额度大、利率低的突出特点，是服务小微企业、稳定就业创业和稳定经济增长的重要金融产品。王桥村作为当地的牡丹种植销售专业村，享有"家家卖花忙，户

户牡丹商"的美誉，大部分农户从事牡丹种植销售工作，因此该村对资金的需求较高。"强村贷"为这一需求提供了充足的贷款支持。对于引进贷款的相关事项，王桥村村委会极大体现了自身优秀的工作与协调能力，在成立合作社、引进资金和引导村民方面发挥了巨大作用。合作社采取自愿原则，由村民自愿入股，从少数几户的小规模合作逐步扩大合作规模，实现了先富带动后富。这既是产业振兴中通过涉农贷款这一普惠金融服务扶持农户生产经营的具体体现，也是组织振兴中"充分发挥党组织领导作用"的生动范例。

2. 深入基层

调研的生命在于实地走访，实地考察，实地感悟，实地总结，实事求是。本次调研的亮点在于调研者深入基层、深入农村，与农户面对面"零距离"交流。调研的数据确保一手性、真实性、代表性。在同农村居民交流的过程中，团队不仅完成了调查问卷，还倾听了农村居民的心声，体察了农村居民的诉求，收集了大量的"边际数据"和"边际内容"。此外，深入基层也让团队深切体会到乡村振兴的成果，感悟中国式现代化进程的伟大飞跃，同时也了解到普惠金融服务对于农民生产生活发挥的重要作用，这些都为调研提供了大量素材。此外，团队深入基层，可以成为上层与基层之间的桥梁和纽带，为信息传递、意见反馈提供渠道，帮助上层了解基层的真实情况，同时也帮助基层了解上层的决策思路和考虑。农户普遍反映，在与团队面对面交流后，他们对于乡村振兴政策和普惠金融服务有了更深的体会，在金融素养提升方面也具备了更强的主观能动性。

3. 进行入户问卷调查

团队成员依托《中国农村居民金融素养调查（2023）》这一调查问卷，采取就地调研与派出调研相结合的方式进行入户调查。根据"一户一问卷"的原则为农村居民发放问卷。问卷发放的地点为乡村，发放对象均为具有农村户口且居住与生活均在农村的居民。填写问卷的过程为：调查员提出问卷问题，由农村居民进行回答，调查员根据村民的回答内容完成问卷填写。同时，为保证问卷结果的真实性，每份问卷的填写过程均有录音。在调查过程中，团队队员注重调查质量，在农村居民对问卷有疑问时会向其进行清晰明确的解释，以热情、认真和严谨的态度对待每一份调查问卷。

三、问卷调研结果与发现

（一）困境机理分析

1. 保险与贷款方面

从贷款角度分析，贷款是农户在生产生活中最常用也是最迫切需要的金融服务之一。贷款服务对于农户周转资金、提高生产效率、改善生活水平具有重要作用，有 68% 的农户反映自身有贷款需求。调查发现，农村居民的贷款需求与城市人口不同：城市居民贷款业务主要是车贷和房贷两方面，而农村居民的贷款业务主要针对农业生产设备特别是大型机械化设备的购买。大型机械化设备诸如拖拉机、收割机、除草机等，贷款额度和贷款规划与车贷有相似之处，但是由于农村居民的收入水平有限，相较于城市居民，还款能力低，因此所贷款利率低，所贷款期限长。提供贷款服务的金融机构诸如银行等出于风险控制和贷款收益的考虑，一般不愿意将贷款发放给农村居民。即便有提供给农村居民的贷款产品，有近 75% 的农村居民也表示贷款的利率不在他们接受的范围，相对而言，贷款期限较能满足农民的贷款需求。

从保险角度分析，调查结果显示，有近 60% 的农村居民在询问"保险是否是骗人的"后，表示"保险是骗人的"。这让调查者深感意外，在问及具体原因时，农村居民普遍反映保险公司在意外来临时往往赔付条件苛刻而不予赔付或减少赔付。为了减少农村居民的认知偏差对研究的影响，团队成员询问具体情况，深入了解赔付细节。在经过确认后，仍有 40% 左右的农村居民表示"保险是骗人的"，相关保险机构未能正常赔付。保险信誉在乡村大大降低。一个极端的例子是：某调查者在表明自己学习的是金融方面的专业时，一位中年妇女对调查者产生了强烈的不信任感和反感，尽管调查者极力解释金融本质，普及保险知识，但她仍不信任，拒绝后续采访。

综上，贷款方面的困境主要集中在贷款的发放和贷款利率方面，主要体现为农村居民适用的贷款产品少、贷款寻求难、贷款利率高难以接受三个方面。保险方面的困境主要体现在保险的信誉度上，如何改变农民对保险的认识、规范保险公司的赔付，是政府部门和相关机构值得深思的问题。

2. 理财方面

本文探讨的理财主要指如选择"交易化"理财产品。从总体的调研结果来看，65%以上的农村居民有理财意识，对理财产品的选择也有自己的评判标准。但是，仍有多数表示自己目前没有理财的需求，即便他们知道理财有对抗通货膨胀和资产保值增值的作用。团队总结调研结果发现，目前农村居民的理财困境主要体现在两个方面：产品选择和流动资金方面。

从产品选择角度分析，大多数农村居民承认自身的认知有局限性，对于目前丰富的理财产品选择心有余而力不足，往往由于对理财产品规则的复杂性和专业性的不熟悉而拒绝理财产品，将钱"捂在自己口袋中"。此外，农村居民对理财产品往往具有较高的警惕性和怀疑性，认为理财产品"只吸钱不吐钱"。据调查者了解，农村居民对理财产品的不信任的根源在于其金融素养有待提高，认为理财就应该"只赚不亏""亏了钱的理财就是骗人的理财"，忽略了理财的风险性而只考虑理财的收益性。一些农村居民也反映自己愿意选择风险低收益低的理财产品，风险控制是首要的，收益倒是次要的。这也为金融机构的普惠金融服务的完善提供了思路：针对农村居民的理财产品应简化理财规则，同时要风险较低、收益相对均衡，应将风险控制放在理财产品考量的重要位置。

从流动资金角度分析，72%的农村居民不选择理财的原因是没有充足的流动资金。一位受访者在接受采访时说："闲钱都没有，还谈什么理财。"农村居民流动资金不足的原因有三点：收入少、支出多、存款不足。虽然收入较过去有很大的提升，但是支出也大幅增加，导致净收入仍很有限，有40%的农村居民反映一年到头净存款基本为零。没有足够的存款和足够的流动资金，何谈理财投资。

综上，农村居民理财存在局限性的原因除了其自身金融素养不高外，金融产品的供给与农村居民的理财需求之间还存在鸿沟，存款和流动资金的不足也导致农村居民对理财"心有余而力不足"。因此，分析解决农村居民的理财问题除了考虑金融素养外，还应当考虑收入支出、产品供给等方面的问题。

（二）农村居民金融素养实证分析

1. 农村居民金融素养的特征性分析

（1）χ^2 检验

χ^2 检验是英国数学家卡尔·皮尔逊发明的一种假设检验的方法，用于统计样本的实际观测值与理论推断值的偏离程度，以检测两个或多个变量之间的相关关系。对于两个变量而言，若 χ^2 值越大则二者偏差程度越小；反之偏差程度越大。在本文中，可以利用 χ^2 检验的特例——独立样本 2×2 联表检验法，针对问卷中样本数据选取变量来验证农村居民的"受教育程度"与"金融知识水平"和"理财意愿"的相关关系，为研究学历水平与金融素养的关系提供数据支撑。

（2）基于独立样本 2×2 联表的 χ^2 检验步骤

对于两个随机变量而言，我们首先假设二者之间是相互独立的。这意味着这两个随机变量的交叉项之间的概率可以根据独立事件的概率乘法公式来获得。

我们建立 2×2 联表（如表 1 所示），表示两个随机变量不同分类的交叉情况。

表 1　2×2 联表

	变量 A 分类 1	变量 A 分类 2	变量 A 总量
变量 B 分类 1	a	b	$a+b$
变量 B 分类 2	c	d	$c+d$
变量 B 总量	$a+c$	$b+d$	$a+b+c+d$

当各单元格理论次数>5 时，可用以下公式进行相关性检验。

$$\chi^2 = \frac{N(ad-bc)^2}{(a+b)(c+d)(a+c)(b+d)} \tag{1}$$

其中 N 为变量 A、B 的总和。

对于获得的 χ^2 值，我们运用表 2 进行检验。

表 2　χ^2 检验表

$P(\chi^2 \geq k)$	0.050	0.010	0.001
k	3.841	6.635	10.828

例如，若 $\chi^2 > 10.828$，那么在误差范围不超过 0.1% 的情况下可判定二者存在相关关系。

（3）"受教育程度"与"金融知识水平"和"理财意愿"的相关性检验

根据农村居民的受教育程度，我们做出如下划分：将受教育程度为"未上过学"以及学历水平为"小学""初中""职业高中""高中"和"职业技术学校"视为"受教育程度较低"，将学历水平为"大专""大学本科"和"研究生及以上"视为"受教育程度较高"。

根据问题"是否认同钱是用来花的，没必要进行理财"，我们做出如下划分：将回答为"认同"的样本视为"理财意愿强"，将回答为"不认同"的样本视为"理财意愿差"。

针对农村居民的"受教育程度"与"金融知识水平"相关关系，我们建立 2×2 联表（如表 3 所示）来表示两个变量间的交叉情况。

表 3 "受教育程度"与"金融知识水平"的 2×2 联表

	受教育程度较高	学历水平较低	总计
金融知识水平较好	9	5	14
金融知识水平较差	47	239	286
总计	56	244	300

根据公式计算可得，$\chi^2 = 20.1$，即在误差范围不超过 0.1% 的情况下可判定样本中农村居民受教育程度与金融知识水平相关。这说明受教育程度在很大程度上影响着农村居民的金融知识水平。

针对农村居民的"受教育程度"与"理财意愿"相关关系，我们建立 2×2 联表（如表 4 所示）来表示两个变量间的交叉情况。由于样本中存在不了解理财的情况，我们将这部分样本剔除，只考虑明确回答理财意愿的样本情况。

表 4 "受教育程度"与"理财意愿"的 2×2 联表

	受教育程度较高	学历水平较低	总计
理财意愿强	50	153	203
理财意愿弱	5	87	92
总计	55	240	295

根据公式计算可得，$\chi^2 = 15.3$，即在误差范围不超过 0.1% 的情况下可判定样本中农村居民受教育程度与理财意愿存在相关关系。说明受教育程度亦在很大程度上影响农村居民的理财意愿。

由此可以看出，受教育程度对农村居民金融素养的提升有着重要的作用，需要增强对农村居民的金融教育，以加强金融知识的普及以及金融技能的推广。

2. 农村居民金融素养的描述性分析

根据问卷问题"是否会制订每年的储蓄支出计划"，由图 1 可知，只有 36% 的农村居民会制订储蓄与支出计划，而 64% 的农村居民并无制订该计划的习惯。说明大部分农村居民理财目标并不明确，对个人或家庭的收入和支出缺乏规划。这在一定程度上反映了农村居民在管理财富、应对财务风险、避免过度消费等方面意识与能力的缺失。

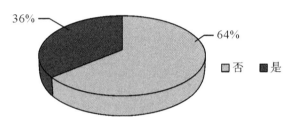

图 1　样本制订储蓄与支出计划的情况

根据问卷问题"是否认同'只要买了保险，发生损失后都能进行赔付'这一观点"，由图 2 可知，在调查样本中，54.7% 的农村居民表示不认同，30% 的农村居民表示认同，另有 15.3% 的农村居民表示并不清楚问题的答案。说明农村居民对于保险的认识差异较大，农村地区保险知识普及率低。

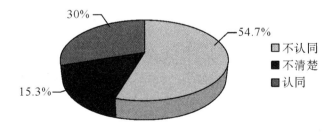

图 2　样本对保险赔付认知的情况

根据问卷问题"知道农村信用社的贷款利率是多少吗"，由图3可知，在调查样本中，表示"不知道"的农村居民占83%，表示"知道"的农村居民仅占17%。说明绝大多数村民并未采取应用农村信用社贷款这一途径来进行生产经营，也从一定程度上反映出村民采用金融途径发展生产的程度不高、意愿不强。

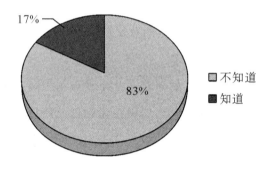

图3　样本对农村信用社贷款利率的了解情况

四、实践总结与政策内涵

（一）政府层面

1. 中央政府引导乡村产业振兴

（1）多方面引导乡村产业振兴，建设宏观政策灯塔

中央政府在乡村产业振兴方面应该采取多元化和综合的策略，以确保乡村产业的持续和健康发展。首先，应加强对农村居民的职业技能培训和教育，提升农村居民的劳动水平和劳动效率，培养出一支"专精生产，创新生产"的劳动力队伍，以适应现代化、机械化农业产业的需求。其次，应加大科技创新和研发力度，促进乡村产业与现代科技成果相结合，提高科技成果在农业生产领域、农民生活方面的孵化率，进而提升农产品的品质、产量，提高农村居民的生活水平。例如，推动智慧农业的发展，运用物联网、大数据等技术，提升农业的生产效率和管理水平，让农村与城市接轨，耦合式联动化发展。最后，应发展乡村特色产业和优势产业，形成区域性的产业集群。

此外，完善乡村的基础设施和公共服务，为产业发展提供良好的外部环境。例如，改善乡村道路、电力、通信等基础设施，提升乡村的整体发展水平。"想致富，先修路"，不少农村居民在采访中表示，随着乡村振兴的推进，农村基础设施建设已取得长足进步，特别是公路直达乡镇口，为农村地区带来不少旅游机会和经商机会，带动农村特别是偏远地区农村的发展。

（2）关注农村居民金融需求，促进乡村普惠金融和产业振兴实现高效耦合

乡村普惠金融和产业振兴的高效耦合需要在政策设计、技术应用和多方合作等方面进行深入探索。以下是实现耦合的具体建议。

①政策扶持

设立专项基金，鼓励金融机构在乡村地区提供普惠金融服务，包括小额贷款、保险和储蓄产品，为金融机构提供风险补偿和税收减免，激励他们为乡村产业提供资金支持。设立乡村金融服务站，为农户提供金融咨询服务，最大限度消除信息不对称带来的金融机构和农户间存在的信息壁垒和交易鸿沟。

②技术创新

利用科技如移动支付、区块链、云计算和大数据，使乡村金融服务更加便捷和高效。建立乡村金融信息服务平台，集成各种金融资源和信息，帮助农村居民和企业更好地获得金融服务。正如姚茗珂（2023）在研究中提到的，数字普惠金融相较于传统的普惠金融具有"普惠""抗险"的特点，在扩大覆盖面积、减少资源成本、降低违约风险等方面具有明显优势。数字金融可有效增加广大农村地区的金融供给，解决金融供给与农户金融需求不对称问题，进一步提升农业生产能力和农户消费能力，在金融层面缩小城乡差距。此外，数字金融更关注弱势群体的资金需求，兼顾公平与效率，因而可有效促进农业增效、农民增收和农村繁荣。

③产业链整合

通过供应链融资、合同农业等模式，将金融与产业链紧密结合，形成闭环。鼓励乡村企业与金融机构建立长期合作关系，实现双方利益共赢。值得注意的是，产业链的整合不能脱离农村居民的主观能动性而独立存在，产业链应当与农村居民生产生活息息相关，发挥带动作用。要杜绝形式化的产业分配和强制性的产业融合，否则不仅会打击农村居民生产生活的积极性，还会加重其生活负担。总之，产业链整合应以乡村振兴为引领，以农村居民生产生活需求为中心。

2. 地方政府落实乡村产业振兴

（1）强化精准"滴灌"，发挥引导作用

"乡村要振兴，产业必振兴。"地方政府应巧用金融"活水"精准"滴灌"乡村经济，落实好相关政策，加大普惠力度。引导相关金融机构增加对乡村产业的信贷支持，丰富乡村振兴资金来源，带动资源向乡村产业聚集，加大对乡村产业的货币支持力度。引导金融机构对小微企业的主动对接，了解融资需求，提升其融资的便利程度，促进优质高效服务的推行，促使小微市场主体能够真正享受到政策红利。

（2）完善普惠金融服务体系，提高金融产品与乡村产业发展的适配度

持续推进金融产品与金融服务的创新，强化银政合作，创新发展与乡村产业发展契合度高的金融产品。完善农村金融服务体系，关注市场需求，引导更多金融资源配置到乡村产业领域。因地制宜，打造具有地方特色、覆盖面广、服务针对性强的金融服务体系，提高金融产品与乡村产业发展的适配度。

（二）社会层面

1. 金融机构

金融机构在乡村振兴和产业振兴方面发挥着至关重要的作用。它们不仅提供了资本和资金流动性，还可以通过多种途径为农村居民和乡村企业提供专业的金融服务。

（1）融资服务

资金需求是农民生产生活中的主要需求，资金的供给数量和供给质量深刻影响着乡村振兴和产业振兴。金融机构助力乡村振兴和产业振兴的首要服务便是融资服务。融资服务包括小额贷款、供应链融资和项目贷款等。

从小额贷款角度来看，金融机构可以提供小额贷款给农户，用于购买农业生产材料、改善农业设施或者发展农业旅游业等。这些购买涉及的资金数量往往较小，符合农村居民追求较低的利率和较平均的还款期限的要求。如何处理好金额、利率和收益三者间的关系，是金融机构应该首要关注的问题。

从供应链融资角度来看，金融机构可以与农产品加工和分销商合作，提供供应链融资，将上游厂商与下游厂商连接起来，用资金打通销售渠道，形成规模效应，从而降低农产品的生产和销售成本，扩大农产品的销售利差，进而从根本上提高农民的收入水平，增强农民从事生产活动的积极性。

从项目贷款角度来看，对具有前景的乡村产业项目，金融机构可以提供长期的项目贷款或者进行资本投入，辅助乡村产业发展壮大，鼓励传统的乡村产业模式从依靠"输血"转变成能自行"造血"的、有活力的、有未来的新时代乡村产业发展模式。

（2）保险服务

保险服务主要包括两个方面：农业保险服务和商业保险服务。

农业保险服务主要针对的是农民生产端面临的风险问题，保险公司应当在切实深入地了解农村居民保险需求的基础上，推出如收成保险、天气保险等保险产品，以降低农业生产的风险。此外，在与农村居民的谈话当中，调查者还了解到目前受欢迎的农业保险模式是"理财+保险"模式，如果当季生产受损，则按规定发放相应的赔款金额，倘若当季生产没有受损，则将保费作为理财投注金额，将保险转向理财，继续为农村居民创收。这种模式有待相关金融机构和政府部门思考规划，提供相应的解决方案。

商业保险服务主要针对的是交易端面临的风险问题。保险公司可以提供如财产保险、责任保险等保险产品，降低农户商业运营风险。将保险贯穿生产到销售的方方面面，切实提高农村居民的获得感、安全感、幸福感。

2. 基层党组织助推乡村组织振兴

习近平总书记强调："要健全村党组织领导的村级组织体系，把农村基层党组织建设成为有效实现党的领导的坚强战斗壁垒。"基层党组织应将自身的政治、组织优势转化为乡村振兴的发展优势，统筹整合资源，引领壮大集体经济；因地制宜发展合作社，引导农户通过土地流转形成规模种植的方式将产业做大做强；联合周边发展党建联建，共谋共享思路，统筹整合资源，推进项目联合，推动集体增收，促进村民致富。

（三）农村居民层面

首先，加强农村居民的金融教育和培训是推进农村金融发展的关键。农村居民的金融素养相对不高，了解和使用金融服务的能力有限。因此，应加大农村居民金融教育的力度，提高他们的金融素养、深化他们金融意识。可以通过开展金融知识普及活动、组织培训班等方式，提供专业的金融知识和技能培训，帮助农村居民更好地理解和使用金融服务。

其次，要加强对农村金融机构和从业人员的监管，规范经营行为，保护农村居民的合法权益。不少农村居民在调研中反映自己在处理相关金融业务时碰到金融从业人员不合规范的操作和处理，让自己对金融服务产生怀疑，降低了金融服务的权威和公信力，大大阻碍了普惠金融在农村的发展。

最后，值得强调的是，金融素养的普及还需走入乡村，走到老百姓实际生活当中。45%的农村居民反映，相关金融知识的普及还停留在"走马观花"的层面，没能产生深入人心的普及效果，脱离了生产生活，使农村居民失去了兴趣。因此，金融知识的普及和金融素养的提升要实事求是、落到实处，要与农村居民的日常生活息息相关，这样才能起到"润物无声"的宣传效果。

（四）总结

本次研究基于中国农村居民金融素养的调研，从调研结果与数据中发现问题，探讨解决措施；并基于乡村振兴背景下组织、产业振兴的现状，相关文献与政策，结合当下的金融服务，以期从普惠金融角度为制定相关有针对性的政策提供思路和建议。

研究发现，农村居民的金融素养普遍偏低，具体表现为金融知识不足、金融技能不强和金融意识不高。对个人而言，农村居民的理财意识普遍较弱，在财富管理、应对财务风险与避免过度消费等方面的能力较为欠缺；对农业生产经营而言，由于缺乏相关知识与技能储备，农户采用金融途径发展生产的意愿普遍不高，对诸如信贷、农业保险等金融服务的采纳度较低，这也在一定程度上阻碍了普惠金融服务在农村地区的推广，不利于乡村振兴的进一步推进。

"乡村要振兴，产业必振兴"，产业振兴是乡村振兴的重中之重。应立足农户需求，增加对乡村企业的信贷支持，完善普惠金融服务体系，提高金融产品与乡村发展的适配度。在组织振兴方面，基层党组织要将组织优势转化为乡村振兴的发展优势，在成立合作社、引进资金和引导村民等方面发挥积极的推动作用；促进"银政合作"，为农户谋求信贷支持；同时，对于农村居民金融素养普遍偏低的问题，基层党组织要加大对金融知识技能与金融服务的宣传，组织相关教育活动，帮助村民理解并应用普惠金融知识，赋能农业生产经营，助力产业发展。

尽管本次研究对农村居民金融素养、乡村振兴与金融服务做了较为全面的分析，且对数据进行了相关性检验，但仍旧存在不足之处。第一，数据样本量较少，因此可能遇到与真实情况偏差较大的极端情况，这可能会直接影响估计与检验的准确性；第二，由于涉及省份较多，团队队员较为分散，而调研数据为统一回收，针对具有地区差异性问题的差异性分析较少；第三，针对数据处理所采用的数学模型可以继续优化，在获得更大数据量的前提下可以采用更加严谨科学的统计方法对数据进行分析挖掘。

在全面推进乡村振兴的进程中，农村居民的金融素养提升必不可少，各级政府与基层党组织应加大对金融知识的宣传力度，组织开展针对农村居民的金融教育，增强村民对金融服务的认同感与信任度；金融机构应加快建立完善现代农村金融服务体系，完善对金融主体的资金支持、风险管理、技术创新。在全面推进乡村振兴的进程中，且看普惠金融之源灌溉农村产业发展，静待乡村振兴的种子破土而出！

参考文献

胡振，苏玉文，2022. 金融素养对家庭农场主融资能力影响研究［J］. 西部金融，9：11-18.

雷洪博，王佳琦，张宇飞，等，2023. 农村金融高质量发展对乡村振兴的影响［J］. 金融经济，8：43-54.

李光辉，汪兴宇，苏杭. 新发展格局下数字普惠金融助力我国边疆乡村振兴研究［J/OL］.征信，2023（8）：79-85.http://kns.cnki.net/kcms/detail/41.1407.F.20230810.1546.024.html.

李昭楠，邢天阳，刘七军，2023. 乡村振兴背景下宁夏农户金融素养对其经济获得感影响研究［J］. 北方民族大学学报，4：162-168.

刘琪，段晓华，马玲，2023. 居民金融素养的影响因素及提升研究［J］. 商展经济，12：76-79.

刘运方，2023. 金融素养对我国家庭相对贫困的影响研究［D］. 济南：山东财经大学.

马梅若，马玲. 全方位完善现代农村金融服务体系［N］. 金融时报，2023-06-19（003）.

闵海燕，2014. 我国现代农村金融服务体系构建的思考［J］. 经济研究参考，17：29-30，36.

钱净净，2023. 农村居民金融素养现状与金融行为提升路径研究 [J]. 农村农业农民（B 版），7：26-28.

邱得闲，2023. 金融服务助力乡村振兴的可行性策略探讨 [J]. 投资与创业，34（12）：19-21.

吴丰华，2023. 巩固拓展脱贫攻坚成果同乡村振兴有效衔接的三重逻辑、重点维度与支撑体系 [J]. 改革与战略，39（5）：78-93.

吴玮，2023. 金融素养对农村家庭商业保险参与的影响研究 [D]. 扬州：扬州大学.

姚茗珂，赵健，杨艳萍，2023. 乡村振兴视角下数字普惠金融支持"三农"发展的绩效研究 [J]. 金融理论与实践，8：75-85.

张旦旦，乔国通，陈飞，等，2023. 河南省数字普惠金融与乡村振兴协调发展测度研究 [J]. 荆楚理工学院学报，38（4）：51-58.

数字化技术赋能桐花村
茶产业模式化发展研究报告

陈美希　白川艳　杨忆帆　肖雨桐　关可　冯传欣　肖靖祺　杨子宽

摘　要 ⋯⋯⋯⋯⋯⋯⋯⋯⋯⋯⋯⋯⋯⋯⋯⋯⋯⋯⋯⋯⋯⋯⋯⋯⋯⋯⋯⋯⋯

　　乡村振兴作为党的重要战略，是具有划时代意义的伟大命题。茶产业有着传统文化底蕴和发展潜力。团队通过实地调研和搭建灰色 Verhulst 模型，对全国及桐花村茶产业数据进行分析，从产业、教育、文化、制度等方面探索以茶兴业新路子，为桐花村提出数字化赋能、规模化生产、茶旅融合、建立区域品牌等发展可能。

关键词 ⋯⋯⋯⋯⋯⋯⋯⋯⋯⋯⋯⋯⋯⋯⋯⋯⋯⋯⋯⋯⋯⋯⋯⋯⋯⋯⋯⋯⋯⋯

　　乡村振兴；茶产业；数字化；文化振兴；茶旅融合

一、研究概况

（一）茶产业概况

茶产业，即以茶树种植、茶叶采摘、加工、销售等全过程为主要产业链条的生产和经营活动。茶产业涵盖了茶叶生产、茶叶加工、茶叶销售、茶文化传承等多个领域。茶产业是我国传统产业之一，也是国民经济的支柱产业之一。

茶叶在我国的历史悠久，我国的茶叶种植量及茶叶产销量均为世界第一。2022 年，中国茶叶出口总量 37.52 万吨，同比增长 1.6%，再创历史新高。国内外销市场数据充分佐证了我国的茶产业正在持续稳步发展。

近年来，随着电子商务的快速发展，茶产业形成了线上、线下相互融合的行业销售模式，并向新零售趋势发展。茶叶企业的线下布局，为其积累了品牌口碑与客户资源，有利于线上推广。线下销售规模不断增长的同时，线上销售规模亦快速增长。

（二）桐花村乡村振兴工作

桐花村依托当地得天独厚的资源禀赋，坚持科技兴农，充分发挥党支部战斗堡垒和党员模范先锋带头作用。当地乡村振兴工作以点带面、全面铺开，突出质量和效益，注重发展茶产业、旅游业，并广泛种植板栗树、核桃树、桃树等经济作物，以此为基础发展出"特色种植+民宿+乡村旅游"的第三产业,取得生态、经济、社会"三重效益",增加了农民收入,促进了当地居民就业。

2017年,桐花村人均纯收入达3 300元;2019年,桐花村所在的临城县宣布脱贫;2022年,县领导深入桐花村开展调研,提出坚持"以奖代补"方式,将乡村振兴补助资金用于包括桐花村在内的全县220个行政村的人居环境整治和小型公益性基础设施建设;2023年3月6日,河北省邢台市临城县自然资源和规划局工作人员到桐花村开展党的二十大精神宣讲活动,积极助力乡村振兴,促进农村经济发展。

本调查组于2023年深入桐花村展开调研,深度探究临城县立足生态优势,大力扶持当地农民发展茶产业,推动茶旅融合、茶教融合发展,不断丰富乡村旅游内容以助推乡村振兴的模式。

二、研究设计

(一)研究目标

"十四五"规划明确指出全面推进乡村振兴,并把解决"三农"问题作为全党工作的重中之重。在此背景下,调查组从桐花村的特色茶产业和历史悠久的赵州"禅茶"文化出发,结合近年来桐花村茶产品的线上销售、文旅产业的联动发展,从产业、生态、民生、文化、治理等方面对桐花村进行调研。调查组将对调研结果进行整理,并反馈给当地政府,也将通过多种形式和渠道向大众分享,将青年大学生的力量注入桐花村,助力桐花村乡村振兴。

(二)研究内容

1. 深入了解茶产业在桐花村的发展现状及前景

调查村民对桐花村茶产业的参与度和发展的满意度,收集村民的相关意见,再结合文献了解桐花村茶产业发展的历史、措施及成效,发现影响茶产业可持续发展的潜在问题,通过对桐花村实际情况的深入分析,助力茶产业带动社会经济共同发展。

2. 分析桐花村茶旅融合发展的前路形势

分析桐花村的产业结构,说明近年来桐花村发挥丰富的自然资源和"禅茶"文化优势吸引游客的情况，以及对村民收入的影响。同时，研究茶旅产业对当地商业的带动情况和对茶文化的宣传力度。

3. 深入研究桐花村的乡村治理体系

挖掘党政机关能保持凝聚力和较高办事效率的原因，探究桐花村的基层治理策略。了解桐花村在党组织领导下各项工作的开展情况；研究坚持自治、法治、德治在桐花的具体实践，为提升村民幸福感、获得感，打造共建共治共享的乡村善治格局总结优秀经验。

（三）研究方法

研究方法有问卷调查法、访谈法、统计分析法等。

1. 问卷调查法

调查组结合有关乡村振兴的理论与文献研究，以及桐花村的实际发展情况和发展特征，设计调查问卷，以获取桐花村经济发展情况及其关键影响因素的样本数据，为深入分析发展情况提供必要的数据支持。

2. 访谈法

调查组采用访谈法，对桐花村的村民、村干部等展开深度访谈，从村民的经济收入、态度，村庄的发展现状、未来预测等多个维度进一步获取桐花村经济发展状况的详细信息，为深入分析桐花村农业发展中存在的问题，提供必要的实践支持。

3. 统计分析法

本研究采取 Cronbach's alpha（克朗巴赫 α 系数）对问卷内部问题进行一致性信度评估，通过反复调整度量表项目，使获取的样本数据具有稳定性和可靠性；进一步对样本数据进行描述性统计分析，探究各因素对桐花村发展的影响作用，为从多种维度制定农村经济发展策略提供决策依据与参考；此外，结合灰色 Verhulst 模型分析全国茶叶流通相关数据，进行市场预测。

（四）研究意义

1. 推动茶产业高质量发展，为乡村经济发展提供生态经济产业支撑

乡村振兴关键是产业振兴。调查组通过加大对目标市场的推广宣传力度，从而扩大品牌影响力，提升"解香"茶品牌的知名度和市场占有率。微信小程序，打通了线上营

销渠道，提高了品牌的网络曝光率。"东篱茶园"百度词条增强了品牌的权威性，推动了当地茶产业的发展。调查组以高质量茶叶为产品支持，推动打造具有本地区特色的茶叶品牌，利用数学模型预测茶产业发展趋势，为茶产业向前、向好发展赋能。

2. 促进茶旅融合，为乡村振兴提供参照模板

茶产业作为农业的重要组成部分，可以帮助农民增收；而旅游业可以有效推动传统产业的延伸与融合。旅游活动可以促进茶文化的传播和茶叶消费，提升茶的影响力；茶产业的生态和文化资源可以提供旅游吸引物，满足消费者的茶旅游需求。调查组探索了将绿色茶园转化为美丽经济的道路，可以带动茶文化、乡村特色文化的传播和推广。"茶文化+研学教育"模式，即面向学生提供科普研学，通过展示讲解、茶艺体验等方式，向学生传播茶学知识和文化；"茶文化+节庆活动"模式，即借助展销会吸引游客，促进茶叶商贸发展和茶文化交流，为乡村振兴提供茶旅融合的新模板。

3. 扩大茶文化影响，促进乡村经济发展

乡村振兴离不开文化振兴。传播茶文化可以为乡村振兴提供文化资源，开发乡村旅游，利用茶文化可以给游客带来更多的视觉享受，提升当地旅游的知名度，为乡村振兴增添新的动力。调查组对茶文化的宣传有利于构建一个社会稳定、文化活跃的乡村环境。

（五）创新之处

1. 研究范围广，更具有参考意义

研究覆盖面广，专注于全国茶产业的销售前景，能够更深入和立体地展现出产业振兴带动乡村振兴。这对以茶、果树等经济作物为主的村庄有良好的参考意义。

2. 桐花村的发展模式本身具有创新之处

桐花村的发展模式充分遵循实事求是、因地制宜的原则，具有合理性和科学性。此外，桐花村采用混合发展的方式，各个产业项目相辅相成，环环相扣。例如，美丽乡村建设结合当地的茶文化可以进行茶旅融合发展，不仅能刺激当地经济发展，经济收益还能用于美丽乡村建设，从而形成闭环。这样的闭环还有很多，因此桐花村未来的发展应基于已有的模式，结合实际融合发展，扩大效益。

3. 调研模式和市场预测方式具有创新之处

桐花村形成了"茶文化+研学教育"模式和"茶文化+节庆活动"模式，促进茶旅融合新发展。建立了线上销售平台，助力传统零售商家打通线上新营销模式。调查组通过

建立灰色 Verhulst 模型预测未来中国茶叶国内销售量，得出了中国茶产业市场发展具有良好前景的结论，使研究更具有说服力。

三、桐花村现状

（一）桐花村概况

桐花村隶属河北省邢台市临城县赵庄乡，地处三峰山（吉祥山）和龙凤山之间。桐花村区域总面积 13 000 亩（1 亩 ≈ 666.7 平方米，下同），耕地面积约 320 亩，水浇地 260 亩，山场面积 12 000 亩，是典型的山区村。全村共 131 户，485 人，全村有党员 21 名，"两委"班子成员 4 名，党支部 3 个。该村经济基础比较薄弱，村集体没有厂矿企业，村民主要以农业收入、外出打工为主要经济来源。

村子山场面积广阔，自然景观达近百处之多。据村南石碑上的记载，宋朝皇帝赵匡胤千里送京娘，从此村路过，改名"桐花"，留下千古佳话。村子附近有邢台崆山白云洞、丰乐园、临城天台山景区、河北临城国家地质公园、普利寺塔、蝎子沟国家森林公园等旅游景点；有临城薄皮核桃、黑家饺子、赵庄板栗、临城黑花生、赵庄苹果、临城大枣等特产；有邢窑烧制技艺、临城赵云故里传说、临城南调、邢台梅花拳、广宗太平道乐等民俗文化。

（二）桐花村产业现状分析

1. 支柱产业

桐花村的特色名片之一便是积极引入"南茶北种"。邢台市高级茶艺师杨素珍与丈夫曲保民在科学分析桐花村土壤、气候、水质、环境条件的基础上，于 2013 年成功实现"南茶北移"，为桐花村的绿色生态、旅游观光增添一抹新绿。

2023 年，东篱茶园已在桐花村的山坡上建设茶园 30 多亩，茶树总计有 40 多万株，产出的茶叶注册了"解（jiě）香桐花秀芽"品牌，得到各地消费者的青睐。"南茶北移"的成功，既绿化了太行山，更为当地百姓蹚出了一条新的致富路，带动当地 30 多名农户通过发展茶产业实现家门口致富。

同时，桐花村还广泛种植核桃、板栗、寿桃等，增加农民收入。

2. 问题痛点

（1）缺乏宣传

由于桐花村地理位置偏僻，农产和茶产方面的报道和采访较少，除了桐花村及周围临城县居民，很少有人知道"南茶北种"，故存在宣传不到位的问题。当地新媒体尚不发达，故特色茶产与新媒体融合不到位，宣传方式只得局限于线下宣传，范围主要局限于临城县小范围内，故茶产品也会存在滞销情况。

（2）缺乏品牌意识

品牌经济是现代经济的重要内容之一，桐花村存在缺乏品牌意识的问题，没有建立自己的品牌。这样会影响到村庄的市场竞争力和发展潜力。

（3）缺乏技术支持

桐花村主要种植核桃、板栗、苹果、茶叶等传统农作物，缺乏先进生产技术及加工机械，尤其是茶产品全部采用纯古法工艺制作，虽然最大限度地保证了茶产品的质量，但产量不高。

四、研究过程与数据分析

（一）研究视角下的东篱茶园生产者状况调研

1. 问卷设计与调研实施

调查对象：东篱茶园生产者。

调查目的：调研茶园所在地生产者的生活现状，了解当地村庄的经济状况以及生产劳动力人口分布，进一步确定当地的痛点问题并寻求解决方法。

调查方式：线上问卷。

调查时间：2023.6.15—2023.7.1。

此次问卷围绕个人信息、家庭状况、生产状况、收入状况、销售状况、茶文化了解程度进行问题设计，共设立 17 个问题，65 个小项。

问卷的发放以及结果的收集汇总主要通过线上小程序进行。问卷调研持续 15 天，到截止时间，共发放问卷 154 份，回收有效问卷 103 份，有效回收率约 67%。

2. 结果以及分析

本次调研问卷采取随机发放填写的方式，调查组通过生产者对问题的回复总结出如下结论。

第一，调查显示，多数居民年收入相对较低。此外，家庭耕地面积有限，茶叶为主要收入来源。尽管当地有对应的产业支持，但家庭收入仍难以显著改善家庭经济状况。虽然家庭中大多数人参与劳动，但经济仍较拮据。这些数据综合显示出当地经济状况较差，家庭收入有限，农业收入难以提升生活水平，家庭劳动力未能切实改善经济困境等。

第二，在随机调研中发现，55 岁以上的受访者占比较大，这反映当地存在人口老龄化的状况。而为了确定当地老龄化状况出现的具体原因，仍需要进行更深入的调研以确认当地生产过程中存在的问题。

第三，在随机调研中发现看，了解茶文化的村民仅占一小部分，可知当地文化传播力度相对较弱。

第四，在随机调研中发现，大部分生产者都认为本地机械化普及程度较低，这表明了当地对机械设备有需求。不排除经济状况影响生产设备机械化进程的可能性。

（二）多视角下桐花村茶产业发展剖析

调查组对 113 位桐花村茶农、茶商展开了深度访谈，借助无结构访谈与半结构访谈等方法，利用词云图，全方位、多角度较深入了解了当地茶产业发展面临的困境。结合茶叶种植生产、茶产业经营管理等相关文献资料，调查组进行了多元视角下桐花村茶产业发展剖析。

1. 访谈研究梳理

（1）"南茶北种"困难重重，村民种茶积极性不高

调研发现，桐花村南茶北种的地域差异问题深刻影响着茶树的生态适应性和农民的种茶积极性。访谈中，有近 70% 的受访者提到这些差异。这也与之前的问卷调查结果相互印证。村民学历普遍较低且经济状况较差，他们大多难以评估在北方发展茶产业的风险和收益，更不愿意承担这种不确定性带来的风险。如何提高村民种茶意愿，如何实现土地集中化管理，如何预防自然灾害，都是当地发展茶产业需要重点考量的问题。

（2）前期资金投入大，成本回收滞后

调查组在对东篱茶园经营者的采访中得知，茶园的建设和管理需要大量的投资，而

这些开支通常超出了个体或小型茶园经营者的财务能力。"我们一开始是找朋友借钱开茶园，没想到一年以后借的钱没还上，还要靠卖房来支付工人工资。"同时，资金回收周期的长短取决于茶树的生长和茶叶的成熟，这种不确定性增加了财务规划的复杂性。总体来说，茶产业的前期投资较大，但回收周期较长，资金的周转性与产业的经营周期不匹配，这使得桐花村的茶产业发展存在困难。

（3）主体间存在利益冲突与排异心理

"我们花了一个月时间，雇人从山上修道引水，没想到修好后第二天管子就被其他村民拿走去浇地了。"许多没有从事茶叶生产的村民认为自己与茶园是对立关系，将茶园引水的行为视为抢占资源，而这也直接影响了产业发展。

（4）基础设施缺乏影响工作效率

访谈中调查组发现，日常生活中最让茶产业从业者感到困扰的是一些基础设施缺乏的问题。一位茶产业从业者回忆道："刚开始那几年，我们给手机充电都得跑到别人家里去。在山上安变压器，一个就得 10 万元。"缺乏便捷的电力充电设施不仅增加了生活的不便，更限制了生产工作的进行，可能导致设备停工或生产周期延长。

2. 分析与结论

综上，调查组得出了一系列有关农村茶产业发展的结论，以及可以采取的措施。

第一，茶叶产业的地域差异问题并非孤立现象。种植技术调整，以及合理的灌溉和土壤改良等措施，能减少地域差异问题对茶叶产量和质量的影响。

第二，在前期资金投入和成本回收问题方面，农村茶产业从业者可以探索多元化的资金筹措途径。除了传统的借款和抵押贷款，还可以考虑引入合作社、众筹等方式，分散风险，提高资金周转性。此外，茶农可以减少前期投资，采用分阶段的种植模式，减少经济压力，使茶产业的发展更为平稳。

第三，茶产业的发展与乡村社会之间存在着紧密关系。这要求当地茶产业从业者注重社会协同创新，积极参与社区合作，与村民合作修建基础设施，增强社会关系的和谐。通过尊重当地乡土社会的价值观和行为模式，将乡土社会的潜力转化为产业发展的动力。

第四，基础设施缺乏问题需要农村茶产业从业者探索创新解决方案。可以寻求与电力供应商合作，共同建设稳定的电力供应网络。政府和相关利益方可以考虑投资改善基础设施，这也有助于推动行业的发展。

（三）实践过程中东篱茶园发展探索

1. 茶旅文化融合发展新模式

桐花村周边自然环境优越、人文气息浓厚，山中茶园与北方民风的结合为周边旅客提供了休闲的好去处。调查组依托丰富的茶产区资源，以茶为媒，以旅为用，将丰富的茶产区资源和茶文化旅游巧妙结合，继承发扬传统文化，满足游客对于多样化旅游业态的需要，推动当地茶园建成生态旅游景区，促进当地经济良性循环，助力当地经济文化发展迈上新台阶。

调查组与当地学校合作，利用专业的多媒体教学设备和茶山茶园的真实情景"以茶促学"，打造生动的茶文化课堂，形成"茶文化进校园"的教学模式。一方面通过从乡村振兴的角度渗透茶文化内涵，引发学生对茶文化旅游的发展前景的思考；另一方面带领学生深入茶园并结合茶知识小问答，让学生在游茶园、品茶、赏茶的实践学习过程中深度体验茶文化旅游特色。

2. 线上销售平台搭建

随着电子商务的不断发展，各大线上平台机制不断完善，越来越多的传统企业开始涉足其中，并从中获利。针对桐花村在产品推广和销售方面的痛点，调查组以东篱茶园产品"解香"系列茶为试点，为其搭建了具有品牌特色的线上销售渠道。通过与线下实体销售的结合，让低成本乃至零成本的推广、快速的商品流转和高效的资源利用成果惠及桐花村村民，让北方好茶叶走出太行深山。

目前，集线上销售、文化推广、社群交流等多功能于一体的"东篱茶园解香茶"小程序已在微信平台上线。调查组与茶园负责人保持紧密联系，后续将进一步在各大电商平台开通品牌账号，宣传北方茶文化，推广太行好茶叶，实现线上销售平台的全方位系统化搭建，形成完善的品牌线上推广网络，助力传统产业的新发展。

3. 展销会助力产品推广

在东篱茶园负责人的支持下，调查组在东篱茶馆门前举行"品味东篱茶，消暑度仲夏"展销会路演活动，以茶艺表演、免费品茗、歌曲演唱和书法体验等观众喜闻乐见的形式，帮助东篱茶园进一步提升知名度，增进社会对北方茶的了解。

（四）基于乡村振兴战略研究的中国茶产业发展前景

中国是世界茶叶的发源地，也是世界最大的茶叶生产国和出口国。在对中国茶叶市场的研究中，学者们对茶产业规模的研究集中于茶叶出口贸易、茶叶产量、茶叶物流市场等预测及趋势分析，目前，鲜有学者对茶叶市场规模进行预测与分析。

2022年，受到多重因素影响，全球经济增速放缓，宏观经济环境不甚理想，但中国茶产业依托国内超大市场规模和市场需求，通过放缓增速、微调结构、减少进口，顺势完成了茶类消费结构的调整与升级。

本次调研对2013—2022年我国茶叶内销市场进行研究，运用灰色Verhulst模型，预测2023—2025年我国的茶叶内销市场规模。

1. 国内销售市场分析

根据茶叶流通协会数据，2022年中国茶叶国内销售量较2021年增加4.15%，达到239.75万吨，茶叶国内销售价格为每千克141.62元，同比增长5.2%。至2022年，中国茶叶国内销售市场规模达到3 395.27亿元。表1为2013—2022年茶叶国内市场销售量分析。

表1　2013—2022年茶叶国内市场销售量分析

年份	国内市场销售量/万吨
2013	133.83
2014	150.25
2015	167.91
2016	171.06
2017	181.7
2018	191.05
2019	203.06
2020	215.23
2021	230.19
2022	239.75

2013—2022年，茶叶国内市场销售量由2009年的89.02万吨增加到2022年的239.75万吨，年平均增加率为9.12%；茶叶产量从135.06万吨增加到318.10万吨，年平均增加率为8.33%。

2. 灰色Verhulst模型市场预测

（1）数据分析

本文统计数据来源于中国茶叶流通协会及中国统计年鉴2009—2018年相关数据。

（2）灰色 Verhulst 模型

灰色系统理论是由我国学者邓聚龙教授提出的，是研究数据不确定性的理论。

①级比检验、建模可行性判断

设原始序列为 $x^{(0)}(k)$，级比为 $\sigma^{(0)}(k)$：

$$\sigma^{(0)}k = \frac{x^{(0)}(k-1)}{x^{(0)}(k)} \tag{1}$$

若满足 $\sigma^{(0)}k \in (e^{-rh}, e^{rh})$，则认为，$x^{(0)}(k)$ 是可以作为 GM（1，1）建模和进行数列灰色预测的。

②紧加生成（1-IAGO）

做一次累加后，生成（1-IAGO）：

$$x^{(1)}(k) = \sum_{i=1}^{k} x^{(0)}(i) \tag{2}$$

$k = 1, 2, 3, \cdots, n$，通过 1-IAGO 弱化了数据的波动性。

③GM（1，1）幂模型

$z^{(1)}$ 为 $x^{(1)}$ 的紧邻均值生成序列，则 GM（1，1）幂模型为：

$$x^{(0)}(k) + a z^{(1)}(k) = b(z^{(1)}(k))^a \tag{3}$$

④灰色 Verhulst 模型及求解

当 $a = 2$ 时，灰色 Verbulst 模型为

$$x^{(0)}(k) + 2 z^{(1)}(k) = b(z^{(1)}(k))^2 \tag{4}$$

灰色 Verhulst 模型的白化微分方程为

$$\frac{d x^{(1)}}{d_t} + a x^{(1)'} = b(x^{(1)})^2 \tag{5}$$

用最小二乘法求解系数向量，则：

$$B = \begin{bmatrix} -z^{(1)}(2)(z^{(1)}(2))^2 \\ -z^{(1)}(3)(z^{(1)}(3))^2 \\ \vdots \\ -z^{(1)}(k)(z^{(1)}(k))^2 \end{bmatrix}, \quad Y = \begin{bmatrix} x^{(0)}(2) \\ x^{(0)}(3) \\ \vdots \\ x^{(0)}(k) \end{bmatrix} \tag{6}$$

灰色 Verhulst 模型参数列 $\hat{a} = [a, b]^T$ 的最小二乘估计为

$$\hat{a} = (B^T, B)^{-1} B^T Y \tag{7}$$

灰色 Verhulst 模型的时间响应式为：

$$\hat{x}(k+1) = \frac{a\,x^{(1)}(0)}{b\,x^{(1)}(0) + (a - b\,x^{(1)}(0)\,e^{ak})} \tag{8}$$

还原预测值为

$$\hat{x}(k+1) = \hat{x}^{(1)}(k+1) - \hat{x}^{(1)}(k) \tag{9}$$

（3）精度检验

①残差检验

残差：

$$e(k) = x^{(0)}(k) - \hat{x}^{(0)}(k) \tag{10}$$

相对误差：$\Delta_k = \dfrac{|\varepsilon(k)|}{x^{(0)}(k)}$，平均相对误差：$\bar{\Delta} = \dfrac{1}{n}\sum_{k-1}^{k}\Delta_k$。

平均相对精度：$1 - \bar{\Delta}$。

②关联度检验

$|s_0|$ 代表原始序列的始点零化像，$|s_i|$ 代表模拟序列的始点零化像。

$$|s_0| = \left| \sum_{k=2}^{n-1} x_0^0(k) + \frac{1}{2} x_0^0(n) \right|$$

$$|s_i| = \left| \sum_{k=2}^{n-1} x_i^0(k) + \frac{1}{2} x_i^0(n) \right| \tag{11}$$

$$|s_i - s_0| = \left| \sum_{k=2}^{n-1} (x_i^0(k) - x_0^0(k)) + \frac{1}{2}(x_i^0(n) - x_0^0(n)) \right| \tag{12}$$

$$\eta = \frac{1 + |s_0| + |s_i|}{1 + |s_0| + |s_i| + |s_i - s_0|} \tag{13}$$

③均值方差比

$x^{(0)}$ 原始序列的均值、方差分别为

$$\bar{x} = \frac{1}{n}\sum_{k=1}^{n} x^{(0)}(k) \tag{14}$$

$$S_1^2 = \frac{1}{n}\sum_{k=1}^{n}(x^{(0)}(k) - \bar{x})^2 \tag{15}$$

$\varepsilon^{(0)}$ 残差序列的均值、方差分别为：

$$\bar{\varepsilon} = \frac{1}{n} \sum_{k=1}^{n} x^{(0)}(k) \tag{16}$$

$$S_2^2 = \frac{1}{n} \sum_{k=1}^{n} (\varepsilon(k) - \bar{\varepsilon})^2 \tag{17}$$

均方差比值 $C = \dfrac{S_2}{S_1}$，对于给定的 C_0，当 $C < C_0$ 时，模型为方差比合格模型。

④小误差概率

小误差概率为 $p = p(|\varepsilon(k) - \bar{\varepsilon}| < 0.674\,5\,S_1)$，对于给定的 p_0，当 $p < p_0$ 时，模型为小误差概率合格模型。精度检验等级参照如表2所示。

表2 精度检验等级参照

精度等级	相对误差 Δ_k	指标临界值		
		关联度	均方差比值	小误差概率
一级	0.01	0.90	0.35	0.95
二级	0.05	0.80	0.50	0.80
三级	0.01	0.70	0.65	0.70
四级	0.20	0.60	0.80	0.60

精度检验中，平均相对误差和模拟误差都要求越小越好，绝对关联度要求越大越好，均方差比值越小越好，说明残差方差小，原始序列方差大，小误差概率越大越好。

（4）模拟测算

①事前检验

原始序列：

$x^{(0)}(k) = (133.83, 150.25, 167.91, 171.06, 181.7, 191.05, 203.06, 215.23, 230.19, 239.75)$

原始序列的序列级比：

$\sigma^{(0)}(k) = (1.122\,7, 1.117\,5, 1.018\,8, 1.062\,2, 1.051\,5, 1.071\,2, 1.073\,6, 1.108\,7, 1.047\,7)$，$n = 10$ $\sigma^{(0)}(k) \in [0.833\,752, 1.199\,396]$

经序列级比验算，原始序列满足 G（1，1）建模条件。

②预测分析

第一步：原始序列的 1-IAGO。

第二步：（1-IAGO）的紧邻均值生成。

紧邻均值生成序列：

93.92，104.21，116.811 28，92 142.04，159.08，169.49，176.38，186.38

第三步：发展系数和灰色作用量的计算。

$a = -0.203\,290\,6 \quad b = -0.000\,827$

$a\,x^{(1)}(0) = -18.096\,857 \quad a - b\,x^{(1)}(0) = -0.129\,645 \quad b\,x^{(1)}(0) = 0.073\,645$

第四步：模拟数据计算。

$$\hat{x}(k+1) = \frac{a\,x^{(1)}(0)}{b\,x^{(1)}(0) + (a - b\,x^{(1)}(0)\,e^{ak})}$$

由此可以得到 $x^{(1)}(k)$ 模拟值，如表 3 所示。

表 3　误差检验表

年度	实际数据	模拟数据	残差	相对误差
2013	133.83	133.83	0	0
2014	150.25	152.29	-2.04	0.206
2015	167.91	171.42	-3.51	0.032
2016	171.06	172.14	-1.08	0.012 7
2017	181.7	185.87	-4.17	0.031 2
2018	191.05	190.91	0.14	0.000 9
2019	203.06	196.83	6.23	0.037 1
2020	215.23	216.71	-1.48	0.008 7
2021	230.19	231.03	-0.84	0.004 6
2022	239.75	239.76	-0.01	0.000 1

③模型精度分析

第一种方法：计算平均相对误差。

由表 3 可得到平均相对误差：

$$\Delta = \frac{1}{9}\sum_{1}^{9}\Delta_k = 1.68\%$$

灰色 Verhulst 模型平均相对精度：99.987 5%。

进行验算，对比表 3 得出相对误差检测灰色 Verhulst 模型精度等级二级。

第二种方法：计算灰色绝对关联度 q。

第一步：序列的始点零化像。

原始序列 $x^{(0)}(k)$ 始点零化像；模拟序列 $\hat{x}^{(1)}(k)$ 始点零化像。

第二步：计算 $|s_0|$、$|s_i|$、$|s_i - s_0|$。

$|s_0| = 476.035\,0$，$|s_i| = 483.290\,0$，$|s_i - s_0| = 7.255\,0$

绝对关联度 $\eta = 0.992\,5$。

进行验算，对比表 3 得出绝对误差检测灰色 Verhulst 模型精度等级为一级。

第三种方法：计算均方差比 C。

$$S_1、S_2、C < 0.35$$

进行验算，对比表 3 得出均方差比检测灰色 Verhulst 模型精度等级为一级。

第四种方法：计算小误差概率。

$$p = p(|\varepsilon(k) - \bar{\varepsilon}| < 0.674\,5\,S_1) = 1 > 0.95$$

经验算，对比表 3 得出小误差概率检验灰色 Verhulst 模型精度等级为一级。

综上所述，通过模型平均相对精度、灰色聚堆关联度均方差比和小误差概率的检验，平均相对精度检验灰色 Verhulst 模型为二级，灰色聚堆关联度、均方差比和小误差概率检验灰色 Verhulst 模型精度为一级，证明模型是可行的。预测结果如表 4 所示。

表 4　灰色 Verhulst 预测结果

年份	2023	2024	2025
中国茶叶国内销售/万吨	248.76	260.03	269.37

3. 结果与分析

在对 2013—2022 年原始数据的级比检验基础上，判断建模可行，通过建立灰色 Verhulst 模型，得出 2013—2022 年模拟数据，再通过平均相对精度、灰色聚堆关联度、均方差比和小误差概率的检验，得出除平均相对精度检测模型精度为二级外，其余三种检测模型精度均为一级，证明所建立的灰色 Verhulst 模型是可行的，最后预测出 2013—2022 年中国茶叶国内销售量。

由中国茶叶国内销售量的灰色模拟值与实际值比较可得，模型拟合度较好。预测数据显示 2023 年中国茶叶国内销售量将突破 248 万吨，并且 2023—2025 年三年茶叶销售量都将达到 248 万吨，并且呈现逐年增长的趋势。故在政府政策的加持下，乡村振兴可以依托茶产业更上一层楼，并保持蓬勃发展态势。

五、桐花村未来规划

（一）产业振兴

作为我国"南茶北种"的重点地区，桐花村将大力发展茶叶相关产业。以东篱茶园为核心，通过加强科技创新、进行品牌建设和市场推广等措施，可以提升茶叶的品质和附加值，开发高端茶叶市场，提升农民收入。

1. 技术赋能茶产业，健全线上线下产业体系

桐花村位于河北邢台市，远离茶叶发展中心，应加大与云南、四川、湖南等产茶地区的技术、产业交流。酌情引进南方茶园的半机械化作业模式，鼓励开展茶叶种植技术、炒制技术、病虫害防治技术等方面的研究与创新，提高产业的技术含量和竞争力。引进"互联网+"的电商销售模式，建立健全线上产业体系。调查组为东篱茶园开通线上公众号、小程序，为桐花村对接资源，助力桐花村茶产业稳、快发展。

2. 建设茶产品生产加工基地，稳步向规模化模式化发展

桐花村目前的茶叶生产销售还主要依托于家庭作坊、农村合作社等，根据发展经验，生产主体逐步向茶厂、公司发展是必然趋势，有利于扩大桐花村的生产规模，形成固定的流水线生产模式，降低生产成本，稳定产品质量。建设茶叶生产加工基地，可以提高农产品的加工水平和附加值；引进先进的加工设备和技术，可以提高产品的品质和可持续发展能力，扩大产品的销售渠道。

3. 进一步推动茶产品品牌建设，率先树立北方茶叶品牌标杆

桐花村作为北方茶叶的开拓者，开创性地开发了"解香"茶。"解香"茶所推崇的自然农法所生产的茶叶十分符合市场需求。桐花村将加强对茶产品品牌建设的支持，培育一批具有知名度的特色茶品，使东篱茶园的品牌效应得到体现。同时，加强市场推广和宣传，积极进行微信公众号和各短视频平台多通路推广，打造"绿色、有机、优质"的乡村品牌形象。

4. 探寻茶旅融合之路，培养北方茶潜在客户

桐花村既复现了"喊茶"等民俗，又有着深厚的禅茶文化底蕴。同时，桐花村背靠太行山脉，适合开辟茶旅融合的新路子。桐花村的茶叶生产水平与目前北方市场的规模相匹配，但随着桐花村产业发展，扩大市场成为必然的战略要求。因此，桐花村需要做长远的战略准备，让更多潜在客户走进茶园，感受茶文化有利于桐花村产业的长期发展。东篱茶园坚守"天人合一"的自然观，果树间植，茶草共生，打造出红脉绿韵的风景线，推动形成绿色发展方式和生活方式，既给游人提供绿色生态的物质享受，又使游人身心愉悦、精神放松。未来桐花村将积极探索茶旅融合之路，以产业振兴助力乡村振兴。

（二）文化振兴

依托丰富的茶产区资源，桐花村未来将以茶为媒，以旅为用，将茶产区资源和茶文化旅游巧妙地结合起来，既满足继承发扬传统文化的需要，又适应人们对于多样化旅游业态的需要，一方面推动茶园建成生态旅游景区，另一方面促进当地经济良性循环，有利于提高茶农经济收入，助力茶园发展迎来更美好的春天。

1. 传承与保护

加强对茶文化的传承与保护，提倡茶文化的学习和研究，继承和弘扬禅茶文化；收集整理茶文化的历史资料和文献，发掘"赵州茶"的历史底蕴。桐花村东篱茶园将定期开展"喊茶"活动，组织学生开展茶文化研学活动，深入茶园参观，传承和推广好茶文化。

2. 旅游开发

依托茶文化资源，开展茶园旅游、茶艺体验等项目，吸引游客前来参观、学习和消费，推动茶文化与旅游业融合发展。设计开发茶文化深度体验游，带领游客深入茶园，欣赏茶园景色，品味东篱茶香，让人们在游茶园、品茶、赏茶的实践学习过程中深度体验茶文化旅游特色，主动成为茶文化的传承者和推广者。

六、结束语

调查组从桐花村的特色茶产业出发，结合近年来桐花村茶产品的线上销售、文旅产业的联动发展，综合运用问卷调查法、访谈法、统计分析法，从产业、生态、民生、文

化、治理等方面对桐花村进行调研。

调查组发现老龄化问题较突出、平均收入较低、种茶积极性不高、基础设施不够完善等因素制约桐花村发展。调查组对调研结果进行整理，并反馈给当地政府，也将通过多种形式和渠道向大众分享，将青年大学生的力量注入桐花村。

在实践过程中，实践队和东篱茶园共同发力，探索茶旅融合新路，搭建线上销售平台，举办展销会推广产品。在此基础上，桐花村将按照发展规划，从推动构建茶旅融合发展到传承保护茶文化，从发扬原生态"自然农法"到自治、德治、法治三治合一，蹄疾步稳建设产业兴旺、生态宜居、乡风文明、治理有效、生活富裕的美丽乡村。

参考文献

李志勤，2020. 基于灰色模型下商贸流通中中国茶叶产业市场规模预测分析 [J]. 全国流通经济，5：42-44.

余冰洁，刘扬，2023. 乡村振兴视域下河南信阳茶产业发展路径研究 [J]. 商展经济，16：51-54.

乡村振兴背景下关于丹寨县蜡染产业现状的调查研究

马鑫垚　李润萌　邓兴华　陈子安　刘云霄　张诗晨　于子淇

摘　要

随着我国经济的快速发展，城市化进程不断加快，农村地区面临着诸多问题。习近平总书记在党的十九大报告中提出的"乡村振兴战略"，通过全方位的手段和措施，推动农村社会的全面发展，促进城乡均衡发展。党的二十大报告中也强调了乡村文化事业和非物质文化遗产传承发展的重要性，倡导要提高文化软实力，促进文化与经济、社会、科技等各个领域的深度融合。

在这样的背景下，本文以贵州丹寨县的蜡染为切入点，深入乡村助振兴，走进一线做调研，了解丹寨蜡染工艺现状，探索解决当地问题的有效方法，并将其落到实处。实践团队立足党的二十大报告中提出的"加强非物质文化遗产的传承工作"，为人民干实事，以实际行动宣传贯彻党的二十大精神。团队通过走访发现丹寨蜡染存在同质化、工匠老龄化、传承人不足、创新与传统难以平衡等问题，并针对存在的问题提出相关的对策。另外，本文还提出了将数字化技术与传统结合的创新观点，并通过调查访谈收集数据并分析，进而得出结论。期待在数字技术的支持下，乡村经济、文化、社会、生态各方面都可以得到全新的发展，乡村振兴的进程得到进一步的推动。

关键词

乡村振兴；丹寨蜡染；调研报告；数字技术

一、引言

（一）调查背景

贵州丹寨县是一个以苗族为主体、多民族聚居的县，各民族在千年变化和繁衍生息中，形成了自己独特的文化。2006 年，苗族蜡染技艺被列入第一批国家级非物质文化遗产名录。自此，丹寨政府从多方面对其进行保护与传承。党的二十大报告、《关于进一步加强非物质文化遗产保护工作的意见》、《"十四五"非物质文化遗产保护规划》都强调了乡村文化事业和非物质文化遗产传承发展的重要性，倡导要提高文化软实力，让人民群众了解、喜爱和参与非遗文化活动，增强民族自信心和文化自觉性。

截至 2023 年，丹寨县共下发非物质文化遗产苗族蜡染技艺项目培训经费 30 余万元；全县共有苗族蜡染技艺项目代表性传承人 40 人，其中国家级传承人 1 人，省级 2 人；蜡染传承人数达 1 366 人。

在乡村振兴的大背景下，丹寨县政府引导非遗产业优化升级，在传承非遗技艺的同时以它为乡村振兴之源。其中的有力途径之一是非遗与旅游业结合。截至 2022 年，丹寨县万达小镇共有非遗手工店铺 52 个，其中蜡染相关店铺 11 家，从业人员 41 人，人均年工资 3 万元左右；合作社（公司）9 个，社员 210 余人，年人均增收 3 500 元以上。而后，丹寨县以点带面，积极指导传承人通过生产经营的方式带动项目的传承与保护，拓宽了群众的增收渠道，形成"公司+农户+电商"的新发展模式，培育了新的经济增长点。丹寨县努力探索一条传承非遗文化助力乡村振兴的"双赢"道路，在保护和发展非遗文化的同时，提高劳动力就业率，助力乡村振兴。

（二）调查目标

1. 了解当地现状及发展趋势

团队成员前往贵州丹寨县进行为期 5 天的调查，秉承一切从实际出发、实事求是的原则，通过实地走访切身感受乡村振兴战略的落实情况，了解蜡染的现状和发展趋势，全方位感知非遗传承与乡村振兴深度融合对当地社会发展的多样化影响，为后期模型分析提供现实依据。

2. 总结当地非遗文化传承与乡村振兴经验

当地政府大力支持非遗文化建设，不断增加技术人才数量，促进产业现代化，率先走上非遗文化助力乡村振兴之路。团队对实地考察结果加以提炼，总结丹寨县非遗文化传承及乡村振兴经验，探讨学习非遗文化对乡村振兴的促进作用。

3. 提出方案与对策

团队从当地蜡染工艺发展现状出发，全面考虑蜡染工艺面临的同质化、工业化趋势，集中讨论商议，提出乡村振兴大背景下蜡染产业高质量发展的相应方案供当地参考，推动当地经济发展和非遗文化传承，巩固当地乡村振兴成果。

（三）调查意义

1. 响应国家号召，关注战略升级

党的二十大报告提出"推进文化自信自强，铸就社会主义文化新辉煌"，将文化建设摆在突出位置。非遗发挥着赓续中华文脉、传承中华文明的重要作用。本次实践的目的是在国家号召与战略升级的背景下，研究贵州丹寨县对苗族蜡染技艺等非遗文化的传承保护。

2. 宣传实践成果，实现正向影响

团队对扬武乡非遗技术促进乡村振兴的成功实践进行宣传，产生正向积极影响，为其他地区提供思路。从国家层面分析，区域实践的成功有助于将政策实践进行推广，增强国家软实力和文化自信心，让世界更好地了解和认识中国传统文化的独特魅力。

3. 弘扬传统文化，保护民风民俗

团队在实践过程中采用新媒体技术对每日调研活动内容进行记录，形成微信推文发布在微信公众号平台，以真实反映当地民风民俗，宣传苗族蜡染技艺，并展示数字化技术与传统工艺结合的成果。通过扩大宣传的方式，能让更多人关注苗族蜡染技艺，使非遗文化得到有效的保护和传承。

（四）调查方法

1. 文献分析法

团队通过查阅大量的文献资料，从而全面地、正确地了解掌握贵州丹寨县蜡染技术传承的现状以及所面临的问题，从而形成了贵州丹寨蜡染的初步印象，有助于观察和访问；得到了有关贵州丹寨蜡染的现实资料。

2. 实地调查法

团队深入贵州丹寨县，观察、了解和认识当地的社会与文化，了解蜡染技术的传承发展现状以及问题所在，探讨用蜡染工艺赋能当地乡村振兴的发展。

3. 模型构建法

为了对问卷调查获得的数据进行分析，团队通过分析建立了关于蜡染与数字化技术的多元回归模型，并基于此模型，设计了专门收集这些可量化影响因素的调查问卷以及访谈问题，剔除其中不具有代表性的农户资料，以及置信程度较低的问卷数据，对其余的问卷数据进行数值化等统计处理，结合相关模型对蜡染的传承与保护影响因素进行分析。

4. 问卷调查法

团队将设计好的调查问卷分发给有关人员，待他们完成后对问卷进行回收、整理、统计和研究。线下共收集了30份纸质问卷，线上共收集了140余份问卷。

二、丹寨蜡染产业现状及调研分析

（一）丹寨蜡染产业的现状

1. 丹寨县概况

丹寨县位于贵州省东部、黔东南州西部。全县面积940平方公里，辖4镇、2乡、

1 街道，1 个省级经济开发区和 1 个省级农业园区，122 个村（居、社区），总人口 17.9 万人，是一个以苗族为主，水、汉等多民族聚居的县。丹寨县民族文化底蕴深厚，民族风情浓郁，民族节日众多，拥有苗族贾理、锦鸡舞、古法造纸等 8 项国家级、22 项省级、34 项州级非物质文化遗产，被授予"中国鸟笼之乡""蜡染文化之乡"等称号，被誉为苗族文化的活态博物馆。

丹寨县经济稳定健康发展——自 2018 年起，地区生产总值呈逐年上升趋势。依据 2022 年丹寨县社会及国民经济发展数据报告，该县的 GDP 总值实现了 47.07 亿元，同比提升了 4.4%，在州内排行第二。丹寨县全县总产值及一、二、三产业增加值如表 1 所示，2018—2022 年全县生产总值及增速如图 1 所示。

表 1 丹寨县全县生产总值及一、二、三产业增加值　　单位：亿元

年度	地区生产总值	第一产业增加值	第二产业增加值	第三产业增加值
2021	44.90	9.99	10.35	24.56
2022	47.07	10.48	11.77	24.82

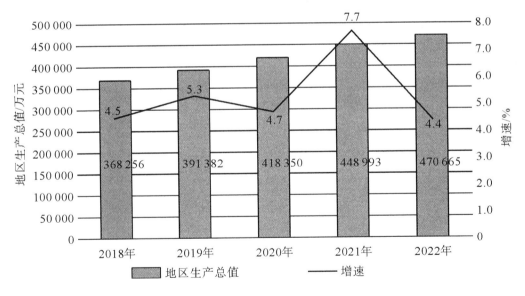

图 1　2018—2022 年全县生产总值及增速

2. 丹寨县蜡染文化产业发展状况

"绘花于布，而后染之，去蜡则见花。"早在两千多年前，中国就有了蜡染。蜡染产

品沿着"丝绸之路"远销欧亚。如今，蜡染作为贵州苗族文化的代表，得到了长足的发展，文化资源也得到了利用。

（1）发展合作社模式，助力产业化发展

近年来，民族文化的传承和保护，在促进民族文化发展的同时也催生了促进当地苗族同胞增收的新产业和新渠道（任晓冬 等，2014）。在专项资金投入与扶持政策倾斜下（如"3 个 15 万"政策扶持、培育微型企业推进文化创意以及"大众创业，万众创新"等），各民营企业和合作社如雨后春笋般迅速发展，增加了当地就业岗位。

蜡染文化资源也在产业化的道路中得到发展，其与日常产品相结合，既获得了收益，又传承了古老的非遗文化，实现了文化与经济价值的"双赢"。例如，宁航蜡染有限公司，作为丹寨县第一家大规模经营民族手工艺品的企业，专门从事传统蜡染的相关工作，不仅为当地女性提供了工作岗位，同时也实现了蜡染文化产业的规模发展。

（2）打造特色小镇，传承非遗文化

自 2016 年《关于开展特色小镇培育工作的通知》发布以来，培育特色小镇成为区域经济转型升级和文旅创新发展的战略举措，是城乡融合发展的路径选择（徐虹 等，2018）。2017 年 7 月 3 日，由万达集团投资建设的万达小镇开始正式运营。其首创"企业包县、整县脱贫"的扶贫模式，通过设立产业扶贫基金，建设旅游小镇、职业技术学院，结合非遗项目，使丹寨发生了巨大变化。

万达小镇依托非遗文化，开设多家以蜡染等非遗文化为主题的体验馆如鸟笼小院、蜡染小院、造纸小院等，以及多家非遗文化手工商店和当地特色美食餐馆，形成了 3 条绵延曲折的文化商业旅游街（如图 2 所示），为游客提供一站式体验非遗文化的服务。

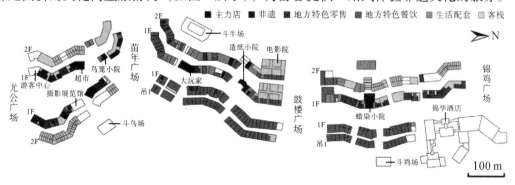

图 2　丹寨万达小镇业态空间布局

万达小镇还会定期举办"非遗文化周"等活动，吸引外地游客的同时，传承非遗文化，实现了非遗文化的经济价值与文化价值。据统计，丹寨万达小镇在 2020 年举办中国丹寨非遗周，9 天时间举办 30 多场"非遗进景区"特色活动，吸引 26 万余名游客，实现营业收入超 270 万元；2021 年举办第二届中国丹寨非遗周与全国首个非遗自驾游活动"寻访黔东南最美非遗"，吸引 18 万余名游客，实现营收超 260 万元。5 年来，丹寨万达小镇游客量呈显著增加趋势，累计接待游客 3 030 多万人次，带动全县旅游综合收入达 247.44 亿元（黎键良 等，2023）。

丹寨政府以及各企业合理利用资源，提高当地经济文化发展水平。万达小镇带动丹寨以及周围村镇的旅游业发展，进而增加当地收入，最终通过乘数效应促进整个区域的发展。

（二）调查情况具体说明

1. 调查目的

此次调研的目的是通过对丹寨县蜡染工艺的现状调查，反映现实情况与存在的问题，进而为数字技术赋能乡村振兴提供可行的方法，助力蜡染等非遗文化传承与保护，使数字技术助力乡村振兴加速实现，更有效地惠及广大农民。

2. 调查对象

本次线下纸质问卷调查随机选择相关企业、游客、当地居民以及当地政府工作人员共 30 人作为调研对象。而线上问卷面向不同地域、不同年龄段、不同职业的广大群众，范围较广。

3. 调查内容

针对当前丹寨蜡染的发展，结合地方的实际情况，面对不同群体，设置的调查问卷具体包括但不限于：对传统蜡染的了解程度、蜡染产业对乡村振兴的影响、对数字化技术与蜡染的结合的了解与展望、各群体是否了解二者结合的情况、是否对于这种结合有所期待、是否愿意学习制作蜡染、是否愿意购买数字蜡染产品、更愿意购买哪种类型的蜡染产品，以及当前蜡染面临的挑战。

考虑到调查内容的准确性，除了问卷调查外，调研团队还与政府相关工作人员、企业相关工作人员进行面对面访谈，了解实际中存在的问题。

4. 问卷及访谈提纲设计

为调查乡村振兴背景下蜡染的现状，团队根据实际情况设置 11 个问题。题目设计通俗易懂，简洁易读，并根据实际调研情况调整，可以很好地反映蜡染对乡村振兴的影响、传统蜡染的困境，以及数字技术与蜡染结合的可行性。

为确保访谈工作的高效性、收集信息的全面性，团队结合蜡染传承人及其他相关人员的工作特点，共设计了四种访谈提纲共 28 个问题。题目精简，为问答题，并会根据实际调研情况进行相应调整。

三、蜡染产业存在的问题

（一）丹寨蜡染产业存在的问题

1. 市场竞争问题

随着现代化的发展，市场需求转变，蜡染作为贵州苗族地区主流纺织品的地位已动摇。并且各种现代化的染色技术和工业化生产对传统蜡染产业造成了竞争压力，导致传统蜡染产业的收入下降、人们生存困难。

一是企业竞争力不足。目前丹寨从事苗族蜡染生产销售的企业有 13 家，但无实力较强的企业，在县外包括贵阳几乎都没有丹寨苗族蜡染的销售点，从事文化产业的单位或企业缺少竞争力。

二是价格竞争力不足。传统蜡染是手工制作的，成本较高。而现代化的纺织产品通常采用机械化和大规模生产，产品价格更低。这可能让传统蜡染难以在价格上与竞争对手匹敌。

三是质量和可持续性有待提升。在市场竞争中，好的质量和可持续性变得更加重要。传统蜡染制品大多以纯手工制作，难以与现代化高精度的制品相竞争，为了使蜡染制品的市场更加繁荣，需要注重产品质量，以及环保和可持续的生产方式。

2. 品牌问题

文化产业的市场竞争，最核心的是文化品牌的竞争（李昕，2009）。丹寨的少数民族民俗文化旅游虽然得到了一定程度的发展，但具有当地特色的传统手工艺产品如苗族蜡染、织锦、古法造纸等还没有得到完全开发。当然，这与其民族工艺产品成本高、实用性不强、包装缺乏特色以及销售渠道不畅等有着很大的联系。

3. 文化价值的认知和推广不足

蜡染作为一项传统文化艺术，其价值可能未被足够认识和传播。线上问卷调查结果显示，绝大部分公众并不了解蜡染相关知识。这表明贵州虽然拥有丰富的文化资源，但这些资源得以保留传承几乎是以长期的封闭为代价的。不少民族地区经济发展相对落后，村民的受教育水平也不高，在发展文化产业的过程中，主动性和积极性不强。

4. 创新与传统难以平衡

为了适应现代市场需求，蜡染需要与现代设计和工艺相结合，在保持传统的同时也要具有创新性。若创新不足则可能导致传统蜡染无法吸引大众兴趣，失去原有的内核，无法被完整地传承，因此找到传统与现代的平衡是一个巨大挑战。

（二）蜡染传承发展的制约因素

1. 工匠老龄化和传承人不足

传统蜡染技艺通常需要较长时间的经验和实践才能掌握。然而，许多熟练的蜡染工匠逐渐年迈，他们可能面临健康问题、退休或其他限制，从而影响他们继续从事繁重细致的手工劳动。同时，年轻一代传承人的缺乏，导致技艺的传承受到威胁。

2. 现代化生活方式的影响

在当今社会，快节奏和高效率的生活方式已成为年轻人的追求。人们习惯了即时的满足和便利，更倾向于选择快速解决问题的方法，而不愿意花费大量的时间精力去学习复杂的手工艺。

3. 文化认知不足

传统蜡染不仅仅是一门手工艺，还蕴含着丰富的历史底蕴和文化积淀。然而很多年轻人缺乏对传统蜡染的历史、文化背景和价值的了解，这可能导致他们对这门技艺的认知不深、兴趣减少。

四、丹寨蜡染产业高质量发展的对策

（一）强化数字赋能

当地可以借助数字媒体技术，以数字化产品的形式展现蜡染的发展历程、制作工艺、图样艺术等，提高人们对于蜡染的关注度，吸引更多人投身于保护和传承的行列。

与传统蜡染相比，数字化工具可以缩短蜡染的工艺周期，从而提高生产效率。利用蜡染纹样绘制系统进行设计，可以降低劳动力成本和劳动强度。考虑到数字技术生成的蜡染图案的表现力与手工绘制的差别，可以建立蜡染纹样元素库，提取、保存、管理图案素材，设计蜡染纹样绘制系统，让手艺人实现自主操作，如电子绘图、AI 制图。同时，运用自然语言处理工具生成蜡染推广过程中需要的宣传文本可以节省从业者的时间成本，使他们可以自主探索更多数字化工具的运用，这有利于传统蜡染的活态传承，从而吸引更多人的关注，让传统蜡染在数字社会焕发新的光彩。

1. 数字化技术作用途径的提出与分析

将数字化技术与蜡染技艺的传承和保护相结合，具体可以从以下三个方面入手。

其一，构建多元的蜡染技艺数字化传播渠道。利用数字媒体技术，大力宣传蜡染技艺的文化内涵和时代价值，让人们了解蜡染技术背后所蕴含的历史、文化和美学价值。

其二，开发多样化的数字蜡染产品。立足于人民群众的实际需求，以数字技术和大众传媒为媒介，利用网络热点开展多种多样的蜡染技艺宣传活动，将蜡染技艺与人们的现实生活进行联系，推出数字蜡染产品。

其三，运用交互式对话软件进行宣传文案设计，运用 AI 图片生成软件进行蜡染图案设计。前者可以通过 AI 生成相应的中英文宣传文案以及相应模板，后者可以有效解决蜡染图案同质化问题，产生更具创新性的蜡染产品。

2. 问卷设计及数据分析

（1）问卷设计

根据数字化技术促进蜡染传承的可能作用途径设计调查问卷，问卷内容包括 3 部分：数字化技术在蜡染工艺中存在的挑战；蜡染学习的数字化平台；蜡染展示与销售的数字化平台。在问卷正式发放前，首先在小范围内进行预调研，对调查问卷中存在的如表意不清等问题进行了修正，最后确定正式调查问卷。调查问卷主体量表如表 2 所示。

表 2　调查问卷主体量表

变量	题项	描述项目
人们的了解程度（因变量）	Q1	您对数字化技术在蜡染产业中的应用有何了解？
	Q2	您认为数字化技术对蜡染产业的发展有何影响？
	Q5	您认为数字化技术在蜡染产业中的发展前景如何？
	Q7	您认为数字化技术对于蜡染传统工艺的保护和创新有什么影响？
	Q8	您认为数字化技术对于蜡染作品的生产效率和质量有何影响？
	Q9	您是否使用过或了解过使用数字化技术进行蜡染设计或图案创作的方法？
存在的挑战	Q3	您认为数字化技术在蜡染产业中的挑战是什么？
蜡染学习的数字化平台	Q4	您是否愿意尝试使用数字化技术来学习蜡染或创作蜡染作品？如果是，你更倾向于使用哪种数字化工具或平台？
	Q10	您希望通过哪种方式学习蜡染技术？
蜡染展示与销售的数字化平台	Q6	您认为哪些数字化渠道或平台适合展示和销售蜡染作品？
	Q11	如果购买蜡染产品，您更倾向于购买哪种类型的产品？

（2）数据收集

网络调查问卷通过各类社交媒体进行发放；纸质调查问卷采用面对面的发放形式，在当地进行实地调查。调查时间为 2023 年 6 月 30 日—2023 年 8 月 30 日，共发放问卷 143 份，剔除无效问卷 23 份，实际回收问卷 120 份，问卷有效回收率为 84%。

图 3 至图 8 是部分问题的结果。

对数字化技术在蜡染工艺中应用的了解程度

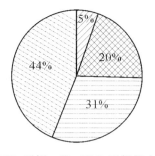

☐ A.很了解　☒ B. 了解一些　☐ C. 了解很少　☐ D.不了解

图 3　Q1 调查结果

数字化技术对蜡染工艺发展的影响

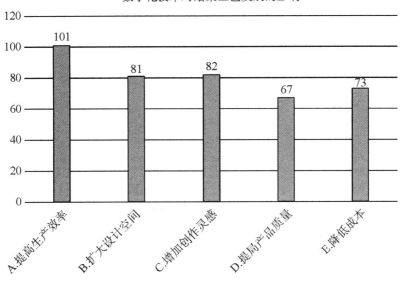

图 4   Q2 调查结果

利用数字化技术学习或创作蜡染的意愿

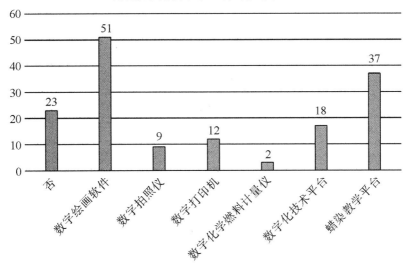

图 5   Q4 调查结果

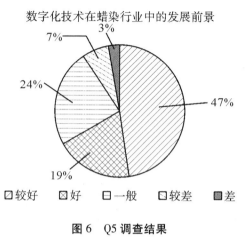

图6　Q5调查结果

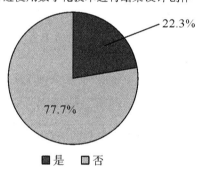

图7　Q9调查结果

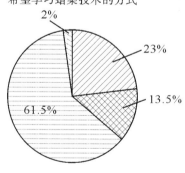

图8　Q10调查结果

（3）实证分析

在本次调查问卷中，数字化技术在蜡染工艺中存在的挑战、蜡染学习的数字化平台和蜡染展示与销售的数字化平台都可以作为影响人们了解程度的变量因素，即符合多元回归分析中多个相关变量为自变量，其中一个或几个变量为因变量的分析条件。因此，本文采用多元回归分析法，对调查问卷中的数据进行拟合分析。

（4）显著性分析

本文采用 Stata，利用多元回归模型对影响因素进行实证分析。首先对拟合后模型的决定系数 R^2 进行分析，R^2 值可反映出回归模型拟合本次调查问卷中数据的有效程度。以数字化技术在蜡染中应用的了解情况、数字化技术在蜡染工艺中存在的挑战、蜡染学习的数字化平台和蜡染展示与销售的数字化平台作为因变量，同时为了提高回归模型的拟合度，对模型进行修正，得到模型的 R^2 值为 0.825，即因变量的解释程度为 82.5%，说明自变量指标能够较好地解释因变量，模型设计合理。

对调整后的模型整体进行检验，以此判断拟合后模型的有效性。分析模型的方差检验量 F 值，如表 3 所示，模型 F 值为 379.561，显著性水平为 0.000，模型总体显著性水平较高，即将对模型进行回归分析与探讨。

表3　模型 F 分析值

	Model	Sum of Squares	df	Mean Square	F	Sig.（2-tailed）
1	Regression	227.63	6	22.352	379.561	0.000
	Residual	9.245	113	0.792		
	Total	236.875	119			

（5）模型回归分析

分析数字化技术在蜡染工艺中存在的挑战、蜡染学习的数字化平台、蜡染展示与销售的数字化平台自变量对人们对数字化技术在蜡染应用中的了解情况这一因变量的相关回归系数及显著性水平。回归分析结果如表4所示。

从整体来看，蜡染展示与销售的数字化平台在所有变量中对人们对数字化技术在蜡染中应用的了解情况的影响最为显著，正向影响稍弱的是蜡染学习的数字化平台。值得注意的是，数字化技术在蜡染工艺中存在的挑战对因变量的影响为负，这也说明我们要对症下药，解决蜡染的传承问题。这一结果与调查问卷结果基本相一致，数字化技术对蜡染传承的促进作用得到验证。

表4　回归分析结果

Model	Unstandardized Coefficients		Standardized Coefficients	Sig.
Variable	Beta	Std. Error	Beta	
Constant	0.631	0.107	0.000	0.000
数字化技术在蜡染工艺中存在的挑战	-0.582	0.125	-0.624	0.009
蜡染学习的数字化平台	0.527	0.112	0.582	0.010
蜡染展示与销售的数字化平台	0.738	0.109	0.795	0.000

（二）创新宣传方法

若要助力丹寨蜡染产业高质量发展，必须创新其宣传方式与方法。加大对外宣传力度不能仅仅依靠传统媒体的力量，更应该发挥新媒体与自媒体的作用。通过抖音、快手等短视频平台，引导村民、游客自发对家乡进行拍摄、传播。不仅可以扩大丹寨蜡染产业的知名度，也可以吸引在外发展的年轻人返乡。同时，可运用 AI 交互式对话工具编辑文案助力宣传推广，结合实际热点内容进行文案编辑，为当地手工艺人发布视频吸引流量提供便利。还可以请一些知名博主来到丹寨了解非遗文化，并利用平台和粉丝增加丹寨蜡染产业的曝光度，从而进一步讲好"丹寨蜡染"的故事。

（三）加强传承教育

对蜡染工艺的传习，可采取传统教育与现代教育相结合的方式。强调非遗文化价值，提升公众对蜡染的认知。例如，开办民族蜡染手工艺培训班，与企业培训、社会培训相结合，同时为具有特种手工艺的工匠配备专人跟师学艺，可以保证丹寨蜡染非遗文化后继有人。

（四）推动蜡染电商产业融合发展

1. 建立质量监管机制

建立全面的质量监管机制，从源头到终端，确保蜡染产品的质量符合相关要求。包括加强对原材料的筛选和检测，确保原材料质量过关；制定严格的生产标准，规范生产流程；加强产品抽检和监督检查，发现问题及时处理。

2. 加强消费者权益保护

为保护消费者的权益，应建立健全消费者投诉与维权机制，加强对假冒伪劣蜡染产品的排查和打击，加大处罚力度，维护市场的公平竞争环境。同时，加强对消费者权益的宣传和教育，提高消费者对于蜡染产品质量的意识和辨别能力。

3. 提升物流和售后服务水平

优化物流配送流程，提升物流准确性和时效性。加强与物流合作伙伴的合作，建立高效的沟通机制，优化物流路线和配送方案，确保产品能够及时、准确地送达消费者手中。同时，加强售后服务团队的培训和素质提升，提供更加专业、周到的售后服务，增强消费者的购买信心。

（五）完善传承机制

1. 改革津贴发放制度，增加发放传习人津贴

经调查发现，年轻人之所以不愿意学习传统文化，大多由于现代市场经济的冲击，觉得在此过程中的付出与回报不成比例。现行以发放津贴为主的传承人保护制度，主要考虑对传承人的保护，而没有任何保护传习人的措施。因此，可以在传承人津贴之外发放传习人津贴，通过严格考核，选择部分确有兴趣学习非遗技艺的年轻人成为传习人，发放约等于当地农村人均收入水平的津贴，保障他们的基本生活。为了避免领取津贴后不参与学习的情况，可以将传习人津贴发放时间推迟至次年，即先学习考核，后发放津贴。通过完善专门针对传习人的保护措施，能让年轻人甘于留守乡土传承民族文化，助力当地经济发展与乡村振兴。

2. 逐步完善传承人医疗社会保障机制

除了提供适当的津贴之外，还应为传承人提供其他方面的待遇，如"精神关怀与鼓励"。地方政府要充分考虑民间手工艺人最关心的大病统筹等问题。因此，为了吸引年轻人留在家乡传承非物质文化遗产，除了为他们保留承包地、宅基地、农业补贴等，还应当逐步完善医疗保障等方面的制度，逐步使社会保障水平提高。

参考文献

任晓冬，刘燕丽，王娴，等，2014. 贵州丹寨苗族蜡染文化产业化发展现状及特点 [J]. 原生态民族文化学刊，6 (1)：122-127.

王林，曾坚，2021. 形神兼备思路下的特色小镇规划研究：以滕州董村花汇小镇为例 [J]. 现代城市研究，1：109-114.

黎键良，陶伟，韩昱青，等，2023. 丹寨万达小镇模式下乡村非遗资源的保护利用实践 [J]. 湖南师范大学自然科学学报，46 (2)：42-50.

李昕，2009. 可经营性非物质文化遗产保护产业化运作合理性探讨 [J]. 广西民族研究，1：7.

李海杰，展凯，张颖，2021. 数字经济时代运动休闲特色小镇智慧化建设的逻辑、机理与路径 [J]. 武汉体育学院学报，55 (2)：5-12.

徐虹，王彩彩，2018. 旅游特色小镇建设的取势、明道和优术 [J]. 旅游学刊，33 (6)：5-7.

祖国北疆漫药香， 乡村振兴有"良方"

——返乡大学生关于黄芪特色中药 产业链路径延伸的调研报告

周明星　宫苹奚　李妮　郭英轩　李奉泽　雷一鸣　王沁　闫彦峰

摘　要···

　　本次社会实践活动的开展建立在深刻领会习近平总书记对内蒙古重要讲话、重要指示批示精神和关于乡村振兴工作的重要论述上，团队走进内蒙古自治区包头市达茂旗石宝镇腮吾素村，探索当地黄芪产业新链条以及"龙头企业+政府+基地+农户"生产模式对村、政、企的增收实效，并将书本知识应用于实践，为当地村民以及相关企业调研市场销售状况、设计销售方案，同时利用数字赋能，借助新媒体平台，将当地特色进行有效推广。本项目探究了腮吾素村"龙头企业+政府+基地+农户"的"1+3"模式的可持续性和未来发展趋势，为巩固脱贫成果，助力乡村振兴提出可行性建议，贡献青年力量。

关键词···

　　黄芪；"1+3"模式；产业链路径延伸；乡村振兴

一、引言

（一）调查目标

1. 深入了解乡村振兴政策落地情况及民生民情

团队前往内蒙古腮吾素村深入调查，通过实地走访感受乡村振兴政策的落实情况，了解该村"龙头企业+政府+基地+农户"的"1+3"模式对村、政、企的增收实效以及可持续性、发展趋势。

2. 借助商科优势，赋能黄芪市场销售

本次实践在吸取"1+3"模式经验的同时发现了问题。针对不足，本团队利用所学知识集中讨论，提出可行性建议，并与当地村民、政府、企业进行交流，使得该模式良性发展，助力乡村振兴。通过对不同人群设计具有针对性的采访问卷、抽样调查，全方位感知该模式对村民增收、企业增收、地区发展等方面的多样化影响，为后期政策效益评估提供现实依据。

（二）调查意义

团队选择了内蒙古自治区包头市达茂旗石宝镇腮吾素村作为实践基地，以探索当地黄芪产业的创新模式和发展机会。黄芪作为一种中药材具有较高的医药价值和市场需求，对于提高农民收入、推动农村经济发展具有重要意义。而"龙头企业+政府+基地+农户"的"1+3"生产模式，旨在整合资源，优化产业链，提高黄芪产量和质量，增加农民收入。探究该模式的时效性，有助于对该模式的评估，助力乡村振兴进一步发展。

同时，本项目激发大学生参与乡村振兴的热情，学生将专业知识应用于实践，为农村经济发展做出贡献，为实现乡村振兴战略目标注入活力和创新思维。通过探索当地产业模式和市场推广手段，提高农民收入，促进农村经济多元化发展，进一步推动乡村振兴战略的落地和实施。

（三）调查方法

在对腮吾素村黄芪产业进行调研的过程中，团队综合运用了文献调查法、网络调查法、访谈法、实地观察法、实地体验法等多种调研方法，以确保获得全面的、准确的信息，为后续的方案制订和报告撰写提供有力支持。

1. 文献调查法

➤调研黄芪产业的历史发展，了解其起源、发展趋势以及过去的经验教训。

➤分析学术研究论文，深入了解黄芪的药理学、营养成分、药用价值等方面的信息。

➤查阅行业报告，获取市场规模、竞争格局、消费者趋势等数据。

2. 网络调查法

➤通过互联网平台、社交媒体等途径，了解黄芪产品的品牌知名度、消费者评论、市场反馈等。

➤分析网络搜索数据，确定黄芪的搜索热度、关键词排名等，了解市场需求。

3. 访谈法

➤到访内蒙古包头市达茂旗石宝镇天创公司黄芪加工基地，与天创公司企业代表交谈，深入了解生产流程、技术应用、销售模式等商业信息。

➤与石宝镇政府代表进行交流，了解政策支持、政府计划以及黄芪产业在当地的地位和发展情况。

➤在黄芪加工基地与农户进行访谈，了解种植过程、成本、收益，以及对产业发展的意见。

4. 实地观察法

➤参观天创公司的生产基地、加工基地，了解黄芪的种植环境、生长状态、管理方式等，直观感受黄芪的生长、产业的特点以及农业工作的实际挑战。

5. 实地体验法

参与黄芪的加工工作，了解黄芪加工的技术难度、劳动成本、技术要求等，对农户的工作有了更清晰、全面的认识。

2. 黄芪产业链路径延伸现状及调研分析

（1）现状

1. 中药材产业链路径

我国中药行业产业链具体结构如图 1 所示。

产业链上游是中药材供应商，涉及种植业、畜牧业和养殖业。从前，中药材供应商多以农户为主，近年来，随着制药企业的不断发展，越来越多中药制药企业涉足中药材种植，代表企业有贵州百灵、云南白药、白云山、华润江中等。

中游是中药企业，以中药饮品加工企业和中成药生产企业为主。代表企业有太极集团、云南白药、中国中药、葫芦娃、片仔癀等。

下游是销售终端，主要包括医疗机构、药店和电商平台。中药通过医疗机构、药店以及电商平台等渠道销售至消费者手中。

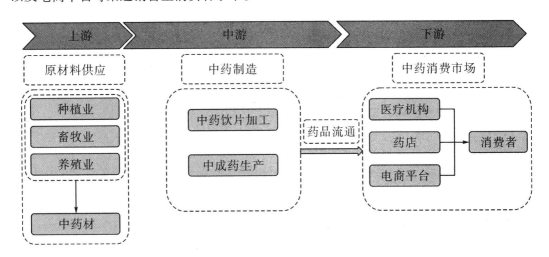

图 1　中药行业产业链结构图

2. 黄芪产业链问题

目前，黄芪产业链问题如图 2 所示。黄芪未形成规模化的种植，目前仍以药农为单位，分户种植，不规范种植一定程度上破坏了生态环境。繁育幼苗以自主育苗为主，加之种植的过程中缺乏科学、合理的指导，导致种子成活率比较低、病虫害问题严重；农药化肥的使用也相当随意，这也造成黄芪的产量和品质大受影响。药农们信息较为滞后，可销售渠道较少。

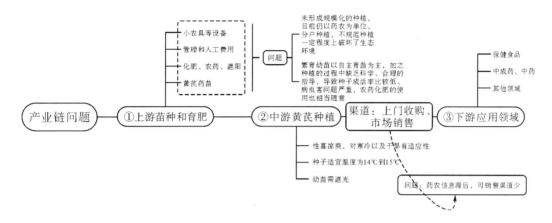

图 2　黄芪产业链结构图

3. 特色黄芪产业

自 2015 年起，包头市达茂旗石宝镇天创公司联合当地政府和农户，从延伸黄芪产业链、提升产业附加值出发，采取"龙头企业+政府+基地+农户"的"1+3"利益联结生产经营模式，在促进产业发展的同时，也带动了当地村民就近就业。同时企业又以低于市场价的价格出售黄芪裸苗，以高于市场价的价格对村民所生产的黄芪进行收购。按照5%的比例计算，每年可增加村集体经济收入 9 万元。车间长期雇佣工人 35 人，每人每月基本收入在 4 500 元左右，务工农民年增收 5 万多元。

（2）实地调研与分析

1. 实地调研

调研共分为前期调研准备、中期实地调研及后期数据分析三部分，具体内容流程如图 3 所示，活动时间地点安排如表 1 所示。

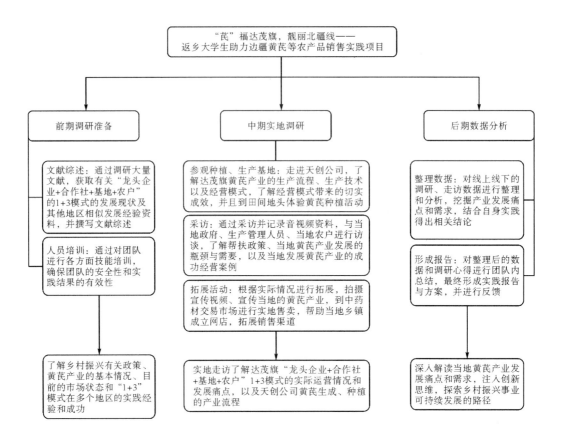

图 3 调研流程图

表 1 实践调研时间安排

活动时间	活动地点	活动内容
2023.8.11	天创黄芪种植基地车间	进入天创黄芪种植基地车间参观，对车间工人与工厂负责人进行采访，向员工发放问卷并收集整理
2023.8.12	田间	作为志愿者帮助当地农户收获黄芪
2023.8.13	天创公司黄芪销售点	向天创负责人了解黄芪目前销路与销售情况，分组到附近黄芪销售点进行为期一天的售货，亲身体验销售岗位的工作，助力黄芪宣传与销售，同时通过与顾客交流，了解黄芪的销售情况与市场地位
2023.8.14	腮吾素村	分组对从事黄芪种植加工工作的村民进行问卷调查，实地了解当前乡村振兴成果与"1+3"模式的发展
2023.8.15	达茂旗石宝镇政府	前往达茂旗石宝镇政府，对党支部副书记进行相关采访；前往达茂旗政府，对达茂旗书记进行采访

2. 调查问卷分析

黄芪药食两用，其年需求量较大且呈稳升态势。由于长期大量采挖，我国野生黄芪资源急剧减少，并有绝灭的危险。作为一种常用的大宗传统药材，黄芪在中药界享有"十药八芪"的地位，产品附加值很高。在健康产业不断发展，人们保健意识不断加强的背景下，以黄芪为原材料的药品和食品种类也越来越丰富。

为进一步了解人们对于黄芪的认知程度，团队通过问卷星软件制作线上问卷，随机对 289 名被调查者（均为内蒙古包头市青山区居民）的消费需求和消费心理进行了问卷调查。

（1）消费者需求

问卷开头通过"您是否知道中药材黄芪"的问题调查黄芪的知名度，结果显示有 63% 的受访者认识黄芪，说明黄芪在该地区的知名度较高。而后，问卷对选择"消费过黄芪"的受访者询问了更为细化的两个问题。

调查受访者使用黄芪的方法偏好（提供"做粥饭""泡茶"以及"入药"三个选项），结果显示消费者对于黄芪更为常见的使用方法是泡茶，具体数据如图 4 所示。

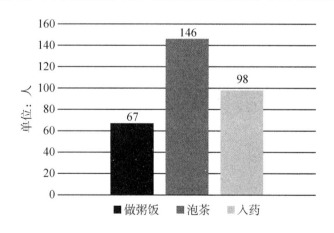

图 4　黄芪不同使用方法对应的消费者人数柱状图

调查受访者对于黄芪系列产品的消费偏好（提供"切片产品""保健食品""酒及化妆品等衍生产品"三个选项），结果显示消费者目前需求量最大的依然是保健类产品。近年来，切片产品等黄芪的粗加工产业，以及酒、化妆品等黄芪衍生品产业虽有向上发展的趋势，但仍未占据较大市场，产业知名度与购买率均相对较低，具体数据如图 5 所示。

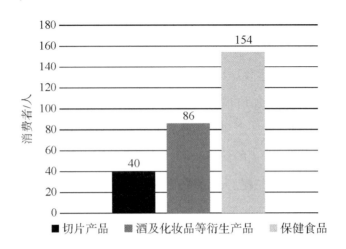

图 5　黄芪不同消费偏好对应的消费者人数柱状图

未来，黄芪产业在发展过程中，应充分考虑消费者实际需求与消费偏好，关注市场规模与前景。

（2）消费者心理

如图 6 所示，相比于黄芪产品的原产地与加工工艺，消费者更关心黄芪产品的有害物质残留情况，注重产品的安全性。由此可见，黄芪的品质好才能获得消费市场的认可。

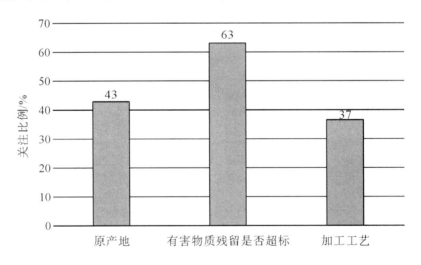

图 6　黄芪产品各类关注点所对应的消费者数量占比柱状图

综上所述，黄芪产业的发展任重而道远，首要任务是提高黄芪知名度，积极宣传推广，让更多的人认识了解黄芪，扩大黄芪售卖市场及消费主人群。其次在扩展产业链的同时要注意市场需求，稳扎稳打，不可急功冒进。最后也是最重要的一点，保证黄芪品质，诚信经营，打造属于自己的黄芪品牌。

3. 实地调研成果

（1）走访当地村民，深入调研了当地"1+3"模式增收实效

团队积极走访了当地村民，与他们进行了深入的交流（如图7所示）。通过与村民的对话，团队了解到当地实施的"龙头企业+政府+基地+农户"的"1+3"模式对于农民的增收实效非常显著。通过走访，团队得知在黄芪加工厂工作的农民可以获得每人每天150元的劳务费，平均每年人均增收5 000元。总之，通过合作社和龙头企业的带动，农民的收入逐渐增加，生活环境也得到了改善，乡村发展的态势良好。

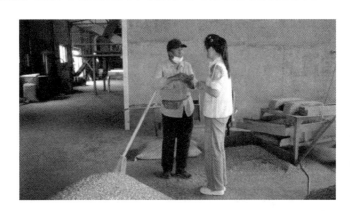

图7　实践队成员与天创黄芪加工基地工人进行交流

（2）探访天创公司，深挖企业发展路径

团队深入探访了天创公司，了解了该企业在黄芪产业方面的发展情况。通过参观黄芪加工基地，团队对黄芪的生产加工流程有了更深入的了解。与公司负责人的访谈也使团队获得了很多关于企业创建历史、经营状况、产品生产流程以及未来发展战略等方面的宝贵信息。

值得注意的是，黄芪在种植上需要轮作，种植三年黄芪就必须更换作物。因而在黄芪空窗期，需发展其他配套产业从而保证村民生活质量。图8为团队成员所摄黄芪苗。

图 8 团队成员所摄黄芪苗

（3）采访当地政府相关工作人员，了解当地人才困境

团队采访了当地政府的相关部门，与石宝镇段副镇长进行了交流（如图 9 所示）。段副镇长说："知识可以改变命运，知识同样也可以改变一个地区，咱们达茂旗现在最紧缺的就是人才啊。"通过这次交流，团队更加深刻地了解到当地人才困境的严峻性和复杂性。政府对于黄芪产业发展给予了积极支持，但在人才引进、培养以及留住方面仍存在一定的困难和挑战。

图 9 实践队采访石宝镇段副镇长

（4）借助新媒体，扩大黄芪知名度

团队提出借助新媒体的建议，通过开设微信公众号"青青草原实践队"对此次实践活动进行宣传，如图 10 所示。公众号共发表两篇实践成果宣传文章。其中《黄芪产业新发展，西财学子助宣传》一篇，阅读量达 830 次，完成阅读量 610 次，点赞量达 250 次，

扩大了本次实践的影响力，提高了黄芪的知名度。通过发布相关内容、宣传黄芪的功效和特点，加深和促进消费者对黄芪产品的认知和需求，促进市场的扩大和销售的增长。

图 10　公众号部分推文内容截图

三、达茂旗黄芪发展问题及原因

（一）达茂旗黄芪发展问题

1. 经济效益低

达茂旗黄芪产业集中于黄芪切片粗加工产品的生产，产业模式单一，且位于产业链上游，产品利润低，附加值小，经济效益弱。

2. 规划引领双缺失

达茂旗黄芪产业存在规划引领双缺失的问题，对特色种植业的谋篇布局能力明显不足。乡镇政府工作人员的思想观念与当前特色种植业发展的总体要求存在一定的差距，创新思维明显不足。且乡镇政府缺乏时间精力谋划特色产业发展，从而使得特色黄芪产业发展相对缓慢。

3. 产销体系不完善

从黄芪种植到黄芪成品销售，这个产销体系并不完善。一方面，由于中药生产周期较长，且前期投入资金较多，较多农民不愿意种植。另一方面，达茂旗基础设施落后，铁路、公路等基础设施仍待完善；同时产品宣传力度不足，销售途径较为单一，与全国各大城市中药材市场距离较远，运输时间较长、成本较高。此外，达茂旗黄芪产业配套不完善，品牌效益低，供应商缺乏，方案无法落地。

4. 人才引育能力弱

人力资源支持能力不足成为达茂旗黄芪产业发展的薄弱环节之一，其根源仍然在于人才引进、人才培育等方面的综合能力明显不足。从人才引进方面来看，达茂旗属于传统的农业区，工业企业发展相对较晚，发展水平相对较低，对高精尖人才的吸引力不足。同时，农业企业化特色化发展起步较晚，相对优质的农业品牌较少，品牌价值低，品牌的吸引能力明显不足。从人才培育方面来看，达茂旗教育资源不足，没有培育特色农业人才的高校与职业技术学院。

（二）原因分析

首先，内蒙古达茂旗地区的人才流失现象比较严重。无论是天创公司黄芪加工厂的厂长，还是团队采访过的镇长，都表示企业快速发展的最大制约是"人手不够"，乡村很多产业没能驶上快车道的原因也在于"人才不足"。越来越多的年轻人离开了故乡，使乡村振兴的过程中很多产业缺少青春活力，缺乏创造力，缺少"领头羊"。

其次，乡村农贸产品停留在粗加工阶段，缺乏深加工。以黄芪为例，黄芪的加工现在仅限于种植、晾晒、切片几个简单的步骤，这就很难让更多的消费者认可，让更大的市场接受，部分原因就在于人才不足、技术有限等。

最后，乡村特色产品的宣传工作还有待加强。团队对比了内蒙古两个黄芪产区——达茂和固阳，发现固阳的黄芪产业发展得更好，其中一个重要原因就是固阳地区的宣传工作做得更好。达茂地区的产品质量很高，但却缺乏有效的宣传，这无疑对销量不利。

四、针对黄芪产业链路径延伸的政策建议

（一）黄芪产业链延伸的保障路径

1. 政策保证

第一，由于农民在种植黄芪时存在一定困惑，政府需要制定政策进行引导，例如建立黄芪育种和种植基地、规范种植过程等。政府还应提供专项资金，对农户的育苗、防治病虫害、购买农机具和修建储藏设施等方面给予一定的补贴，以鼓励农民采用先进、科学的生产方式，从而提升黄芪的生产水平和质量，增加农民收入。

第二，政府需要制定政策引进农业企业，并协调种植户与农业企业之间的关系。引进相关的农业企业，深度参与黄芪种苗基地的发展，培育品质优良的黄芪品种，并增加黄芪的种植面积，以解决长期使用自留种导致产量较低的问题。此外，改善现有"公司+农户""公司+合作社+农户"等模式的利益分配机制，切实保障农民的利益，例如让农民成为企业股东、提高企业收购黄芪的价格等。

第三，政府需要制定政策协调种植户与金融机构之间的关系。在贷款方面，政府应给予种植户贷款担保，协调农户与银行间的关系，为农户争取低息贷款，延长贷款期限。在保险方面，政府应推动农业保险的发展，协调农户与保险公司之间的关系，鼓励农户参保，提高保险的覆盖面。

第四，政府需要制定政策协调种植户与科研院所之间的关系。政府应组织科研院所的专家对种植户进行定期或不定期的培训，同时建立相应的人才队伍服务于黄芪的种植，及时解决农户在种植过程中遇到的问题。政府还应与科研院所展开合作，引进最新的科研成果服务于黄芪的育苗、种植、田间管理与储藏，从而提高黄芪的产量和质量。

第五，政府应加大力度宣传科学种植技术，加深黄芪种植户对于科学种植技术的认识和了解，鼓励他们积极参与相关的培训。

第六，政府可以采用阶梯式的补贴方式激励黄芪种植户，即种植规模越大，单位种植面积所获得的补贴就越多，从而吸引更多的农户种植黄芪，并刺激已种植黄芪的农户扩大种植面积，形成规模经济，提高黄芪的产量，使农户既能获得财政补贴，又能享受到由规模经济带来的收益。

2. 金融支持

第一，银行应该积极发展普惠金融，根据种植户的需求，制定针对黄芪的特殊贷款政策，尤其是针对农机具购买方面的贷款政策，确保大部分种植户都能够申请并获得贷款。同时加大宣传力度，让更多的种植户了解并申请贷款。

第二，保险公司应该深度参与黄芪的生产，根据黄芪种植户的实际情况以及在生产过程中可能遇到的风险，提供相应的投保和理赔方式。与农户、地方政府以及企业展开合作，探索黄芪保险可能的发展方式，为黄芪的生产提供保障。

3. 技术支持

科研院所积极参与黄芪育苗、生产、田间管理、收获与储藏的全过程，针对种植户在过程中遇到的技术问题进行研究，并将研究成果应用于黄芪的生产。此外，科研院所还应与地方政府合作，前往黄芪种植地区为黄芪种植户提供培训，改善种植户不规范的种植习惯。

（二）黄芪产业链延伸的加工路径

1. 加工路径横向拓展

黄芪药材深加工产品。例如，黄芪泡腾片、黄芪茶、黄芪啤酒、黄芪洗护套装、黄芪粗粮饼干、黄芪荞麦乳茶、黄芪祛垢牙粉等。这些产品以黄芪为主要原料，结合其他食材或药材，满足不同人群的需求。

以黄芪为原料的农产品加工和衍生产品。例如，利用黄芪作为主要成分的黄芪当归汤、黄芪猪苓粥等药膳，以及黄芪提取物、黄芪多糖等保健品原料。这些产品可以进一步丰富黄芪产品的品种，满足消费者对健康和营养的需求。

2. 加工路径纵向拓展

加工厂商可以引入新的或更新现有的加工技术，改造或购买先进加工设备，以提高产品的质量，增加附加值，提高企业利润率。在加工厂商引进先进技术与设备时，政府可以制定相关政策给予奖励，鼓励企业更新技术与设备。

此外，加工企业需要积极与科研院所建立合作关系，将最新的科研成果应用到黄芪加工上，生产出营养价值高、品质优良的黄芪产品。在此过程中，政府可以奖励引进并投资加工厂商。

（三）黄芪产业链的销售拓展途径

1. 重视传统销售模式

首先，建立便捷的交通网络，便于渠道商往来于黄芪的种植地、加工厂、农贸市场和超市，从而吸引渠道商收购黄芪及其加工品。其次，政府制定相关政策，安排专项资金以奖励销售能力较强的人员，鼓励更多人参与黄芪及其加工品的销售。最后，完善农超对接、农校对接等模式，并在这一过程中，总结过去的经验，积极与大城市的超市、科研院所等建立合作关系。

2. 大力发展电商产业

首先，建立电商产业园区。一方面培训黄芪种植户，使他们认识到电商对黄芪销售的重要性，熟悉电商销售的流程；另一方面吸引电商企业入驻，带动本地电商产业的发展，增加黄芪及其加工品的销量。其次，鼓励种植户和加工厂商在淘宝、京东等第三方交易平台开设店铺，同时开设特色农产品展销店铺，宣传黄芪的营养价值以及绿色生产、加工的过程，使更多的消费者了解黄芪。最后，吸引物流企业入驻电商产业园区，建设物流中转站，为电商产业的发展奠定坚实的基础。

3. 加大引进销售企业的力度

重视销售企业对黄芪及其加工品销售的重要作用，引进外地的销售企业与本地的黄芪种植户、合作社及加工厂商建立长期的合作关系，签订销售协议，逐步发展为按照订单进行生产、加工的模式。在引进销售企业时，政府应给予适当的优惠政策，鼓励销售企业入驻。

4. 建立规范的营销网络

成立黄芪销售协会，协调黄芪的供应节奏和销售价格，缓解散户的销售价格对公司、合作社和种植大户的冲击。同时建立规范且全面的营销网络，加大黄芪及其加工品的营销力度，加强储藏设施的建设，使黄芪的销售覆盖全年。

参　考　文　献

耿铎文，2017.“党支部+合作社+农户”新经营模式探析：以昌吉市六工镇十三户村玉米专业合作社为例［J］.新疆社科论坛，4：49-53.

李珂，2022.XF农民合作社农产品营销策略优化研究［D］.开封：河南大学.

李准，2020.云南省XF中药种植合作社发展战略研究［D］.昆明：云南大学.

汪延明，翟斌，2019.山地特色农产品产业链上游延伸路径研究：以贵州省紫云县红心红薯为例［J］.经营与管理，9：123-126.

张浩楠，2022.通辽市乡镇政府服务特色种植业发展问题及对策研究［D］.通辽：内蒙古民族大学.

关于四川省眉山市东坡区种粮
成本收益现状与问题的调查研究

赵璇　余洋　梁可　魏西梅　陈亚丽

丁一凡　黄怡馨　张雨佳　曹楠楠　范丹

摘　要 ……………………………………………………………………

民以食为天，粮食安全问题关系到国计民生与社会稳定，一直以来都被我国高度重视。近年来，我国粮食连年丰收，但增速逐渐放缓，粮食安全仍存在一系列问题。其中，农民种粮积极性不高的情况不容忽视，而要想调动农民种粮积极性，保障种粮农民的收益是关键。作为在新时代打造更高水平的"天府粮仓"首提地，眉山市东坡区地处成都平原西南部，既有地势平坦的坝区，也有高低起伏的丘区，种粮主体类型丰富。本文基于2023年眉山市东坡区太和镇、复兴镇两地共计38个农户的调研数据，选取其中8个典型案例对种粮的成本收益展开了深入分析。研究结果表明，该地种粮情况存在以下问题：①种粮成本高，肥料种子等农资产品价格高；②小农户机械化程度低，人力成本高；③粮食种植劳动力短缺，缺乏优质劳动力；④粮食生产存在自然与市场双重风险。为增加种粮农民的收益，提高其种粮积极性，本文建议在健全种粮农民收益保障机制时，首先要实施稳定长效的惠农政策，其次应该提高种粮农民应对自然风险的能力，最后需要完善政府和市场的连接机制。

关键词 ……………………………………………………………………

粮食安全；种粮成本；种粮收益；种粮积极性

一、引言

（一）研究目的及意义

本次调研以四川省粮食主产区眉山市东坡区为研究区，主要研究农户的种粮成本收益及相关影响因素，并在此基础上分析不同类型主体的种粮成本收益差异化的原因。

"洪范八政，食为政首。"粮食安全是关系社会民生的首要问题。对个体来说，饮食是最基本的生存需求。对社会整体来说，粮食安全是农业健康发展的生命线，也是社会和谐稳定的重要保障。2022 年中央农村工作会议提出加快建设农业强国，着重强调保障粮食和重要农产品稳定安全供给始终是建设农业强国的头等大事。近年来，我国粮食生产连年丰收，粮食安全总体有保障。尽管如此，长期来看，我国粮食增速逐渐放缓，粮食等重要农产品供给仍将处于紧平衡状态，粮食安全存在的一些潜在风险须臾不可小视（王洪秋 等，2021）。在影响我国粮食安全的一系列因素中，农民种粮积极性不高是重要原因之一（关振园 等，2023），而粮食种植利润下降是造成农民种粮积极性不高的关键（章元 等，2020）。图 1 为全国历年粮食产量变化趋势图。

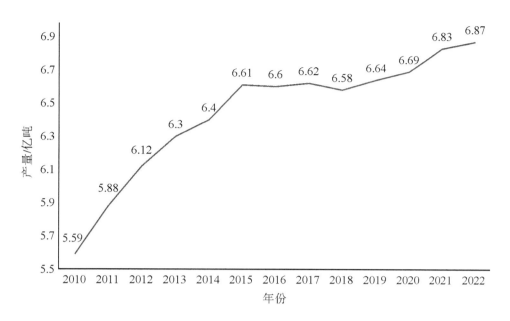

图 1 全国历年粮食产量变化趋势图

2022 年 6 月 8 日，习近平总书记来到四川省眉山市东坡区进行考察，做出在新时代打造更高水平的"天府粮仓"的重要指示。建设新时代更高水平"天府粮仓"示范区，是眉山市深入贯彻习近平总书记来川视察重要指示精神，积极服务国之大者的重要决策部署，是让老百姓过上更加美好生活的重大实践。为加快推进新时代更高水平"天府粮仓"示范区建设，必须把粮食生产抓牢抓紧，充分调动农民种粮积极性，扛稳粮食安全重任。因此，本次实践通过调研目前种粮的成本收益，探究农民的种粮积极性现状，以期为保持粮食供给的持续性和稳定性提供政策启示，对全方位夯实粮食安全根基产生有利影响。

（二）研究方法

紧密围绕种粮成本收益的调研主题，实践队成员在出发调研前积极阅读相关文献资料，进行问卷编写。并且，在实地调研过程中，考虑到部分村民文化程度不高、填写问卷存在困难的情况，采取了村民问卷自填和成员访谈调查相结合的方法。虽然这一方式导致样本量较少，不能支持统计分析，但可以通过对所获得的典型案例进行深入分析，集中了解农户的种粮模式、种粮成本收益情况以及其种粮意愿。一方面，通过单案例研究进行深描，以详尽的内容展示农户在粮食生产中的决策过程，以及具体是哪些因素影响农户的种粮积极性；另一方面，通过多案例对比研究，探索不同类型农户、不同地区农户差异化表现，归纳出影响农户种粮积极性的共性因素和特性因素，从而有针对性地提出相关建议措施，以更有效地保障我国粮食安全和种粮农民利益。

二、眉山市东坡区种粮现状

（一）学术研究现状

目前，学术界对制约农民种粮积极性的因素进行了一系列探讨。具体分析，主要有以下几个方面的原因。

首先，种粮周期长且收益低。与其他经济作物相比，粮食种植周期长且利润较低。不算人工成本，平均每公顷（1公顷=10 000平方米，下同）粮食收益约4 500～7 500元，远低于柑橘等经济作物每公顷接近3万元的收益（罗曼 等，2023）。并且，粮食生产受天气影响较大，在一定程度上存在"靠天吃饭"现象，一旦遇上自然灾害，可能会导致大幅减产甚至绝收。因此，相对于外出务工和种植经济作物，种粮收益较少。

其次，农村劳动力缺乏且老龄化问题严重。伴随着城市化进程的不断推进，大量农村青壮年进入城市务工，导致村庄留守的大多都是年龄偏大、身体健康状况较差、文化程度不高的村民。农村劳动力外流导致的留守村民老龄化现象，会使农业劳动力投入不足，造成耕地出现弃耕、撂荒现象，严重影响了粮食生产（王欢 等，2023）。

再次，种粮补贴力度不大。虽然我国对于种粮农民收益的重视程度越来越高，但从整体来看，粮食补贴政策对种粮主体的激励程度仍然不够。一方面，虽然每年补贴金额总量较大，但是平均下来到每亩（1亩≈666.7平方米，下同）粮食和单个农户的数额较少，无法弥补与经济作物、非农就业之间的收益差距（钟钰 等，2023）；另一方面，我国的补贴政策更侧重于保障粮食安全。我国种粮主体以小农户为主，通过种粮补贴增加小规模农户种粮收入基本没有作用（黄少安 等，2019）。

最后，农业机械化水平不高。地形越复杂，就越会降低农业机械化的推广效率（李升发 等，2016）。眉山市地处成都平原西南部，山峦纵横，丘陵起伏，河网密集，丘陵面积在市域面积中占比较高，存在农机"下田难""作业难"和"存放难"等问题（罗曼 等，2023）。并且，大型机械一次性投入较大，作业成本和维护成本均较高，从而影响了农民对农业机械的投入。尤其是丘陵山区的农户耕地零星分散、一户多块、经营规模小，严重制约了农业生产机械化水平的提升。

（二）地区种粮现状

作为在新时代打造更高水平的"天府粮仓"首提地，眉山市东坡区不断探索打造"天府粮仓"的建设路径。一方面，东坡区积极推动高标准农田建设。2023 年，东坡区计划提质改造高标准农田 6.73 万亩，不断提升农田基础设施配套建设水平。通过一系列具体建设措施，例如土地平整、地力培肥、排灌渠整治、田间生产路整治、农技培训、耕地质量调查等，农田综合生产能力提升了 10% 左右。另一方面，东坡区积极探索以"稻+菜""稻+药"等为主的"稻+X"轮作模式。通过不同农作物的轮作，可以有效改善土壤板结问题，进一步提升高标准农田的地力，实现用地养地相结合。结合高标准农田优势，推广轮作模式，不但保障了粮食安全，村民的口袋也更鼓了。以此次主要调研的眉山市东坡区复兴镇为例，近年来复兴镇依托良好的生态资源，大力发展生态、特色农业，建成"稻+菜（药）"轮作区 6 000 亩。复兴镇是典型的"坝区+丘区"的地形，当地农户在种植水稻等粮食作物的同时，在下半年轮作种植川芎等中药材和其他经济作物来增加收益。

三、调研样本分析与案例分析

（一）样本数据分析

本次调研共获得眉山市东坡区有效农户样本 38 份，包括太和镇关于种粮大户的 2 份调研数据和复兴镇的 36 份调研数据。其中，在东坡区复兴镇所获得的样本分布情况如图 2 所示。按所属村庄划分：金花社区 9 份、五圣村 14 份、山祠村 13 份；按地区类型划分：丘区 23 份，坝区 13 份。

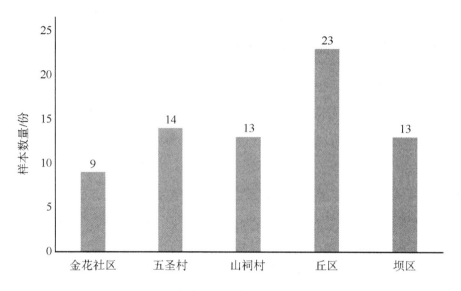

图 2　东坡区复兴镇样本分布情况

　　就样本基本情况而言，样本年龄整体偏大，50 岁及以上人口占到样本总量的 92.11%；样本文化程度普遍不高，小学及以下文凭占到样本总量的 55.26%，这直接反映出种粮主体老龄化和教育水平不高的特点。

　　就调研主体生产情况而言，全职务农和兼业农户的比例为 26∶12，从侧面说明了大多数农村老龄人口由于身体原因，无法从事其他工作，因此全职务农的占比较大。从耕地规模来看，调研主体普遍都是散户，耕地规模一般不超过 10 亩，其中加入合作社的有 14 户，占散户的比例为 36.84%。就经营形式而言，东坡区复兴镇有 4 户农户作为新型农业经营主体，以家庭农场的形式进行经营，耕地规模都为 300 亩左右；而东坡区赵某和罗某两位种粮大户，通过自办合作社形式进行经营，耕地规模分别为 620 亩和 1 030 亩。就高标准农田建设而言，耕地的高标准农田建设相对较少，且大多集中在坝区，可能的原因在于，丘区由于地形起伏相对较大，农田基础设施建设相对困难，因此高标准农田建设较少。

　　此外，在所调研的农户中，采取轮作的比例达到了 78.95%，常见的形式主要是"稻+菜"轮作和"稻+药"轮作，大多数农户表示进行轮作既能够增加收入，又可以改善土壤肥力。在防范农业风险方面，只有 10 户农户购买了农业保险。大多数农户对农业保险的认可度不高，认为保险都是"骗人的"，且表示农业保险的索赔要求太过苛刻和烦琐，因此购买农业保险的意愿比较低。

农户的粮食种植意愿情况如图 3 所示。可以发现，农户普遍表示目前的种粮收益较低，认为种粮挣不了钱。但是，虽然大多农户对目前的种粮收益并不满意，但是当被问到粮食生产态度即是否愿意继续种粮时，大多数农户表示还是愿意继续种粮。这是由于目前的种粮主体基本都是农村留守老人，他们除了种粮无法再从事其他非农工作。此外，这些老人通常对土地有着深厚的感情，不忍心看着土地荒废，愿意继续种粮。但是，同样由于身体原因以及认为种粮收益偏低，他们普遍不愿意继续扩大种植规模，而是仅依靠目前的自耕地，生产一些粮食供家庭自用。

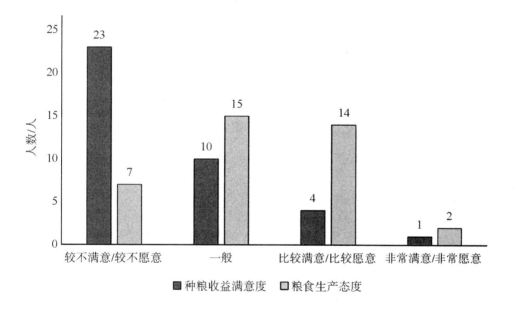

图 3　农户粮食种植意愿

（二）案例分析

1. 高标准农田：眉山市东坡区太和镇

（1）眉山市好味稻水稻专业合作社

眉山市好味稻水稻专业合作社成立于 2014 年 5 月，现有社员 860 名，流转土地面积 8.36 万余亩，辐射周边农户上万户。由于种粮利润低，为保证种粮人的积极性，地方政府出台了系列支持政策，园区范围内土地采取"稻+菜""稻+药（中药材）"等粮经复合模式，力争"千斤粮，万元田"。2022 年，合作社的水稻亩产量达 1 350 斤（1 斤 =

0.5 公斤，下同），售价为每斤 1.31 元，收入为每亩 1 768 元，成本为每亩 1 430 元，利润为每亩 338 元。合作社主要从事水稻、小麦、蔬菜种植，农产品粗加工，农资销售及农机社会化服务。合作社有大型农机具 160 余台（套），实现了耕、种、收、烘干的全程机械化，每年农机社会化服务面积 8 万余亩。

合作社通过统一农技服务、统一农机服务、统一农资服务、统一质量标准和统一产品销售的"五个统一"利益机制，形成了好服务、好标准、好品牌。其中，统一农机服务是指合作社除了满足社员自身的耕种需求外，还通过智能化农机托管代耕、统防统治等服务，让丘陵地区产出更多粮食。统一农资服务是指合作社统一为社员提供优质的种子、肥料、农药，这些农资不但质量好，而且价格低，并且质量安全可以被严格控制。统一质量标准是通过品种示范选择优质稻谷品种，打造稻鸭循环基地，减少化肥用量，提高土壤有机质，加强生物物理防治，减少农药用量，降低土壤农残，做到全程可追溯。

在社员分红方面，合作社利润的 30% 用于为社员交公积金，70% 作为可分配盈余。可分配盈余的 60% 按社员交易量分红，40% 按社员入资额分红。合作社还在积极发展党建工作，成立的党支部建在产业链上，红色党建引领绿色发展，在 2016 年获得了"全省先进基层党组织"称号。

（2）种粮大户罗某

东坡区太和镇种粮大户罗某目前经营耕地 1 030 亩，均为高标准农田，距离好味稻合作社 1.5 公里。其所经营的土地均为流转土地，平均每亩租金 880 元，他和合伙人创办了光明合作社，主要种植作物为水稻。种植模式采用"稻+药"轮作、"稻+菜"轮作和"稻+鸭"共生模式，其中药材是川芎和泽泻。2022 年种植川芎 300 亩，菜心 200 亩，其他蔬菜 500 亩。每年种植面积主要取决于当年的市场行情，并不固定。水稻平均单产为每亩 1 200~1 300 斤。蔬菜的单产与气候紧密相关，2022 年受气候影响只收获了 20% 的蔬菜。

罗某为蔬菜和水稻购买了保险，药材依规定无法购买保险。水稻绝收保险理赔每亩 700 元，由于蔬菜不容易绝收，每亩理赔 200~300 元。雇工方面，蔬菜和药材一般是人工种植、植保和采收，相较于水稻而言需要更多的人工投入。水稻每年雇工每亩 2~3 人，蔬菜每亩 5 人，川芎每亩 13~15 人。另有稻鸭 400 亩、稻鱼 100 亩。

水稻在播种环节用秧盘育苗，插秧机进行移植，机械化喷洒农药。种植水稻每亩花

费 160 元，其中种子每亩 122.5 元，农药每亩 37.5 元。水稻施肥采用人工施肥，且由于
现在水稻使用的都是工业肥，已存在抗体，耐药性比较强，需要逐年增大药量，一般每
亩支出 30~50 元。水稻收获时雇外地收割机，价格为每亩 80 元。水稻销路基本不愁，每
年均以最低收购价卖给政府。种粮补贴为每亩 140~150 元，水稻整体每亩净收入为 300~
500 元。罗某反映种植水稻收入较低，种植水稻意愿不高，主要是通过轮作蔬菜和药材
来增加农业收入。

2. 丘区：眉山市东坡区复兴镇金花社区、五圣村

（1）眉山市东坡区复兴镇金花社区

①案例一

眉山市东坡区复兴镇金花社区的汪某，今年 57 岁，目前与妻子一同在家全职务农。
家庭经营耕地 15 亩左右，其中邻居转让土地使用权的土地 6 亩左右，无高标准农田。主
要种植了水稻、玉米、青菜三种作物。汪某家的农业生产成本收益如表 1 所示。

表 1　东坡区复兴镇金花社区汪某家的农业成本收益分析　　　　单位：元

成本收益项目		粮食		蔬菜
		水稻	玉米	青菜
支出	购买种子的费用	900	500	120
	购买农药的费用	500	90	240
	购买化肥的费用	2 400	200	360
收入		32 000	0	5 000
利润		31 690		

汪某家采用了"稻+菜"轮作的模式，其中水稻种植面积为 12 亩，单产达到 600 公
斤/亩；玉米种植面积为 2~3 亩，单产达到 250 公斤/亩；青菜种植面积 12 亩（与水稻轮
作），单产达到 2 500 公斤/亩。汪某种植的所有作物未参加农业保险。农作物播种、打
药和施肥，均依靠人工完成，仅仅在耕地、水稻收割和运输环节使用了机械操作，且都
属于自家机械。自家拥有的机械包括一台汽油抽水机和一台打谷机，无其他大型机械，
从未购买过其他农业机械服务。汪某表示没有扩大机械作业的原因是家庭劳动力足够，
对其他机械化服务需求较小。该农户去年出售 10 500 斤粮食，自留 4 000 斤粮食，种粮
收入 32 000 元。另外，对于种粮收益满意程度，其表示较不满意。去年其获得种粮农民

直接补贴，总额度为 1 440 元，对粮食补贴政策一般满意。其还表示由于粮食收购价较低、种植成本较高、补贴较少、销售渠道窄等原因，不会因为粮食补贴增加而扩大种植规模。对于经济作物，其表示不太愿意种植这类作物，原因是经济作物的种子成本较高。

②案例二

眉山市东坡区金花社区的李某，今年 59 岁，身体健康，目前在家全职务农，并加入了金某合作社。李某家共经营耕地 8 亩，其中 6 亩为高标准农田，2 亩为转入的土地，且无须支付租金。李某家的农业生产成本收益如表 2 所示。

表 2　东坡区金花社区李某家的农业生产成本收益分析　　　　单位：元

成本收益项目		粮食		蔬菜	
		水稻	玉米	青菜	油菜
支出	购买机耕服务的费用	700		—	
	购买种子的费用	600	200	25	60
	购买农药的费用	200	15	60	20
	购买化肥的费用	100	100	100	100
	购买机收服务的费用	1 000	0	0	0
	雇工费用	800	0	0	0
收入		8 750	2 175	12 000	3 320
利润		22 165			

在种粮方面，李某家种植了水稻和玉米两种粮食作物。其中，水稻种植面积为 7 亩，平均产量为 500 公斤/亩，在生产过程中除使用自家劳动力外，会雇工，播种、打药和施肥环节均依靠人工完成，所有水稻均通过购买机械服务进行收割。玉米种植面积为 2 亩，平均产量为 500 公斤/亩，在生产过程中仅使用自家劳动力，播种、打药、施肥和收割环节均依靠人工完成。上一年，该农户以每斤 1.25 元的价格出售水稻 7 000 斤，收入 8 750 元；以每斤 1.45 元的价格出售玉米 1 500 斤，收入 2 175 元。

出于种植习惯，李某采用了"稻+菜"轮作的种植模式，共种植青菜和油菜两种蔬菜。其中，青菜种植面积为 6 亩，平均产量为 2 000 公斤/亩；油菜种植面积为 2 亩，平均产量为 200 公斤/亩。李某在蔬菜生产过程中仅使用自家劳动力，播种、打药、施肥和收割环节均依靠人工完成。上一年，李某以每斤 0.5 元的价格出售青菜 24 000 斤，收入

12 000 元；以每斤 4.15 元的价格出售油菜 800 斤，收入 3 320 元。

总的来说，李某在生产过程中主要依靠自家劳动力，且家中没有农机，基本依靠人工进行生产，仅有耕地环节和水稻的收割环节购买了农业机械服务。其中，耕地环节是有 41.2% 的耕地购买了机耕服务；水稻的收割环节购买了外省农机跨区服务队的机收服务。李某表示，自家的农业生产规模小，未来没有意愿扩大生产过程中的机械作业比例。与 5 年前相比，李某在生产过程中的农药使用量有所减少，化肥使用量有所增加，始终没有使用有机肥。上一年，李某的家庭总收入为 26 525 元，全部是农业收入，其中种粮收入为 10 925 元。上一年没有参加农业保险，获得过耕地地力保护补贴和种粮农民一次性补贴，并对现有的粮食补贴比较满意。但李某表示，由于种粮收益低、水渠排水不畅、社区道路条件一般等原因，即使未来种粮补贴增加，也不准备扩大粮食种植规模。此外，李某认为，与粮食作物相比，经济作物更畅销、有市场、更赚钱，因此更加愿意种植经济作物。

（2）眉山市东坡区复兴镇五圣村

①案例一

眉山市东坡区五圣村的方某，今年 71 岁，目前在家全职务农。家庭经营耕地 10 亩，其中转入土地 2 亩，主要种植了水稻、玉米、高粱、油菜、青菜 5 种作物。方某采用了"稻+菜"轮作的模式，其中水稻种植面积为 5 亩，单产达到 500 公斤/亩；玉米种植面积为 3 亩，单产达到 225 公斤/亩；高粱种植面积为 2 亩，单产为 75 公斤/亩；油菜种植面积为 5 亩，单产达到 150 公斤/亩；青菜种植面积为 5 亩，单产为 2 500 公斤/亩。因为索赔条件太苛刻，这些作物并未参加农业保险。在农业生产过程中，方某从未雇工，全部靠自家劳动力完成。自家拥有的机械包括打谷机和抽水机，无其他大型机械。除水稻收割环节购买了机械服务，耕地、播种、打药、施肥和收获运输都靠人工完成。关于水稻收获机械服务，方某是通过熟人联系的。方某表示未来没有太大的意愿扩大生产过程中的机械作业比例，主要是因为其觉得自己年龄太大了以及地形因素的限制。问到对种粮收益满意程度，其表示一般。其在上一年获得过种粮农民直接补贴，额度是 120 元。其对粮食补贴政策比较满意，但因为年龄的原因，不会因为粮食补贴增加而扩大种植规模。相比经济作物，其对粮食作物种植意愿更强烈，但其并不想扩大粮食种植规模，主要是因为年龄大了，种不过来。方某家的农业生产成本收益如表 3 所示。

表3　东坡区五圣村方某家的农业生产成本收益分析　　　　单位：元

成本收益项目		粮食			蔬菜	
		水稻	玉米	高粱	青菜	油菜
支出	购买种子的费用	400	400	0	150	250
	购买农药的费用	150	90	60	150	150
	购买化肥的费用	150	150	65	150	150
	购买机收服务的费用	550	0	0	0	0
收入		6 500	0	5 000	2 000	3 500
利润		13 985				

②案例二

眉山市东坡区五圣村的何某，今年55岁，目前是兼业的状态，除了务农，还会帮厨和帮工，帮工主要是帮别人收稻谷挣取人工费。家中经营的耕地总面积为3亩，家中的田地规模都较小、较分散，没有高标准农田。共种植了6种作物，0.7亩玉米、3亩水稻、0.7亩大豆、0.5亩高粱、3亩油菜、3亩青菜，采用了"稻+菜"轮作的模式。从作物的单产情况来看，玉米的平均单产是214公斤/亩，水稻的平均单产为400公斤/亩，大豆的平均单产为14公斤/亩，油菜的平均单产为25公斤/亩。由于高粱只是在田地周围零星种植了一点，收获后也只是拿来做几把扫帚，因此产量几乎为0。在这些作物中，玉米、水稻、大豆、油菜参加了农业保险，但由于理赔过程烦琐，且赔偿较少，所以没有申请过理赔。由于种植规模较小，且雇工的成本太高，因此整个生产过程均是个人劳作，没有雇工，也没有采用机械。与5年前相比，化肥的使用量不断增加。上一年，何某的总收益为10 450元，全部为非农收入，种植的作物没有进行售卖，全部用于自家食用，作物的成本分析如表4所示。全年玉米产量300斤，水稻2 000斤，大豆15斤，油菜150斤；其中，自留粮食2 315斤。总的来说，由于上一年干旱缺水收成不好，何某并不满意。我们也了解到，水源缺乏是当地种植作物的一大问题。目前当地农作物的灌溉用水为井水或者自然雨水，何某迫切希望修建水渠。

表 4　东坡区五圣村何某家的农业生产成本分析　　　　　单位：元

成本项目	粮食作物				经济作物		总计
	玉米	水稻	大豆	高粱	油菜	青菜	
购买种子的费用	80	320	0	0	80	18	498
自购杀虫剂、除草剂等农药的总费用	15	350	25	15	55	45	505
自购化肥的费用	629	143	114	0	83	173	1 142
总　计	724	813	139	15	218	236	2 145

3. 坝区：眉山市东坡区复兴镇山祠村

①案例一

眉山市东坡区复兴镇山祠村的程某是山祠村中典型的种粮大户。他家中有 3 口人，其中 2 人从事水稻种植。他女儿目前在江苏工作，不从事水稻的生产种植工作。程某家经营耕地的总面积约为 250 亩，其中含高标准农田 50 亩；转入土地 245 亩，每亩土地流转租金约为 1 000 元。程某采用了"稻＋药"轮作的模式，主要种植水稻和川芎。每年 8 月份水稻收割后，程某会在土地上种植川芎，以达到土地效益的最大化，获得更多的利润。

程某家的水稻主要采用人工播种的方式，通常是雇佣村中的劳动力进行播种，劳动力来源主要是附近地区年纪较大的劳动力。程某家中农业机械较少，主要向农机公司购买农业机械服务，其中包括耕地服务、打药服务、施肥服务、收割服务。谈及机械作业，程某提到他有提高机械作业比例的想法，主要原因是农村老龄化严重，存在雇工难的问题。因此，他希望在水稻播种、收割等环节提高机械作业的比例，从而节约人工成本。在调研过程中，程某提到自己已经 58 岁了，精力有限，所以没有考虑过继续扩大水稻的种植规模。但他表示，未来几年他还会继续从事水稻种植。针对粮食生产难的问题，程某认为主要原因是种植水稻是一种高投入、低收入的生产。然而，程某也并不太愿意种植经济作物，他认为相较于水稻，经济作物的种植生产风险更高。

对于当前的种粮收益，程某并不是十分满意，他认为水稻种植收益较低。通过整理调研数据我们发现，程某家的水稻种植成本高于收入，上一年程某家水稻种植亏损 34 000 元。此外，程某家上一年获得了种粮补贴 50 000 元，农业种植补贴类型分别是种粮农民一次性补贴和水稻种植补贴。因此，程某种植水稻虽有少量收益，但从整体上看并不乐观。表5为东坡区复兴镇山祠村程某的农业生产成本收益分析。

表5 东坡区复兴镇山祠村程某的农业生产成本收益分析 单位：元

	成本收益项目	水稻	川芎
支出	土地流转租金	245 000	0
	生产过程中的雇工支出	50 000	200 000
	购买机耕服务的总支出	40 000	0
	购买种子的费用	26 000	170 000
	购买机械打药服务的总支出	3 000	7 000
	自购杀虫剂、除草剂等农药的总费用	7 000	7 000
	购买机械施肥服务的总支出	1 000	0
	自购化肥的费用	40 000	120 000
	自购有机肥的费用	0	30 000
	购买灌溉服务的总支出	0	0
	购买收获和运输服务的总支出	22 000	120 000
收入		400 000	1 000 000
利润		−34 000	346 000

②案例二

眉山市复兴镇山祠村的家庭农场主鲁某，50岁，初中毕业，身体状况良好，全职务农。家里经营耕地的总面积为300亩，其中没有高标准农田，土地全部为转入，主要种植水稻和中药材川芎，采取"稻+药"轮作模式；其中水稻单产达到600公斤/亩，川芎单产达到200公斤/亩。因为川芎不属于农业保险投保范畴，并未参加农业保险。自家拥有的机械包括川芎输送机、拖拉机和三轮车，无其他大型机械。除去耕地、水稻打药和水稻收割购买机械服务，播种、施肥和收获运输都是靠人工完成。关于水稻收获机械服务，鲁某联系的是从江苏省过来的收割机。鲁某表示，未来没有太大的意愿扩大生产过程中的机械作业比例，因为会增加成本。水稻采用人工打药和无人机打药相结合的方式，川芎则采用人工打药的方式。由于无人机打药受风向影响，农药会落入别家田地，其采用比例仅为20%。

鲁某上一年家庭总收入有 40 万元，水稻为亏损状态。出售粮食 36 万斤，未自留粮食，出售川芎的净利润约 60 万元。当问到对种粮收益满意程度时，其表示较不满意。上一年其获得过种粮农民直接补贴，额度是 1 440 元。其对粮食补贴政策比较满意，但补贴不能致使水稻种植扭亏为盈，因此其不会因为粮食补贴增加而扩大种植规模。表 6 为东坡区复兴镇山祠村鲁某的农业生产成本收益分析。

表 6　东坡区复兴镇山祠村鲁某的农业生产成本收益分析　　单位：元

成本收益名称		水稻	川芎
支出	土地流转租金	270 000	—
	生产过程中的雇工支出	39 000	50 000
	购买机耕服务的总支出	21 000	—
	购买种子的费用	42 000	75 000
	购买机械打药服务的总支出	5 000	—
	自购杀虫剂、除草剂等农药的总费用	20 000	70 000
	自购化肥的费用	52 000	60 000
	自购有机肥的费用	0	30 000
	购买收获和运输服务的总支出	30 000	135 000
收入		531 000	1 020 000
利润		−52 000	600 000

（三）各地区的种粮特点分析

本次调研的眉山市东坡区在粮食种植模式上均采取了"稻+菜"轮作，"稻+药（中药材）"轮作等粮经复合模式，在种粮基础上会轮作其他经济作物来获取更高的收益。所收获的粮食除了供家庭食用的部分之外，其余大部分都将向外出售。部分农户还发展了"稻+鱼""稻+鸭"共生模式，带来了可观的收入。除了多采用轮作的种植模式外，各地区还有以下种粮特点。

1. 高标准农田（眉山市东坡区太和镇）的种粮特点分析

首先，种粮规模大。与全国农村平均水平相比，太和镇的种粮大户较多，种粮青年占比较高，人均种植面积大，流转土地占比大，且该地区种植种类丰富，主要种植水稻、玉米等粮食作物和萝卜、青菜、川芎、泽泻等经济作物。

其次，机械化程度高。该地区机械化程度较高，以好味稻合作社为例，该合作社有大型农机具 160 台，规模为西南三省之首，另有烘干机 65 台，真正实现了从耕、种、收、烘干的全程机械化。

最后，社会化服务水平高。太和镇的合作社数量较多，合作社规模大且发展成熟，社会化服务水平较高。以好味稻合作社为例，合作社每年农机社会化服务 8 万余亩，每年可为 5 万吨粮食提供烘干服务。

2. 丘区（眉山市东坡区复兴镇金花社区、五圣村）的种粮特点分析

首先，种粮规模小。眉山市东坡区复兴镇金华社区和五圣村的农户整体种粮规模较小，耕作面积达到 10 亩以上的已属于"种粮大户"。主要原因有二：其一是目前村里的青壮年劳动力普遍进城务工，留下的劳动力多为老年人，无法扩大种粮规模；其二是该地处于丘区，地块分散零碎，形成规模种植的难度较大。

其次，机械化程度低，且机械化意愿也低。大多数农户的农业生产过程都是靠人力完成的，少部分会使用机械进行耕地和水稻收割。这主要是由于复兴镇金华社区和五圣村地处丘区，地块零散崎岖，不集中连片，非常不利于机械化的开展。大部分农户未来扩大机械化的意愿不强，这是因为他们觉得种植规模小了，不需要使用机械，靠人力就可以完成，还能节省成本。

最后，多为家庭口粮。农户种植粮食大部分都是为了自给自足，剩下的小部分会拿出去售卖。这也是为什么农户会倾向于种植粮食，而不是收益相对较高的经济作物的重要原因之一。

3. 坝区（眉山市东坡区复兴镇山祠村）的种粮特点分析

机械化程度较高。大多数农户在农业生产过程中会使用机械进行水稻收割。这主要是由于眉山市东坡区复兴镇山祠村地处坝区，田块平整、土壤肥沃、排灌方便、道路通畅，比较利于机械化的开展。但是除水稻收割环节以外，大部分农户未来扩大机械化的意愿不强，这是由于无人机打药会影响周边田地，人工已经基本满足需求，机械化会进一步增加水稻成本。此外，轮作作物川芎的收割需要人工完成。

四、眉山市东坡区种粮成本收益的问题及原因

（一）各地区种粮成本收益的共性问题及成因分析

首先，种粮成本高，肥料种子等农资产品价格高。眉山市东坡区粮食种植户遇到的最普遍的问题就是种粮成本高，集中体现于化肥、种子、农药等农资产品价格日益增高。与此同时，粮食价格涨幅有限，导致种粮利润空间缩减，在一定程度上会影响农民的种粮积极性。

其次，小农户机械化程度低，人力成本高。机械化程度在坝区和丘区存在明显差异。坝区地势平坦，较为集中连片，机械化要么靠使用自家机械完成，要么靠租赁服务实现，租赁服务一般都来自外省农机服务队。丘区问题突出，由于地块分散，崎岖不平，种植规模小，农机操作难以在此地形开展。播种、收割这种可以依靠机械完成的环节，在丘区大多数都是靠人力完成，导致人力成本变高。

再次，粮食种植劳动力短缺，缺乏优质劳动力。眉山市东坡区太和镇的农业大户较多，粮食种植规模化程度高，虽然在一定程度上实现了机械耕作，但在作物管理和灌溉、施肥等方面还需要大量的人力，而该地区普遍存在雇工难且成本高的现状，且劳动力质量未达最佳预期，在一定程度上提高了农业经营主体的种粮成本，降低了其种粮收益。眉山市东坡区复兴镇的种粮主体则大部分都是老年人，老龄化问题严重。究其原因，一是由于粮食种植成本高，几乎没有什么收益，而外出打工的工资更高，年轻人基本外出非农务工赚钱；二是老年人身体健康状况较差，相比外出，留在家乡更方便，且老年人有土地情怀，种植粮食几十年，对土地有感情，不愿意离开，种植的粮食基本也是为了自给自足。

最后，面临自然与市场双重风险。第一，农业生产的一大特点就是周期长，受气候因素影响大。一旦出现极端恶劣天气，如干旱或暴雨，甚至可能会出现颗粒无收的结果。第二，该地区粮食市场销售渠道窄，多为单一被动的模式。小农户粮食生产好后大部分都留着自家食用，少部分会拉到集市售卖，或者等人上门收购。规模户生产的粮食大多都会售卖，但大多数农户没有学习过专业的营销知识，不懂借助互联网等工具，大多是等人上门收购，如果没人收购，就只能自己拿去集市或批发给当地的商超，这种方式十

分被动且收益微薄。据调查，东坡区已开始通过农村电商开发市场，但由于该地农民文化程度普遍不高、经验不足，许多农户对电商的了解不够深入甚至从未听说过，不能将电子商务这一优势最大化，在农产品销售方面仍局限于传统的销售方式，从而影响了农产品的销售。

（二）各地区种粮成本收益的特性问题及成因分析

1. 丘区：眉山市东坡区复兴镇金花社区、五圣村

（1）眉山市东坡区复兴镇金花社区

第一，缺少本地社会化服务。由于本地没有收割机，每年水稻收获之际，许多农户都需要购买外省收割队的机收服务。复兴镇金花社区缺少本地社会化服务的原因可能有二：一是当地农户的种粮规模普遍较小，使用农机完成播种、打药、施肥等环节的效率反而较低，农户购买相关农机并提供社会化服务的意愿不强；二是当地地处丘区，耕地零散，难以形成有能力、有意愿购买农机进而为其他农户提供社会化服务的种粮大户。

第二，尝试种植新的作物类型品种的意愿低。在谈及通过更换作物类型或品种来提高收益时，金花社区农户的意愿明显较低。原因在于：一是更换作物类型或品种的试错成本过高，相较于种粮大户而言，小农户更加难以承担其中的风险；二是部分农户认为，当前本地缺少有效的农业技术支持，无法为农户提供作物类型和品种选择方面的指导。

（2）眉山市东坡区复兴镇五圣村

水利设施覆盖程度低。调研过程中，多数受访者提到复兴镇五圣村存在水源缺乏的问题。灌溉作物基本依靠雨水，但由于去年气候干旱、缺乏雨水，粮食的产量并不是很理想。其原因在于：一方面，五圣村地理位置较偏远，而且位于河流水渠的下游，能够享受的水资源较少；另一方面，五圣村位于丘区，地势不平坦，村中几乎没有集中连片的土地，种植规模较小，总体呈现出小而散的局面，不利于水渠的修建。

2. 坝区（有高标准农田）：眉山市东坡区复兴镇山祠村

第一，自然禀赋不足。复兴镇山祠村的地形以平坝为主。不同于丘区，坝区的土地平整度和灌溉条件虽然较好，但相较于太和镇大规模的高标准农田，该地区的高标准农田数量较少，因此当地的种粮成本较高、农田产能较低，在高标准农田建设方面仍有较大提升空间。

第二，农业经营规模较小。通过对比太和镇的金光村和复兴镇的山祠村可以发现，两

地的农业经营主体存在较大差异，前者的农业经营主体主要为合作社，而后者的农业经营主体多为专业大户。农业经营规模的大小影响了当地水稻种植流转面积的大小，较小的流转面积在一定程度上限制了当地农业机械化发展，进而影响了种粮成本和种粮收益。

五、针对眉山市东坡区种粮成本收益的政策建议

（一）构建稳定长效的惠农政策保障机制

为保障种粮农民收益持续增加，壮大新型职业农民队伍，促使粮食种植业成为大众向往的行业，要做到以下两点。一是要构建大农小农共同发展的粮食支持保护制度，切实保障种粮农民利益，如加大对水稻等重要粮食产品、重点生产区域和规模经营主体的补贴力度；加大对"耕者"的补贴力度，以提高其种粮积极性，保障经营主体种粮的收益。二是要完善主要粮食作物最低收购价政策体系，稳步提高种粮农户收益，如统筹考虑粮食种植的生产成本和所获利润等指定差异化支持政策；探索形成支持农民从事粮食生产的财政、信贷、保险、期货等多元的政策工具和政策框架。

（二）建立科学高效的自然风险应对机制

建立并完善气候变化应对机制、自然灾害应急机制，以此来保障粮食产出稳定、保障种粮农民收益、确保国家粮食安全。建立气候变化应对机制，一方面，需要加强气候变化对种粮农民产出和收益影响的系统性研究，逐步形成各区域农业生产气候应对机制；另一方面，要建立更加完备的农业气象服务体系，完善种粮农民农事生产气候变化应对机制。建立自然灾害应急机制，一方面，需要组建农业气象灾害的风险评估与分析部门，全面建成现代化的农业气象灾害的监测、预报、预警体系和应急体系；另一方面，要成立粮食种植灾害保险基金，逐步设计完善农业自然灾害保险制度。

（三）完善有为政府和有效市场连接机制

保障种粮农民群体的收益既要发挥政府的调控作用，又要保障市场配置资源的作用，既要避免政府过度干预粮食市场，又要防止市场失灵，要实现"有为政府"和"有效市场"的有机衔接。发挥有为政府的作用，实现种粮农民节本增收。一方面，需要政府干预农资市场，降低种粮生产成本；另一方面，构建经营主体与地方政府等多方长效投资

农业生产基础设施的体制机制，推进乡村振兴。发挥有效市场的作用，实现粮食市场优粮优价，需要更加完善市场配置机制，创新市场调控手段，实现从"有效市场"到"高效市场"的转型，让种粮农民"种好种、产好粮、保产量、稳收益"。

参 考 文 献

关振国，丁怡宏，胡尊让，2023. "四维协进"：调动农民种粮积极性的制度建构 [J]. 西北农林科技大学学报（社会科学版），23（4）：104-114.

黄少安，郭冬梅，吴江，2019. 种粮直接补贴政策效应评估 [J]. 中国农村经济（1）：17-31.

李升发，李秀彬，2016. 耕地撂荒研究进展与展望 [J]. 地理学报，71（3）：370-389.

罗曼，罗苹，2023. 在推进农业现代化中调动农民种粮积极性的对策研究：以眉山市为例 [J]. 四川农业与农机，3：16-18.

王洪秋，朱光明，2021. 我国粮食安全的潜在风险及对策研究：基于对种业发展现状分析 [J]. 中国行政管理，4：99-102.

王欢，王灿，毕文泰，等，2023. 农村劳动力外流、农地流转对粮食生产的影响 [J]. 河南农业大学学报，57（3）：503-511.

章元，段文，2020. 困境与共进：乡村振兴背景下的粮食安全与农户增收 [J]. 求索，6：142-149.

钟钰，巴雪真，2023. 收益视角下调动农民种粮积极性机制构建研究 [J]. 中州学刊，4：62-70.

第三部分

建功时代征程，共谱奋进新篇

聚焦"碳中和" 战略目标实现路径

——中国植被固碳能力现状及优化的研究

陈星雨　　陈建东　　杨帆　　刘淼淼　　母佳仪

王思逸　　彭诗情　　徐子力　　张嘉丽　　陆琪　　常佳璐

摘　要

　　基于双碳目标的国际承诺和经济结构转型升级的国内需求，西南财经大学公共管理学院精心筹备并组织了暑期"三下乡"社会实践活动。"碳迹行者"实践队先后走访四川省林草规划部门以及川西4市（州）5县自然资源管理部门，开展碳汇精测方法研究。下原野、入林地，历程2 000多公里，以深度访谈、实地考察等方式丈量红色蜀地，研究"双碳"研究真问题，锤炼"双碳"研究真本领。在省林业和草原调查规划院，实践队深入了解四川省整体碳汇测量的部署计划，并在此基础上针对未来碳汇估计提出西财建议。川西地区植被用地广泛且自然资源丰富，在四川省乃至全国的固碳工作中都发挥着举足轻重的作用。因此，实践队专门赴马尔康市、色达县、道孚县及石棉县等川西市县自然资源局开展植被用地与固碳功能调研，积极推进科研成果转化与互通。实践团队预期使用本次调研成果攻坚碳数据统计核算重点难点，结合多精度遥感卫星数据，测算中国县域行政区和0.5°经纬网格的植被固碳水平与总量，同时采取多时期模型分解植被固碳影响因素及预测增长趋势，并据此形成《中国植被固碳报告》。此报告预期应用至植被碳封存专业领域，争取为加快实现"双碳"目标和推动生态文明建设贡献西财力量。

关键词

　　植被固碳；碳中和

一、引言

习近平总书记指出，实现"双碳"目标，是贯彻新发展理念、构建新发展格局、推动高质量发展的内在要求，事关中华民族永续发展，不是别人让我们做，而是我们自己必须要做。基于"双碳"目标的国际承诺和经济结构转型升级的国内需求，2023 年 7 月中旬至 7 月底，西南财经大学组织成立了学院党委统一领导、优质专业教师带队的"碳迹行者"实践队，队伍成员兼容了公共管理学院党委、双碳领域专业教授、能源经济方向博士和公共管理类本科生，融合了国家绿色发展的方向和学科发展的优势。依托于西南财经大学能源经济与环境政策研究所已有前沿数据与科学资源，实践队前往四川省林草规划部门及西部地区一些市县开展了以"精准测碳汇，助力碳中和"为主题的暑期"三下乡"社会实践活动。在全程 2 000 多公里的行程中，实践队一行以实地考察、专题宣讲、深度访谈等方式，与省林草规划部门及川西 4 市（州）5 县自然资源局深入交流，立足财经专业优势，为提高区域性植被固碳研究水平、增强"双碳"领域基础数据的权威性、加快实现"双碳"目标和推进中华民族永续发展贡献力量。

二、调研目标

基于不同卫星遥感数据和"典型"地区的抽样勘测。本次"三下乡"调研关注 20 年来四川省植被固碳的分布特征和变化趋势,以期总结四川省植被固碳总量的逐年演变特征和分布格局转变,同时直观地对比不同卫星产品对四川省植被固碳总量的分类描述差异。

注重发挥遥感卫星数据和空间可视化技术的优势。本次"三下乡"调研将结合三类高精度的卫星产品分解四川省县域植被覆盖结构和土地利用变化对植被固碳总量的影响。同时关注耕地、林地和草地不同植被覆盖类型的固碳强度,使用双层嵌套的分解技术探究县域层面植被固碳增量的驱动因素,以期审视中国 20 年来不同植被覆盖特征对陆地碳汇的长期影响。

聚焦四川省区县开展更为精准的植被固碳变化量预测工作,捕捉区域异质性、针对性制定固碳和减排政策均具有重要的现实意义,同时加深以往固碳量预测研究的尺度层次和分析深度。

基于差异化固碳地区的实地调研材料,观察并总结四川省市级或县级区域固碳工作的微观特质,预期从经济建设与低碳发展协调路径、城市发展规划的科学性和植被覆盖分布的合理性、生态补偿机制和扩大补偿范围的必要性、制定县域碳达峰与碳中和的战略路径、低碳发展观念和绿色生活方式等方面提出针对性的政策建议。

三、调研意义

立足于国家"双碳"重大战略目标,本次"三下乡"调研不仅有利于拓宽和丰富碳中和领域的研究边界和理论内涵,更有助于为中央政府优化顶层设计、完善"双碳"战略的政策布局提供科学依据,并同时为地方政府制定适宜的"双碳"举措提供政策参考。相关研究既符合"打破学科专业壁垒,瞄准科技前沿和关键领域,推进新工科、新医科、新农科、新文科建设"的学术理念,也高度契合"理工攀登"计划的建设要求;既有遥感信息方向的可视化分析,也有经济管理方向的模型推导与政策评估。充分体现了人文社会科学和自然科学深度交叉融合的理念，真正做到面向世界科技前沿，面向国家重大现实需求，立足我国大地讲好我国故事。

（一）开拓研究视域，拓展碳中和研究边界、丰富理论内涵

本次"三下乡"调研立足于中国碳中和重大战略发展目标和具体实践，将研究视角从碳减排一侧转向更为薄弱的固碳一侧。不仅拓宽和丰富了碳中和领域的研究边界和理论内涵，也为植被固碳的进一步研究提供了视角参考，对今后"双碳"研究具有开拓性的学术价值。既是对现有研究的有益补充，又为制定实际行动方案提供科学依据。

（二）创新获取研究数据，弥补碳中和研究基础数据的不足

本次"三下乡"调研将结合卫星数据测算中国长时序、多类型的区县植被固碳数据集，以弥补现有研究由于基础数据不足导致的固碳研究受限。同时该数据集满足了不同的研究需求和应用场景。现实价值在于为碳中和的研究、碳交易市场的建立以及植被碳汇的测算提供了基础性数据，为评估土地变迁的生态环境效应提供重要参考指标。

（三）突破学科桎梏，交叉融合多学科研究方法与内容

本次"三下乡"调研结合遥感科学技术、地理信息科学空间分析技术（geographic information science，GIS）、空间可视化技术以及指数分解技术等测算中国区县植被固碳数据，揭示植被固碳的时空动态变化过程以及探讨社会因素的驱动影响。力图通过多学科的研究方法和研究内容交叉融合的方法为中国区县植被固碳的变化提供全新的解释。

（四）揭示未来趋势，奠定植被固碳方针政策的核心基调

基于国家重大政策的研究需要，本次"三下乡"调研将预测未来十年植被固碳的演变趋势，分析十年间植被固碳的动态与趋势，同时本项目的预测分析可以作为进一步分析"双碳"变化与碳达峰、碳中和实现的基本信息，依托预测结果准确可靠地分析碳固定的发展，进而确定未来固碳政策的方向与目标。

四、实践内容

（一）丈量红色蜀地，传播西财声音

实践队一行先后到访了四川省林业和草原调查规划院，以及金堂县、马尔康市、色

达县、道孚县、石棉县等川西市县的自然资源局。在省林业和草原调查规划院，实践队深入了解四川省整体碳汇测量的部署计划，并在此基础上针对未来碳汇估计提出西财建议。为了解县级植被固碳的确切情况，实践队与金堂县自然资源局进行深入沟通，获取一手资料和数据，发挥西财优势为完善金堂县绿色产业发展保驾护航。川西地区植被分布广，在四川省乃至全国的固碳工作中都发挥着举足轻重的作用。因此，实践队还专门赴马尔康市、色达县、道孚县及石棉县等川西市县的自然资源局进行调研，积极推进科研成果转化与互通，服务川西基层发展，为川西生态保护和经济发展贡献西财力量。

（二）立足省地优势，精准核算碳汇

西南财经大学能源经济与环境政策研究所自成立以来，始终重点关注卫星遥感数据和人工智能技术在植被固碳领域的运用，目前已完成中国县级二氧化碳排放和植被固碳数据、中国按行政区域和经纬网格划分的子类型植被固碳数据的测算等。但遥感固碳研究尚需突破的问题在于宏观"碳核算"向精准"碳计量"转变，即卫星遥感数据与区域实测数据的精度校准对于精准探究区域植被用地面积与固碳能力具有重大现实意义。据此，省林业与草原规划部门和调研区县自然资源局相关负责人从技术规程、测绘手段及核验样地等方面为实践队提供系统讲解与实操介绍，切实加强了多方交谈的话语深度与合作预期，进一步夯实了基础数据的科学性与完备性。

（三）扎根祖国大地，激发青年热情

"国势之强由于人，人才之成出于学。"作为研究能源环境和低碳发展的科研青年，实践队向各调研地区介绍并展示了遥感卫星数据裁剪、拼接和矫正的流程，同时与各区县自然资源局技术部门的相关负责人现场比对了双方植被用地面积数据。实践队青年学生表示，2022年6月以来，全球局部地区发生的极端高温天气已对自然界和人类社会造成灾害性影响，任何一个国家和地区都不能独善其身，没有哪个人是旁观者，谁也不能置身事外，这一严峻的现实深刻揭示了减少二氧化碳排放和减缓全球变暖的迫切性。基于此，实践队特向广大青年发出倡议：党旗熠熠生辉，团旗迎风飘扬。让我们把"读万卷书"和"行万里路"结合起来，在加快推进能源革命、完善绿色低碳体系、实现中华民族永续发展和全面建设社会主义现代化国家的生动实践中奋力书写无愧于时代的青春华章！

五、研究发现①

（一）中国植被固碳总量与分解

2000—2020 年，中国植被固碳总量保持稳定增长趋势，固碳量区间维持在 98 亿吨~120 亿吨。研究起止期内固碳总量净增长 21.06 亿吨，总增幅为 21.38%，其中固碳正总增量合计 31.88 亿吨。2014—2017 年固碳总量虽有增长，但增速缓慢，且增量水平稳定在 11.6 亿吨左右。与此同时，自 2014 年起全国固碳量超过 115 亿吨，其后 6 年固碳量变化均高于此水平。固碳负总增量合计 10.82 亿吨，其中逐年固碳正增量最大的年份是 2002 年（较 2001 年增长 5.99 亿吨），负增量最大的年份是 2010 年（较 2009 年减少 4.09 亿吨）。基于每五年固碳总量的逐期变化规律，可以发现 2000—2005 年、2005—2010 年、2010—2014 年和 2014—2019 年固碳总量总体表现出"先增后减"的运动趋势，类似地预测 2019—2024（2025）年亦呈现相同变化规律。

2000—2020 年，全国植被固碳总量增加了 18.26 亿吨。其中，植被固碳总量因固碳强度变化增加 20.4 亿吨，因生态型土地结构变化增加 2.2 亿吨，因土地利用变化减少 49.25 亿吨，因人均建设用地变化而增加 33.53 亿吨，因人口规模变化增加 11.30 亿吨。不同植被覆盖类型对全国植被固碳总量的贡献存在明显差异，2000—2020 年 18.26 亿吨植被固碳总增量来源于耕地 7.1 亿吨、林地 6.57 亿吨、草地 4.61 亿吨。其中，植被固碳总量因耕地固碳强度变化增加 7 亿吨，因林地固碳强度变化增加 6.18 亿吨，因草地固碳强度变化增加 6.91 亿吨。

（二）不同遥感卫星数据特点

基于 NLUD-C 产品，团队采用一致性分析和混淆矩阵的方法，评估三类长时序土地覆盖数据的精度水平。具体而言，首先以 NLUD-C 的时间周期为节点对不同数据展开了横向精度对比评估。之后，团队对三类数据开展了分时段的相对精度趋势对比分析。主要结论如下。

第一，不同产品的总体精度、Kappa 系数和一致性水平。在分时点和分时段精度评

---

① 本节选自实践成果《中国植被固碳报告》。

估中，CGLS 数据具有最高的总体精度、Kappa 系数和面积一致性。CCI 数据的总体精度和 Kappa 最低，面积一致性水平较差。MCD 数据位于两者之间。其中，2006—2009 年 CCI 和 MCD 数据的相对一致性水平和相对总体精度均远高于其他时段，既说明 2005—2010 年间中国未发生变化的土地区域面积较大，又证明提高个别土地覆盖类型的探测精度将有助于提升产品的总体评估精度。

第二，土地覆盖分类型的一致性水平、精度状态及趋势变化。CCI 可以较好地识别和绘制耕地和水体，MCD 可以较好地识别和绘制草地和未利用土地。与 CCI 和 MCD 相比，2015 年以来 CGLS 在林地和未利用土地中呈现出最高的识别水平。三类产品对水体及建设用地的识别能力和监测水平均较差。其中，CCI 中建设用地的一致性水平、生产者精度和用户精度在研究各时点和各时段均呈现明显的增长趋势。2005 年起 MCD 中建设用地和未利用土地的用户精度呈现大幅增长趋势。

第三，关注个别土地覆盖类型异常的精度差值区间。在 CCI 和 MCD 的分时点和分时段精度对比评估中，水体的一致性及精度差值区间最大。伴随 CGLS 产品加入研究序列，建设用地的一致性精度差值最为突出，其次是未利用土地和水体，这说明 2015—2020 年间建设用地、未利用土地和水体的用地性质发生了较多转变，且 CGLS 对建设用地和未利用土地的分布描述水平更高。

（三）四川省植被固碳现状

2000 年植被固碳总量 7.898 8 亿吨，2020 年植被固碳总量为 9.396 2 亿吨，总增量为 1.5 亿吨，增幅为 18.96%。其中凉山彝族自治州盐源县固碳正增量最大，合计增长 414 万吨，增幅为 18.42%。阿坝藏族羌族自治州汶川县固碳负增量最大，合计减少 36.3 万吨，降幅为 3.9%。同时，另有雅安市宝兴县（-20.08 万吨）、阿坝藏族羌族自治州九寨沟县（-6.5 万吨）、成都市武侯区（-1.4 万吨）、成都市青羊区（-0.07 万吨）、成都市金牛区（-0.02 万吨）出现负增量。此外，固碳增幅高于 60% 的区县有南充市西充县（62.13%）、顺庆区（62.64%）、高坪区（64.73%）、嘉陵区（67.82%）、蓬安县（68%）和宜宾市翠屏区（63.33%），主要集中于南充市。调研发现，四川省植被高固碳区主要分布于龙门山—雅安—攀枝花形成的高海拔固碳条带区，海拔区间约为 15 千米~40 千米。

六、优化路径讨论及政策建议①

（一）植被固碳作用路径讨论

植被覆盖结构调整和土地利用变化已被证明对植被净初级生产力（植被固碳量的主要衡量因素）和区域生态环境有重要影响，主要表现为植被用地与非植被用地之间的差异比重对区域生态效应的影响。从经济发展的角度出发，建设用地的人为扩建将深刻影响城市用地的结构分配，同时耕、林、草等植被覆盖面积在土地利用中的比重也会相应发生改变，在经济目标导向下或者无科学的土地利用规划中将会对植被固碳总量和生态系统评估产生消极影响。从环境保护的角度出发，土地利用政策或植被覆盖规划可以促进区域植被固碳量的增加。一方面，退耕还林、退牧还草等生态保护政策有助于原生植被的恢复与更新，极大稳固了区域生态环境的可持续性；另一方面，人为科学地干预不同植被的种植结构和土地开发设计，如淘汰固碳能力弱的植被种类并因地制宜种植高固碳潜力的植被种类，或合理开发荒地种植和转换区域耕林草种植比重，将有助于提高人工植被的生态价值和增加区域碳封存总量。

（二）不同遥感卫星数据的适用性选择

基于团队讨论、一致性分析和精度评估结果，同时结合不同产品的属性与内在特征，本文为用户提供以下选用建议。一是跨期观察与评测。相较于其他产品，NLUD-C 产品以高分辨率、高识别水准、高中国地貌贴合度的优势为不同用户提供了每五年为更新周期的中国土地覆盖高精度数据。其定位精准、分类本土化、影像清晰的特点更适用于中国局部区域的土地覆盖精度研究，尤其是地形异质区和过渡地带。二是长时间序列观察与评测。CCI 和 MCD 均能提供中国过去二十年的土地覆盖历史影像，但用于评估中国土地覆盖实况的 MCD 总体精度略高。其中 CCI 使用的 LCCS 体系更为强调"子—属"结构化的定义分类，MCD 使用的 IGBP 体系更为强调植被覆盖利用性质的分类定义，用户可以依据数据周期、分类体系和评估精度针对性地选择不同产品。当然，CGLS 为用户提供了五年短期且连续时间序列的土地覆盖数据，其分辨率更高、识别土地覆盖类型复合区

---

① 本节选自实践成果《中国植被固碳报告》。

更精准的优势更为明显。三是土地覆盖分类型的差别选用。第一，不同产品对不同土地覆盖类型的识别水平不一，建议选用 CCL 分析耕地和水体，选用 MCD 分析草地，兼用 MCD 和 CGLS 分析林地和未利用土地。虽然三类数据对建设用地的识别水平均较差，但仍建议选择精度相对较高的 CGLS 数据分析建设用地。第二，从数据分类体系的角度观察，建议选用 LCCS 分类体系的数据分析耕地、水体和建设用地，选用 IGBP 分类体系的数据分析草地和未利用土地，分析林地可以兼用 LCCS 和 IGBP 两套体系。此外，各产品中林地本身就具有最高的一致性水平和评测精度，十分接近中国林地覆盖原貌，其中 NLUD-C 产品更为关注林地的郁闭度，而其他产品更为强调林地的属性分类，用户也可以依此信息选用不同产品。

（三）关于提高植被固碳量的政策建议

第一，在城市经济发展过程中，政府部门应注重经济建设与低碳发展相协调的高质量融合路径，发展经济不能以自然环境，尤其是以牺牲绿色植被为代价。在低碳发展推进过程中，决策部门应意识到天然植被在地球碳汇中的生态价值，注重原生植被的利用和保护，扩大高固碳能力植物的种植规模，突出植被碳封存对碳中和目标的重要意义。此外，减少二氧化碳排放也是实现碳中和的重要路径，相关部门应针对性地挖掘减少二氧化碳排放和增加二氧化碳封存的双向手段，高效利用城市固碳资源，助推绿色城市建设。

第二，加强城市发展规划的科学性和植被覆盖分布的合理性。伴随经济的快速发展和城市规模的不断扩充，城市原生植被覆盖区域和人工植被种植区仍有被占用、被侵蚀和倒逼缩小的风险。政府决策部门应制定符合城市发展定位的固碳总量目标，结合区域气候条件和土壤环境基础，适时适地调整植被覆盖结构与植被种类比例，力争在城市扩张的基础上达到植被固碳增量的年预期。

第三，完善生态补偿机制和扩大补偿范围。为促进原生植被恢复和扩充植被覆盖规模，中国实行了长期的退耕还林、退牧还草等政策，但其补偿机制尚不完善。以往的生态补偿措施往往着眼于非城镇地区。伴随固碳技术的进步和植物种类的引进更新，区域内的植被覆盖结构也面临着新一轮的科学调整与规划，但这难免造成原生或已有植被的破坏与倒退。因此，有必要将生态补偿的范围扩大至城市全辖区，以高效推进固碳措施落实和绿色城市建设。此外，生态补偿机制对于特殊情况的处理还不成熟。如承载过量的旅游活动致使区域生态系统超负荷承压（对当地居民的补偿），或是因生活观念转变导致部分城镇人口反流至非城镇区，民用住房以及基础设施的建设对该地植被的破坏性处理等。

第四，加快制定县域碳达峰与碳中和的战略路径。县级政府应始终贯彻新发展理念，积极调整能源结构，促进新旧动能转换，从微观层面降低化石能源消耗比重，提升可再生能源利用率。与此同时，政府部门应强化环境规制手段，加大低碳治理的监督和处罚力度，深入推进污染防治工作，倒逼高能耗企业实现低碳转型，鼓励县域企业大力发展低碳科技，"补贴"与"处罚"并行。此外，相关部门可以借助"大数据+环境监督"的技术优势，积极构建现代环境治理体系，夯实多元主体共治的良性环境保护格局，搭建跨区域环境协同保护机制。

第五，倡导低碳发展观念，鼓励绿色生活方式。中国作为负责任的人口大国，始终呼吁人类命运共同体的全球价值观，而温室效应和全球变暖是全人类面临的共同课题，保护环境和践行低碳是地球公民自觉维护生态可持续发展的重要责任。政府部门应加强生态环境保护教育体系建设，提升社会公众的生态文明意识与环境保护素养，推动绿色低碳生活方式融入城市运行体系。

七、团队成果简介

（一）学术专著

实践团队已利用本次调研成果攻坚碳数据统计核算重点难点，结合多精度遥感卫星数据，测算中国县域行政区和 0.5°经纬网格的植被固碳水平与总量，同时采取多时期模型分解植被固碳影响因素及预测增长趋势，并据此形成《中国植被固碳报告》。该白皮书初稿共 9 章，字数约 12 万字。此书预期应用于植被碳封存专业领域，争取为加快实现双碳目标和推动生态文明建设贡献西财力量。

（二）科研论文

基于团队前期研究成果及调研交流经验，实践团队深入探索并评估了不同遥感卫星数据的适用性。评估结果已被国际期刊 *Scientific Reports* 接收并发表，题为 *Accuracy Assess-*

ment of Land Cover Products in China From 2000 to 2020。

（三）获奖情况

节选自调研报告中的 *An Important Driver of Carbon Sequestration by Natural Vegetation：Land Use and Cover Change*，投稿至由国际能源转型学会（ISETS）和联合国亚洲及太平洋经济社会委员会（UN ESCAP）联合发起的首届青年之声大赛，获得国际三等奖，团队受邀前往曼谷联合国会议中心参加会议讨论。此外，本次"三下乡"荣获共青团授予的全国"三下乡"优秀实践团队称号。

（四）媒体报道

本次"三下乡"实践团队工作陆续受到新华网、全国思想政治工作网、学习强国平台、创青春平台等媒体的关注与报道。

参 考 文 献

王灿，张雅欣，2020. 碳中和愿景的实现路径与政策体系［J］. 中国环境管理，12（6）：58-64.

吴茵茵，齐杰，鲜琴，等，2021. 中国碳市场的碳减排效应研究：基于市场机制与行政干预的协同作用视角［J］. 中国工业经济，8：114-132.

张荣博，钟昌标，2022. 智慧城市试点、污染就近转移与绿色低碳发展：来自中国县域的新证据［J］. 中国人口·资源与环境，32（4）：91-104.

张希良，张达，余润心，2021. 中国特色全国碳市场设计理论与实践［J］. 管理世界，37（8）：80-95.

CHEN J, FAN W, LI D, et al., 2020. Driving factors of global carbon footprint pressure：Based on vegetation carbon sequestration［J］. Applied Energy，267（83）：114914.

CHEN J, GAO M, CHENG S, et al. , 2020. County-level CO_2 emissions and sequestration in China during 1997-2017［J］. Scientific Data，7（1）：1-12.

CHEN J, GAO M, MANGLA S K, et al., 2020. Effects of technological changes on China's carbon emissions [J]. Technological Forecasting and Social Change, 153: 119938.

CHENG S, CHEN Y, MENG F, et al., 2021. Impacts of local public expenditure on CO2 emissions in Chinese cities: A spatial cluster decomposition analysis [J]. Resources, Conservation and Recycling, 164: 105217.

GAO M, CHEN X, XU Y, et al., 2023. A multi-dimensional analysis on potential drivers of China's city-level low-carbon economy from the perspective of spatial spillover effects [J]. Journal of Cleaner Production, 419: 138300.

LI Z, CHEN X, QI J, et al., 2023. Accuracy assessment of land cover products in China from 2000 to 2020 [J]. Scientific Reports, 13 (1): 12936.

XU C, WANG B, CHEN J, et al., 2022. Carbon inequality in China: Novel drivers and policy driven scenario analysis [J]. Energy Policy, 170: 113259.

脱贫地区产业韧性建构与人才返乡问题探析

——基于甘洛县的考察

任平　宫兴隆　黄明慧　刘芮含　陈猷芬

李微　陈小梅　杨洪

摘　要 ···

全面实施乡村振兴战略是新时代实现共同富裕的重大战略部署。能否做好巩固拓展脱贫成果和乡村振兴有效衔接工作事关中华民族伟大复兴的战略全局。已有研究多针对产业扶贫作理论性探讨和整体性案例描述，相对忽视了制度性安排下的多元主体互动机制。近年来，四川省凉山彝族自治州甘洛县大力引进项目、发展产业，经济发展增速较快，无疑是探讨贫困治理的优质经验来源。研究选取具有代表性的甘洛县瓦姑录村"梨李芬芳"产业园区，整合韧性治理、行动者网络理论、IAD 框架，搭建了行动者网络的制度供给框架，深入分析其产业韧性建构机制，并横向比较，提炼出产业韧性治理逻辑并提供完善建议。

关键词 ···

乡村振兴；韧性治理；行动者网络理论；IAD 框架；脱贫攻坚；产业扶贫

一、引言

自 2013 年习近平总书记在湘西调研扶贫攻坚时首次提出"精准扶贫"理念以来，我国的扶贫工作稳步推进，经历了脱贫攻坚、乡村振兴等历史阶段。2018 年国务院《乡村振兴战略规划（2018—2022 年）》指出，要"构建现代农业产业体系、生产体系、经营体系，实现农村一二三产业深度融合发展"。2022 年 10 月 16 日，习近平总书记在党的二十大报告中提出要全面推进乡村振兴，坚持农业农村优先发展，坚持城乡融合发展，畅通城乡要素流动。乡村产业振兴被摆在了相当重要的地位，而产业振兴与人才振兴息息相关。

已有研究多从理论层面讨论乡村振兴路径，或者采取宏观叙事，缺乏以案例为基础的深入的治理机制探讨。根据媒体报道，甘洛县目前产业发展势头较好，经济增速较快，建设了"梨李芬芳"产业园等特色园区。作为曾经的贫困县，甘洛县的产业发展为何在短时间内取得如此大的成就？其中蕴含着哪些成功的经验做法？其产业建构机制和发展逻辑如何？其产业振兴与人才振兴的联系如何？为了回答这些问题，本次调研选取瓦姑录村"梨李芬芳"产业园区为调查对象，重点探讨甘洛县的产业振兴路径和人才回流逻辑，试图总结出甘洛县产业振兴的成功经验，为同甘洛县拥有相似发展情况的县域发展提供参考。

二、调研地提要与资料收集

甘洛县位于四川省西南部、凉山彝族自治州北部，地处雅安、乐山、凉山三市州交汇点，素有凉山"北大门"之称。全县面积2 153平方公里，辖乡（镇）13个、行政村127个、村民小组456个，居住着彝族、汉族、藏族、回族、苗族等多个民族，总人口22.55万人，其中彝族人口占77.14%。经过精准识别，甘洛县原有建档立卡贫困村208个，占行政村总数的91.6%，贫困人口达15 315户71 891人，贫困发生率31.88%。贫困程度深、脱贫难度大、攻坚任务重。甘洛县地处山区，瓦姑录村是四川省甘洛县团结乡下辖村，位于甘洛县团结乡北部，属于典型的高二半山区，其独特的地理优势适宜梨树生长。

脱贫攻坚战役打响以来，甘洛县持续加大资金投入和工作力度，强化返贫致贫监测和兜底保障帮扶，2019年208个贫困村、15 315户71 891名贫困人口全部脱贫，高质量在全州率先实现脱贫"摘帽"，经济增速居全州第三位，成为全省乡村振兴重点帮扶优秀县。

2023年6月29日至7月6日，实践团队前往案例地开展了为期7天的暑期调研，深入了解了案例地的产业发展举措，挖掘出治理细节，采取实地观察、半结构访谈、座谈会等方法收集到大量一手、二手资料（见表1），为报告写作打好坚实的基础。

表1　资料收集情况

资料类型	收集方式	资料来源	编码	资料展示（部分）
一手资料	观察资料	甘洛县	图片	实拍图片
		瓦姑录村产业园区（第一书记）	2023.07.03A	访谈记录
		瓦姑录村产业园区（乡长）	2023.07.03B	访谈记录
		甘洛县共青团	2023.07.04M	访谈记录
	现场收集	甘洛县	文本	《甘洛县团结乡瓦姑录村重大项目情况介绍》

表1(续)

资料类型	收集方式	资料来源	编码	资料展示（部分）
二手资料	网络查找	媒体报道	文本	《甘洛县经济社会发展交出靓丽答卷》
	网络查找	政府官网动态、政策文件	文本	中共中央国务院印发《乡村振兴战略规划（2018—2022年）》
	知网查找	知网文献	文本	《项目能点燃甘洛发展"新引擎"》

三、理论基础与分析框架

（一）理论资源

1. 韧性治理

"韧性"与"脆弱性"相对，指事物具有不易被摧毁的性质。物理学中的韧性专指"物体抵抗外力并复原到原来状态的能力"。20世纪中后期，韧性概念被引入系统生态学、心理学等多学科领域，受到社会学家和公共管理学者的关注，最终在韧性理论的基础上发展出韧性治理（Resilience Governance）理论。我国学者最初将韧性治理理论引入城市公共物品治理领域，帮助公共物品系统实现迅速响应、预先研判、综合协同、反弹和快速恢复（何继新 等，2017）。随后，韧性治理理论在城市、社区、乡村等场域得到广泛应用（唐皇凤 等，2019；张勤 等，2021；谭英俊 等，2023）。当前，学界对韧性治理并没有统一的定义。有学者认为社会系统引入韧性治理思想可以增强其抗逆力、复原力以及自我调适能力，塑造出抵抗外界扰动因素冲击的社会韧性（翟绍果 等，2020）；也有学者认为韧性治理是公共治理领域多元主体采取组织变革、社会整合等方式全面提升社会系统抵抗各种风险挑战能力的全新治理方式和治理理念（张斌，2021）。

2. 行动者网络

行动者网络理论包含行动者（actor）、转译（translation）和异质性网络（heterogeneous network）这三个核心概念（Latour，1990），并解读了行动者网络的构建过程（李文钊，2016）。其中行动者是指所有参与到实践中的行为主体，包括人类和非人类行动者，每个行动者的利益导向和行为导向呈现差异化。转译是行动者网络理论的关键所在，贯穿其整个过程，任何行动者都是转译者而不是中介者。转译由四个阶段构成。一是问题呈现，确立核心行动者和强制通行点（obligatory passage point，OPP）。核心行动者提出问题和定义问题的本质，通过为其他行动者指出利益的实现途径从而结成网络联盟。同时核心行动者的问题成为其他行动者进入网络的必经点OPP。二是利益赋予，通过分析所有行动者的障碍和利益，核心行动者按照其他行动者各自的目标赋予相应的利益；三是征召，核心行动者通过各种手段将其他行动者吸引至网络中，使这些人类与非人类行动者通过强制通行点，在网络中完成自己角色的界定。四是动员，核心行动者组织其他行动者形成利益联盟，核心行动者上升为整个利益联盟的代言人，并对其他行动者行使权力以保证网络的稳定运行，在网络中充分发挥自身作用（吴晓林，2020）。在实践中，利益赋予与征召表现为行动者在利益的妥协与调和中走向合作。行动者网络转译过程如图1所示。

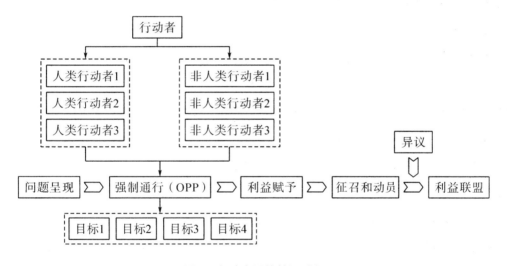

图1　行动者网络转译过程

3. IAD 框架

IAD 框架是奥斯特罗姆基于奥尔森的集体行动理论发展而来的一般性分析框架（Institutional Analysis and Development），用于确认制度分析中需考虑的要素以及要素间的关系，能够帮助人们理解制度如何对人类行为、互动及其结果产生影响，继而促进不同研究领域围绕"制度"进行交流合作。该框架由三部分构成，分别是外部变量、行动舞台和结果评价，其中外部变量是指在制度形成过程中能够对行动舞台产生影响的各种因素，包括自然物质条件、经济社会属性和通用制度规则等类别。行动舞台作为 IAD 框架的核心，是承载不同行动者相互作用、交换商品和服务、解决问题、相互支配或冲突的社会空间。行动舞台包括两部分变量：行动者和行动情景。参与者可以是个人或共同起作用的团体。行动情境是指描述、分析和预测某项制度安排下研究对象的行为过程的分析单位，具体指个体之间互动、交换资源、解决问题以个体与行动情景中元素进行控制或抗争的社会空间。行动舞台中，参与者将根据他们受到的激励而互动，如何互动在规则下是该框架的核心。在给定影响行动舞台结构的外部变量条件下，有助于确认行动舞台、相互作用形成的模式和结果，并对该结果进行评估。

（二）行动者网络的制度供给框架

以上三种理论具有内在契合性，可以有效进行融合，发展出更具解释力的理论。在全国掀起乡村振兴热潮这一制度性背景下，案例地乡村振兴行动者网络的建立过程可以放在制度发展视野下进行分析，能有效解释行动者网络从无到有再到强的韧性逻辑。同时，不同理论之间互相补充完善，行动者网络理论对于有生命行动者与无生命行动者的区分是对 IAD 框架核心行动者的补充，而 IAD 框架兼顾外部变量分析与结果评价，是对强调单一转译这一行动过程的行动者网络理论的完善。

就甘洛县地方政府主导，企业、农民协同参与实施乡村振兴战略，实现甘洛县产业和人才互动发展目标而言，其 IAD 模型主要包括三个部分。第一部分是外生变量，主要包括四个方面：一是甘洛县赖以生存和发展的生态环境基础和资源、要素禀赋；二是脱贫县企业和人才的社会群体属性；三是外部环境的不确定性，包括劳动力市场的发展、制度吸纳、关系拓展、情感驱动等；四是产业和人才互动发展七类行动规则，即边界、位置、范围、权威、聚合、信息、报酬规则。第二部分是行动舞台与互动模式，主要是指在外生变量的基础上行动者与行动聚合情景之间的互动过程。第三部分是互动结果和评价标准。其中，互动结果指产业和人才互动发展目标下的政企产业发展行为互动模式与行动路径所产生的绩效，如经济增收、产业壮大、人才回流与人才留乡等。评价标准即对互动模式与互动结果的评价指标体系。本文基于 IAD 模型的分析框架如图 2 所示。

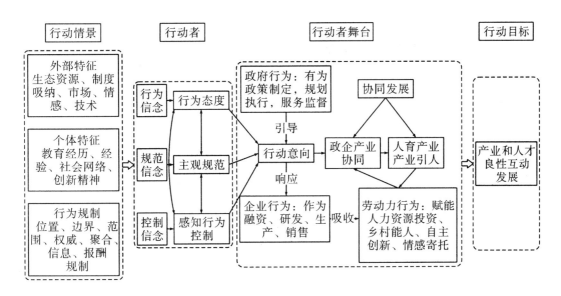

图 2　甘洛县 IAD 框架分析

　　基于此，本文整合以上三种理论，搭建了行动者网络的制度供给框架，详见图 3。这一分析框架仍然延续 IAD 框架对外部变量、行动舞台、结果评价的三分法，但将行动者按行动者网络理论进行有生命与无生命要素的区分，同时，将转译过程看作具体的行动情景，最终的结果评价作为内外部反馈，循环影响制度的延续与更改，最终形成良性的韧性治理逻辑。

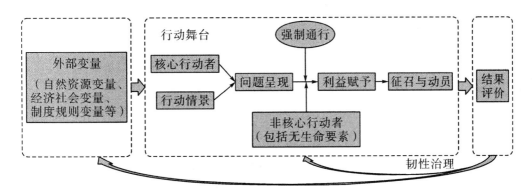

图 3　行动者网络的制度供给框架

四、瓦姑录村乡村产业振兴过程分析

1. 第一阶段：构建乡村振兴行动者网络

（1）瓦姑录村内外部资源的历史积累

①起步阶段：2004—2014 年

瓦姑录村的平均海拔在 1 000~1 100 米左右，多年以前，村庄的农作物以玉米、土豆为主，每户村民的土地一般在 10 亩（1 亩≈666.7 平方米，下同）之下，村民收入较低。转折点在于 2004 年张书记的到来。瓦姑录村的气候、海拔条件适宜梨树种植，村里也有种植梨树的传统，张书记从小生活在这里，对梨树种植比较了解，为了增加村民的收入，张书记充分发挥村子的梨树种植优势，带领村民种植梨树，尽管中途遇到许多挫折，但最后还是坚持下来，打造出成片的梨园，走上商品化种植道路。相比传统农作物，梨树种植大大节省了村民的劳作时间，村民可以将剩余时间投入到其他劳作中，增加收益。

②发展阶段：2015—2020 年

2015 年 11 月 23 日，中共中央政治局审议通过《关于打赢脱贫攻坚战的决定》，11月 29 日，《中共中央国务院关于打赢脱贫攻坚战的决定》发布。借助国家政策的东风，甘洛县结合本县"十三五"规划，打造特色农业产业园区，将团结乡与田坝镇部分区域划为"梨李芬芳"产业园区，并提供脱贫攻坚衔接资金支持，改善道路等基础设施。在这一时期，瓦姑录村梨树种植逐渐规范化，种植面积也扩张迅速，以期发挥"以点带面"的作用，辐射周围乡镇的水果种植产业。

③乡村振兴新阶段：2021 年至今

2017 年 10 月 18 日，党的十九大报告提出乡村振兴战略；2021 年 2 月 21 日，《中共中央国务院关于全面推进乡村振兴加快农业农村现代化的意见》，即中央一号文件发布；2021 年 3 月，中共中央、国务院颁布了《关于实现巩固拓展脱贫攻坚成果同乡村振兴有效衔接的意见》，提出重点工作。一系列中央政府文件将乡村摆在了重要位置。甘洛县作为四川省的贫困地区，担当起巩固拓展脱贫攻坚成果同乡村振兴有效衔接的使命，接收到了较多的政策资源支持，包括东西部对口帮扶、专项资金、政策倾斜等。2021 年，四川振兴集团更是下派"第一书记"进入瓦姑录村，引导参与乡村振兴工作。综上所述，瓦姑录村近二十年来因地制宜，借助国家政策支持，积累了丰富的产业资源，这些资源将为瓦姑录村乡村振兴工作中行动者网络的构建奠定基础。如表2所示。

表2 瓦姑录村资源基础

资源种类	自然资源	政策资源	村集体资源
内部资源	土地	第一书记与村"两委"关于本村的发展规划、村集体经济章程等	农产品、村集体资金、党建资源、劳动力、基础设施等
外部资源	气候条件、海拔等	各级政府关于乡村振兴的政策	乡村振兴专项基金、企业援助等

（2）行动情景：一个转译过程

①问题呈现与核心行动者确立

甘洛县人民政府积极发展县域经济，助力乡村建设。甘洛县着眼于"大产业"与"大项目"，全力以赴谋项目、引项目、争项目、推项目，掀起项目建设"新热潮"。瓦姑录村在全县的项目建设热潮中争创乡村振兴农旅融合示范村，向产业化、园区化、景区化方向发展。

与此同时，作为我国贫困治理和区域协作的一项特有制度，东西部协作为甘洛县带来大量资金与人才支持。2021年，习近平总书记强调："要完善东西部结对帮扶关系，拓展帮扶领域，健全帮扶机制，优化帮扶方式，加强产业合作、资源互补、劳务对接、人才交流，动员全社会参与，形成区域协调发展、协同发展、共同发展的良好局面。"在帮扶制度支持下，四川振兴集团下派张书记作为瓦姑录村"第一书记"，依靠村党组织，带领村"两委"开展乡村振兴工作。图4是实践队采访团结乡乡长和瓦姑录村第一书记。

由此可见，甘洛县政府将"争创乡村振兴农旅融合示范村"作为强制通行点，为未来的行动者网络制定了共同目标，而第一书记与村书记直接面对村民，发挥引领作用，参与劳作事务。甘洛县政府、第一书记、村书记共同构成了行动者网络中的核心行动者。

图4 实践队采访团结乡乡长和瓦姑录村第一书记

②多元行动者的角色界定

在核心行动者确立前后，多元行动者分散于瓦姑录村的内外部资源中，并随着与核心行动者的利益赋予，持续被吸引加入行动者网络的组建，其中包括政府、企业、媒体、村民等人类行动者，也包括资金、基础设施、土地、果树等非人类行动者。各行动者相互连接合作，依据各自的资源禀赋承担不同的角色，获得相应的利益。

政府的作用贯穿行动者网络搭建的全过程，是"核心行动者中的核心行动者"。政府是公权力的持有者，掌握各类资金资源和公共政策制定权，使命是提供公共服务。正是在中央政府的政策支持和地方政府的执政跟进下，大量资源才得以汇聚，为行动者网络的出现创造了条件，第一书记和村书记作为核心行动者，其产生也直接或间接与政府有关。第一书记与村书记兼具引领者与生产者身份，但在分工上各有侧重。

帮扶制度也因政府政策产生，在瓦姑录村乡村振兴工作中发挥重要作用。帮扶机制延续至今。第一条线是东西部协作：浙江省帮扶四川省，宁波市帮扶凉山州，凤华区帮扶甘洛县；另外还有街道对街道帮扶、村对村帮扶等。第二条线是省内帮扶，各企业、事业单位在政府的引领下实现利益整合，通过强制通行点，扮演驱动者的角色。此外，新闻媒体和农户分别扮演宣传者和生产者角色。资金等非人类行动者则扮演物质基础角色。如表3所示。

表3　行动者种类、角色与利益诉求

行动者	类别	成员	角色	利益诉求
人类行动者	核心行动者	政府	引领者	做好本地乡村振兴工作
		第一书记、村书记	引领者、生产者	做好本村建设，完成政府任务，增加个人收入（村书记）
	非核心行动者	企业	驱动者	拓展业务，营利
		事业单位	驱动者	协助乡村振兴工作
		新闻媒体	宣传者	吸引流量，营利
		村民	生产者	增加收入
非人类行动者	—	资金、土地、农产品	物质基础	—

③利益联盟的诞生及其行动策略

政府为企业提供政策、资金、场地支持，企业带来专业技术、资金与市场运作经验，本地村民则弥补了人力资源的空缺，贡献劳动力。行动者网络中的各个主体依据各自的资源特征与其他主体发生互动，既发挥自身优势赋能整个网络，又借助其他主体的资源弥补自身不足，形成利益联盟。各主体获得期望利益的同时，由多元主体组成的整体稳步向着理想目标前进。这一利益联盟在引领者的精心经营下稳定存在，其行动策略如下。

第一，利益生产：拓宽增收渠道。

曾经的瓦姑录村集体经济来源主要为计收水费，经济基础薄弱，村民的个人收入不多，许多村民选择外出打工。2021年10月1日颁布《四川省农村集体经济组织条例》之后，农村集体经济组织得以逐渐规范，高标准梨园基本建成，瓦姑录村开始思考集体经济创收问题。

出于节省成本、最大限度使百姓获益等目的，瓦姑录村创新性地提出"租树不租地"的策略，开展林下种植。瓦姑录村将村民的梨树租借过来统一管理，并按照一定标准将收益进行分红。梨树之下的土地仍为村民所有，鼓励村民种植土豆、黄豆等作物，还引入一家企业种植甜瓜，所得的粮食补贴均归村民所有，最大限度发挥了土地的效益。

由于外出务工、年龄等原因，一些村民对田地的管理逐渐力不从心，针对这一情况，瓦姑录村将土地分块，鼓励有能力、有积极性的村民承包，逐渐培养出一批"种植大户"，这些种植大户转而寻找自己的亲朋好友或者本村村民合作管理，形成良性循环，为本村带来不少就近就业的岗位。正如第一书记所说："村上的老百姓很高兴，不用到远处去打工了，因为一是很多人自己年龄大了，二是家里有老人。如果既能在这附近就把钱挣了，又能把家庭照顾好，那对老百姓来说是比较理想的。"若还有土地未被承包，这些土地将交由第三方专业种植公司进行管理，不会令土地闲置荒废。

另外，瓦姑录村积极寻求与其相关企业合作。例如，瓦姑录村与成都冠生源公司拟建立一个关于梨馅月饼加工的合作项目，已经购买了设备。瓦姑录村已经走出了一条独具特色的发展道路。

第二，利益分配：多元主体利益联结。

瓦姑录村依靠梨园这一核心产业，整合村内劳动力资源，对接社会企业资源，吸收国家政策福利，最大限度拓展了村民的收入来源，摆脱了过去的单一收入渠道，大幅降低了村民的返贫风险，向着共同富裕的道路迈进。参与村集体经济创收的多元主体利益相互联结，已然成为一个利益共同体。例如，在梨园产业中，村民是梨树所有者，村集体是管理者，梨园若有一些套袋、剪枝、施肥之类的工作，村集体优先雇本村的村民进行工作，村民也因此获得了不定期的收入。外来企业获益的同时，也为本地村民带来了额外收益。

瓦姑录村制定了本村的集体经济章程，拿出结余的60%分配给"股东"，剩下的部分用于公共事业发展，比如环境卫生、基础设施建设，还有一部分资金帮助突发困难的群众等。规范的村集体经济管理与年底分红对村民起到了激励作用，越来越多的村民愿意拿出自己的土地加入梨园产业，以求获得更多收益。

2. 第二阶段：持续优化的韧性治理逻辑

（1）党政引领逻辑

中国共产党的初心和使命就是为人民谋幸福，为中华民族谋复兴，在中国治理体系中始终处于领导核心地位。2015年，习近平总书记提出："要把加强基层党的建设、巩固党的执政基础作为贯穿社会治理和基层建设的一条红线。"党的十九大报告和十九届四中全会进一步强调"完善党委领导、政府负责、民主协商、社会协同、公众参与、法治保障、科技支撑的社会治理体系"。可见，中国的党组织体系在基层社会和社会治理中发挥着举足轻重的作用。

党政引领逻辑关注党和政府的功能发挥，要求以基层问题为导向，以党委和政府为组织核心，将民众、社会组织等治理主体统合到一起实现基层治理的动态良性运转。政党通常凭借"组织动员、资源链接、服务链接"三种方式与社会链接，发挥主体补位与社会培育作用。在第一书记的推动下，瓦姑录村规范了村集体事务章程，党支部委员会、村民委员会、村党员之间形成了纵向的层级动员。党政引领逻辑对党组织提出了较高的要求，需要党组织的自我革命。瓦姑录村的第一书记在整合村集体各类资源中起着关键作用，村书记的素质与能力也占据重要地位，正如在访谈中我们所听到的："最重要的领头人，就是村书记。一个村有没有发展，这个带头人非常重要。村书记他首先是党员，在很多问题上讲奉献、讲付出，受得起委屈，耐得住寂寞，并且他要对得起老百姓的信任。"在党政领导的同时，也要做到事事公开透明，尊重村民的意见。

（2）人才培育逻辑

人才振兴是乡村振兴的必然要求之一，当前，瓦姑录村的大多数青壮年劳动力都在外打工，虽然村内缺乏劳动力和人才，但仍然会向村民及时发布就业信息，鼓励外出务工，这与国家和甘洛县的政策有关，也符合实际情况，因为留在村内的收入相对来说还是较少，而外出务工可以增加人与岗位的匹配度，提高收入。瓦姑录村通过不同措施留住人才。首先，培养种植大户的专业技能。种植大户是村内的主要劳动力，许多种植大户是外出返乡人员，本身具有一定能力，瓦姑录村会对村内种植大户统一指导，或者组织他们去外地培训，尽量使得这些种植大户的能力得到充分发挥。其次，遵循"扶贫先扶智"的原则，着力"思想扶贫"，激发村民劳动的内生动力。最后，鼓励学龄儿童读书上学，寄希望于下一代。从实际情况来看，部分青年需要照顾年迈的父母，或者有乡土情结，不想继续在外拼搏，会选择回到家乡工作或创业，还有部分青年在外赚了钱，会对家乡进行投资。这些青年见识较广，能力较强，是瓦姑录村的未来和希望。

（3）产业融合逻辑

2022年，文化和旅游部等6部门联合印发《关于推动文化产业赋能乡村振兴的意见》，将文旅融合列入文化产业赋能乡村振兴重点领域，并从乡村旅游产品开发、品牌塑造等方面，进一步明确了乡村旅游的发展方向，瓦姑录村"争创乡村振兴农旅融合示范村"的目标正是由此而来。瓦姑录村成为甘洛县纪委监委推动基层乡村清廉文化建设的示范村之一，瓦姑录村被打造成集自然生态、农业生产、游览观光于一体的"梨李芬芳"旅游景区，近年，瓦姑录村还获批3A级景区。目前，瓦姑录村已经有5家农家乐，为政府投资、帮扶单位投资、村民自建等，吸引了一些游客，获得了一些效益。总体来看，瓦姑录村的旅游业仍处于起步阶段。

瓦姑录村多产业交错互构，相互赋能，有效增强了产业韧性，抵抗返贫风险。虽然发展旅游业是长期的，但瓦姑录村得到的正向结果评价与反馈鼓励其一步一步走向美好的未来。

五、政策建议

（一）以生态保护引领特色产业打造

要实现乡村振兴，产业兴旺是重点，生态宜居是关键，产业与生态的有机结合为乡风文明、治理有效、生活富裕提供了重要支撑。当前，我国全面建成小康社会，旅游业复苏，大众追求身体健康、食品健康，地方个性比城市共性更重要、更能吸引大众目光，因此应发展生态农业，走高标准种植之路，提高农产品的附加价值。

（二）充分利用新媒体加强宣传营销

当前社会是信息社会，正如"淄博烧烤"，某一个小点变为热点就可能带来巨大流量和收益。要善于运用"两微一抖"等成本低、传播广的新媒体营销方式。在选择营销渠道时，要根据游客属性找到合适的传播渠道。要明确游客经常使用的是哪些新媒体。只有持续提供原创的内容、实用的信息，才能真正吸引用户并树立自己的品牌。

（三）坚持多产业融合发展

乡村一二三产业的融合发展可提供更多的就业机会和渠道，乡村旅游业是第三产业中的新兴产业，其发展迅速，市场潜力巨大，具有很好的发展前景，要能让游客体验到与城市完全不同的乡村生活。当前，案例地均在规划农旅融合道路，要进一步开拓市场，就必须完善食、宿、行、游、购、娱等方面的配套设施。总之，要让游客有便捷交通可到达、有美景可观赏、有丰富活动可参与、有特色纪念品可购买、有特色美食可品尝、有主题旅店可住宿，从而提升游客体验，激发游客购买欲望，进而提升旅游业的综合经济效益。

（四）畅通人才返乡渠道

人才是韧性化产业扶贫的关键，各类人才反哺乡村建设，参与乡村治理，有利于完善基层自治体系，推进乡村稳定可持续发展。近年来，案例地均有外出务工群体返乡的情况，这是一个有利的信号，应在做好产业发展规划的同时，为人才返乡提供更多便捷渠道和资金支持。

参考文献

盖宏伟，牛朝文，2021. 从"刚性"到"韧性"：社区风险治理的范式嬗变及制度因应［J］.青海社会科学，252（6）：119-127.

郭明哲，2008. 行动者网络理论（ANT）［D］.上海：复旦大学.

何继新，荆小莹，2017. 城市公共物品韧性治理：学理因由、进展经验及推进方略［J］.理论探讨，5：169-174.

李文钊，2016. 制度分析与发展框架：传统、演进与展望［J］.甘肃行政学院学报，6：4-18，125.

谭英俊，蒙晓霜，2023. 韧性治理：新时代乡村治理现代化的新思路［J］.中共天津市委党校学报，25（3）：46-55.

唐皇凤，王锐，2019. 韧性城市建设：我国城市公共安全治理现代化的优选之路［J］.内蒙古社会科学（汉文版），40（1）：46-54.

吴晓林，2020. 党如何链接社会：城市社区党建的主体补位与社会建构［J］.学术月刊，52（05）：72-86.

翟绍果，刘入铭，2020. 风险叠变、社会重构与韧性治理：网络社会的治理生态、行动困境与治理变革［J］.西北大学学报，50（2）：160-168.

张诚，2021. 韧性治理：农村环境治理的方向与路径［J］.现代经济探讨，4：119-125.

张勤，宋青励，2021. 韧性治理：新时代基层社区治理发展的新路径 ［J］. 理论探讨，5：152-160.

LATOUR B，1990. Postmodern？ No，simplyamodern！ Steps towards an anthropology of science ［J］. Studiesin History & Philosophy of Science，21（1）：145-171.

河南省濮阳市劳务输出模式
调研及推广升级

马尚洁　蒲乐昕　毕歌　孙冰鑫

霍若彤　王梦洋　谢梦影　丁孜婧

摘　要 ···

后疫情时代，我国就业形势严峻，在经济全球化与改革开放的背景下，开展对外劳务输出对缓解就业压力、推动中国参与国际分工合作起到重要作用。但目前中国对外劳动力输出仍存在政策保障不足、政府监管不到位、行业信息平台不完善、劳务工素质不高、行业竞争力不足等问题。河南省作为人口大省、劳动力输出大省，对外劳务输出是解决当地就业问题、民生问题的重要途径。在暑期"三下乡"实践活动"返家乡"的号召下，本次调研运用文献调查法、实地观察法等研究方法，针对河南省对外劳务输出行业现状、行业成果、行业发展问题进行分析，为解决对外劳务输出行业发展问题提出可行建议，探讨该行业模式升级推广的有效路径，助力对外劳务输出行业转型升级。

关键词 ···

河南省；对外劳务输出；转型升级

一、引言

（一）调查目标

劳务输出是劳动力空间流动的一种形式，其包括国际劳务输出和国内劳务输出。本次调研的对象为国际劳务输出，即向国外派遣劳务工。随着全球化的不断推进，劳务输出行业在国际劳动力流动中扮演着重要角色。本次调研目标有以下两种。

一是了解劳务行业发展历程与现状，包括追溯劳务输出行业的发展历程、参与主体及业务模式，从而全面把握行业的现状。

二是助力劳务输出模式转型升级。通过对劳务输出行业的深入研究，为政府、企业及其他利益相关者提供基于实际情况的决策参考和战略建议，助力河南省濮阳市劳务模式优化升级，以更好地应对行业发展中的挑战与机遇。

（二）调查意义

1. 探索对外劳务输出模式

河南省濮阳市积极响应国家政策，在对外劳务输出方面获得了长足发展。濮阳市是继新县后，河南省第二个发展海外劳务输出的地区；同时也是河南省第一个大批量进行劳务派遣的地区，在河南省具有典型意义。团队通过走访调研濮阳市五家派遣单位与用人单位，探索运营方法、总结输出模式。

2. 总结经验发现痛点，助力企业发展

河南省对外劳务输出存在一些痛点。团队成员通过采访三位已对外输出的劳务工、四家公司的负责人，以及体验项目流程等多种形式，深入探索企业的对外劳务输出模式，同时结合自身思考，总结出更加适应新时代发展的对外劳务输出模式，助力企业发展。

3. 响应国家号召，共创未来发展

发展对外劳务输出是"走出去"战略的重要组成部分，是缓解就业压力、促进人民增收、推动共同富裕的重要举措。在脱贫攻坚战中，河南省借助对外劳务输出，加大扶贫力度，把助推打赢脱贫攻坚战、实施"走出去"战略，与共建"一带一路"倡议、扩大对外劳务合作有机结合了起来。团队成员结合自身专业知识，立足实际，积极向企业与政府建言献策，展现青年担当，为当地的发展贡献青春力量。

（三）调查方法

1. 文献研究

本团队在前期准备阶段广泛查阅和收集了有关劳务输出的文献资料。具体研究方法如下：①在百度、知乎搜索相关文章和评论；②通过中国知网等数据库查找劳务输出发展状况相关文献；③通过各劳务企业官网了解企业发展状况；④通过出国劳务信息网等信息网站了解输出劳务工结构信息；⑤利用中国政府网、河南政务服务网等政府网站了解相关政策和战略部署。

2. 数据获取

为了系统有效地进行调研，团队采取现场调研与深度访问相结合的方式进行调查，并分别设计了针对国有劳务企业中层领导、民营劳务企业高层领导、劳务企业普通职员以及已输出劳务工的采访稿。现场调研内容与采访稿内容有对接之处，因此得以相互补充和印证。

（1）现场调研

现场调研可以提高研究的外部效度，从而可以实证劳务服务企业的劳务输出模式是否高效运作、是否切实保障工人合法权益，以及是否缓解就业压力。

团队前往中石化中原石油工程有限公司海外工程公司、河南君诚对外经济技术合作集团有限公司等劳务输出企业进行实地调研，参观企业日常经营与组织培训等活动，并在此基础上完成调研报告。

（2）深度采访

团队采用深度采访的方式，针对不同身份收集不同视角的观点看法，并就此进行深度分析，进一步调查研究劳务企业输出模式取得的成效和存在的问题。实践过程中，团队和派遣单位对话、与务工人员进行访谈，并与濮阳市商务局及相关劳务企业工作人员取得联系，了解到劳务输出行业发展状况与企业劳务输出模式，对后续工作的开展起到了积极作用。

二、劳务输出行业的现状及调研分析

中国的劳务输出开始于 20 世纪 70 年代末、80 年代初，而濮阳市劳务输出开始于 90 年代国有企业改革时期。数据显示，社会劳务输出行业发展可划分为兴起、鼎盛、瓶颈、冲击四个时期。本文将从行业发展历史、行业三方关系、三方主体角色方面阐述行业现状。

（一）发展历史

1. 四个时期

根据输出的各类劳务工人数和变动幅度，2005 年至今的劳务输出可以被划分为兴起（2005—2009 年）、鼎盛（2010—2014 年）、瓶颈（2014—2019 年）、冲击（2020 年至今）四个时期，对比分析如表 1、图 1 所示。兴起阶段，年平均输出各类劳务工较少，但呈较快增长趋势。鼎盛时期，年平均输出各类劳务工较多，且每年均呈正向递增状态，但增长速度有所减缓。瓶颈时期，年平均输出各类劳务工数量较多，但变化幅度较小，数量趋于稳定。冲击时期，输出各类劳务工数量减少。由于 2005 年前数据缺失，故本处不做分析。

表 1 2005—2022 年劳务规模统计表

	年平均输出劳务人数/万人	年平均输出劳务变化率/%
兴起（2005—2009 年）	36.38	10.34
鼎盛（2010—2014 年）	49.28	7

表1(续)

	年平均输出劳务人数/万人	年平均输出劳务变化率/%
瓶颈（2014—2019 年）	50.5	-2.72
冲击（2020 年至今）	29.43	-16.90

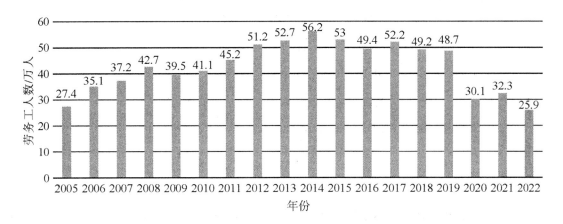

图1　2005—2022 年劳务工统计表

2. 行业现状

当今行业正处于冲击阶段，有内部、外部多方面原因。接下来，本文将从该行业受冲击的原因、企业数量、行业结构三个方面重点分析现阶段该行业的现状。

（1）行业受冲击的原因分析

一是新冠病毒感染疫情。突如其来的新冠病毒感染使全球经济断崖式下跌。世界银行发布报告称，2020 年世界经济同比下滑约 4.3%，波动较为剧烈。

二是工资差距缩小。国内外工资差距缩小，一线城市务工薪资与国外薪资基本持平。2022 年城镇非私营单位就业人员年平均工资为 106 837 元，私营单位就业人员年平均工资为 62 884 元。劳务工在一线城市工作获得的可支配收入与其在国外地区获得的收入基本持平，故劳务工更多选择在国内一线城市务工。

三是人工成本上升。近年来，随着我国劳动力成本不断上升，劳动力成本低的优势不再显著，第三国劳务合作新模式悄然兴起，主要表现为对外承包工程企业从劳动力成本更低的越南、柬埔寨、孟加拉国等国家招收外籍务工人员。2005—2022 年，我国输出劳务工变化如图 2 所示。

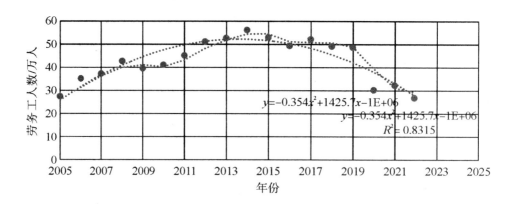

图 2　2005—2022 年派出劳务工变化图

（注：图 2 中实点为实际劳务工数量；虚线为二阶多项式趋势线，预测方程为 $y = -0.354x^2 + 1425.7x - 1E+06$）

（2）劳务派遣企业数量

根据中研普华产业研究院数据，2019—2021 年我国劳务派遣企业数量如表 2 所示。

表 2　2019—2021 年我国劳务派遣企业数量表

年份	企业数量/万家
2019	4.8
2020	5.6
2021	6.5

国家商务部数据显示，现阶段各省有资质的对外劳务合作企业呈现较大的地域差异。具体如图 3 所示。

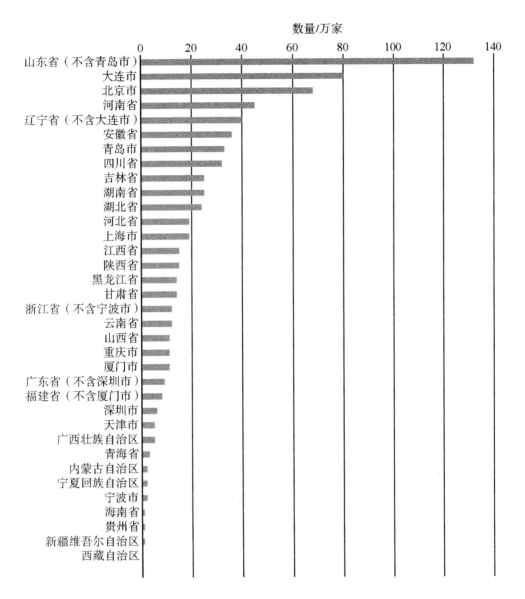

数量/万家

图3　各省拥有资质的对外劳务合作企业

劳务企业总数高达6.5万家，除去在全国有资质的对外劳务合作企业738家，其余企业均扮演派遣单位的角色。各中小派遣单位之间竞争激烈、同质化现象严重。

（3）行业结构

劳务派遣用工模式灵活、人力成本低，为众多行业所青睐。现今所涉及的主要行业包括制造业、服务业、建筑业、邮政业、电力行业和石油化工业等。劳务派遣工占职工总数比例较高的行业是建筑业。

（二）行业三方关系

目前，劳务派遣行业参与者主要是三方人员，分别为派遣单位、用人单位、劳务工，其之间的关系如图4所示。派遣单位扮演中介的角色，为用人单位提供劳动力资源。用人单位通过与派遣单位合作获取劳动力。劳务工是被派遣到用人单位工作的个体或群体。在劳务输出行业中，派遣单位充当人力资源供应商，用人单位是劳动力需求方，劳务工则提供劳动力服务。三方合作实现了劳动力的流动和资源优化配置。所以本次实践要从三个方面进行调研，即派遣单位、用人单位、劳务工。

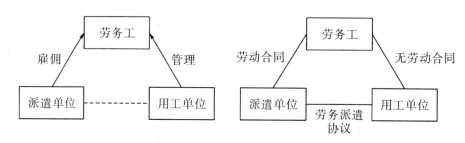

图4　三方关系模式图

（三）三方主体角色

上文介绍到本次实践从派遣单位、用人单位、劳务工三个方面进行调研。在濮阳市实地调研过程中，我们分别选取了具有代表性的公司和人员进行调研。对于派遣单位方，我们选择模式成熟的河南君诚对外经济技术合作集团有限公司。对于用人单位方，选择位居全球国际承包商（ENR）250强的中石化中原石油工程有限公司海外工程公司。对于劳务工方，选取三位具有代表性的劳务工进行分析。

1. 三方关系中的派遣单位——以河南君诚对外经济技术合作集团有限公司为例

河南君诚对外经济技术合作集团有限公司是濮阳市劳务输出行业的龙头企业，历经二十余年的发展，其劳务输出服务形成了立体化与一体化兼具的成熟体系，为濮阳市劳务输出的发展做出了卓越贡献。下文将从企业概况、自主培训方式、核心竞争优势三个方面进行介绍。

（1）企业概况

河南君诚对外经济技术合作集团有限公司（以下简称"君诚"），是经中华人民共和国商务部批准的具有合法资质的大型对外经济技术合作公司，自成立以来，积极落实"走出去"战略思想，在国内外享有较高声誉。企业主要开展国际劳务合作、工程承包等涉外业务。企业劳务输出业务辐射范围广泛，涵盖日本、韩国、新加坡、阿联酋等三十多个国家和地区，累计外派劳务工达 15 000 余人。

（2）自主培训方式

与一般企业采用的委托培训不同，君诚的各类培训服务全部由其附属的专业职业培训学校负责提供，无须外包给其他培训机构；企业可提供专业技能考试场地，并组织相关语言考试、发放语言等级证书，工人无须赴外地参加考试；除提供语言、技术培训外，另有经验丰富的工人作为师傅传授相关职业经验。

（3）核心竞争优势

作为濮阳市劳务输出龙头企业，君诚具有五大显著的核心竞争优势。其一，承接大量一手订单，直接与海外企业对接，不用再经过国外中介公司，减少中间环节和中介费用，为输出工人提供便利；其二，渠道正规，具有劳务外派合法资质，劳务输出安全可靠；其三，对外劳务合作范围广，可供选择的工种丰富多样，且多与"中字头"企业合作，项目风险较为可控；其四，承接大型专有项目，能够在全国范围内吸引务工人员；其五，可自主提供专业化、一体化、便捷的培训及考试服务。

2. 三方关系中的用人单位——以中石化中原石油工程有限公司海外工程公司为例

石油化工产业是濮阳市的一大支柱产业，长久以来，中石化中原石油工程有限公司海外工程公司（以下简称"海工"）的发展为濮阳市经济增长、扩大税收做出了突出贡献。下文将围绕企业发展概况、劳务工人员构成、劳务工培训状况三个方面进行介绍。

（1）企业发展概况

海工隶属于中石化中原石油工程有限公司，位居全球国际承包商（ENR）250 强，每年总产值约占据中原石油工程有限公司的三分之一。企业的日常经营集中于承包海外石油、化工等业务及其相关劳务工外派与管理工作。企业业务覆盖地区范围较广，主要集中于沙特阿拉伯、非洲（南苏丹、北苏丹、乌干达、乍得等）、科威特、哈萨克斯坦。企业于 2002 年起正式开展海外劳务派遣业务，2019 年外派劳务工 6 915 人，居河南省首位。截至目前，企业共有 33 支队伍，约 5 000 名劳务工于海外开展工作。

（2）劳务工人员构成

企业外派劳务工分为合同制员工、合资公司员工及项目化员工三类。合同制员工即与企业签订有劳务合同的正式职工，其五险一金、社保均依照国家规定发放。合资公司员工主要来自合资公司，与合同制员工差异较小，同样享受年金等一系列待遇。项目化员工主要面向社会招收。三类员工中，合同制员工占比达 80%。近五年来，合同制员工招聘规模不断缩减，为保持海外项目正常运作，企业逐步扩大项目化员工招收规模，目前人员招聘以项目化员工为主。

（3）劳务工培训状况

派遣单位对劳务工进行初级培训后，为进一步满足自身的用工需求，企业还进一步为工人提供培训。其一，安全培训，企业会以讲座、演练等形式定期组织紧急避险培训、火警培训等安全培训。其二，语言培训，除涉及日常沟通的公共语言培训外，企业还会针对油气项目进行专门培训。其三，技能培训，以项目需求为导向，帮助工人考取相关技能证书。其四，人才储备培训。

3. 三方关系中的劳务工

濮阳市劳务输出主要有两类，一类是以海工为代表的工程公司主导的承包工程类派遣，另一类是依托以君诚公司为代表的派遣单位开展的劳务合作类派遣。其中劳务合作类派遣约占劳务输出总量的七成，承包工程类派遣占三成。由图 5 可知，疫情使河南省与濮阳市的劳务输出均受到较大冲击，濮阳市劳务输出规模缩减尤为显著。海工等国有工程公司稳定性较强，受疫情影响有限，而君诚等民营派遣单位，受疫情影响较大。濮阳市劳务输出人口规模变化也在一定程度上反映了濮阳市劳务输出的人口组成。以下将从年龄、性别、受教育程度、技术水平、务工地区、薪资水平等层面对劳务工结构特点进行具体分析，并对海外务工影响因素与不同人群海外务工情况进行介绍。

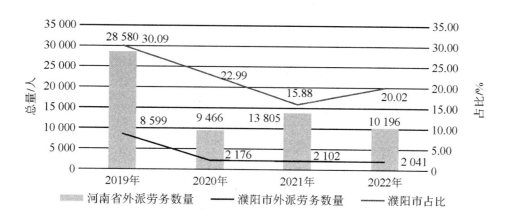

图5 2019—2022年外派劳务总量统计图

(注：该数据为河南省统计局及濮阳市商务局统计数据)

（1）工人结构特点

年龄结构以青壮年人口为主。根据出国劳务信息网的数据，如图6所示，濮阳市劳务工以20至45岁的青壮年人口为主，其中20~35岁、35~45岁两年龄段人口数量较为平均，分别占比40%与42%；45岁以上中老年人口占比较少，为18%。年龄结构与河南省劳务工年龄结构基本一致。20~45岁青壮年人口在体能、受教育程度、思想观念开放程度、培养潜力等方面具有一定优势，市场需求量较大。而45岁以上的中老年人口受制于健康状况、家庭状况及传统观念等因素，市场需求量有限，输出规模较小。

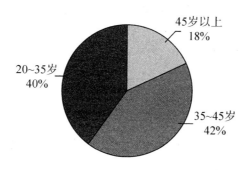

图6 濮阳市劳务工年龄结构

性别结构以男性为主。根据君诚公司的数据统计，劳务输出性别差异较为显著，男性占比为80%，女性占比为20%，如图7所示。目前濮阳市劳务输出仍以体力劳动为主，男性存在一定的生理优势，男性劳务工数量远多于女性。而女性则在护理、精密零件加工等行业相对更具竞争力。

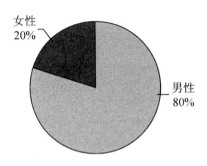

图 7 劳务工性别结构

受教育程度以中等教育水平为主。由出国劳务信息网及河南省统计局数据可知，如图 8 所示，目前濮阳市劳务工受教育程度以中等教育水平为主，占比为 41%，高于全省中等教育水平 23%；初等教育水平次之，占比为 38%，低于全省初等教育水平 58%；高等教育份额最少，占比为 21%，低于全省高等教育水平 23%。劳务输出工人受教育程度平均水平为 11.7 年，高于河南省平均水平 9.79 年，但高等教育水平占比较低，仍存在较大提升空间。

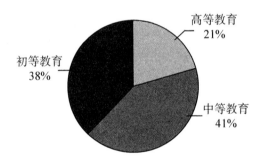

图 8 劳务工受教育程度情况

技能水平较低，高级技术人员稀缺。由《河南省对外劳务输出发展研究》数据可知，如图 9 所示，劳务工技能层次分化明显，建筑工人等普通技术工人占比 68%，医护人员等专业人员占比 28%，而工程师等高级人员占比仅有 4%。劳务输出仍以劳动密集型为主，高级技术人员十分稀缺。

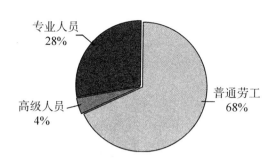

图 9　劳务工技术水平情况

职业类型多样。劳务工主要涉及建筑、缝纫、纺织、食品加工、机械、渔业和种植等普通劳务性工作，康养服务、家政服务、船员等技术型工作，以及科研等知识密集型工作。其中建筑行业占比最大，约为 50%，制造业与服务业次之，分别占比约 30%及 10%。

地区分布多元化。劳务工务工地区以韩国、日本等东亚地区以及新加坡等东南亚地区为主，亚洲地区总占比为 58%；其次为非洲、中东地区，占比分别为 23%与 13%；美国及欧盟地区份额较少，占比为 6%。劳务输出已基本形成了以"东亚、东南亚为主，非洲、中东为辅，欧盟及美国取得进展"的多元化市场格局。劳务工地区分布如图 10所示。

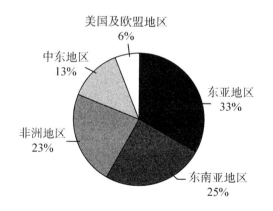

图 10　劳务工地区分布

（注：该数据来源于君诚公司）

薪资水平较高。由调查统计数据可知，近五成劳务工年收入可达 10 万至 15 万元，劳务工年平均收入约为 12.35 万元，高于河南省年平均收入 7.63 万元。相较于国内而言，劳务输出薪资水平较高，这也是吸引工人海外务工的关键因素之一。劳务工年收入水平如图 11 所示。

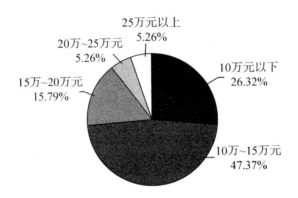

图 11　劳务工年收入情况

（注：该数据来源于劳务输出状况问卷调查）

（2）海外务工影响因素

根据调查走访所得信息，海外务工影响因素可分为动力因素与阻力因素两类。

一方面，吸引工人的动力因素主要为拓宽视野和高额薪资。一是拓宽视野。近年来，随着交通、通信等技术的不断发展，国内外时空距离不断拉近。劳务输出为人们拓宽视野提供了更多渠道。二是较高的薪资水平。薪资水平作为就业选择的关键因素，对于劳务输出的影响同样举足轻重。多年来海外务工以其较高的薪资水平吸引了大批劳务工。海外务工动力因素情况如图 12 所示。

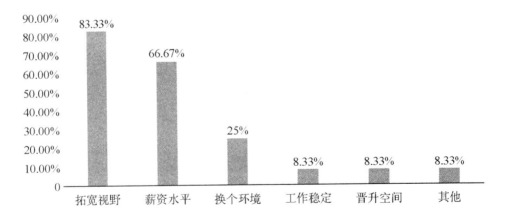

图 12　海外务工动力因素情况

（注：该数据来源于劳务输出状况问卷调查）

另一方面，家庭、诈骗风险、环境差异成为劳务输出的阻力。一是家庭牵绊。受传统观念影响，家庭照料成为海外务工的一大阻力。二是诈骗风险。截至 2020 年，河南省发生欺诈劳务者案例不少于 400 起，其中有很多不具备合法资质的中介组织假借劳务输出高工资的名义来骗取高额保证金，派遣单位的可靠性也成为劳务工的一大顾虑。三是环境差异。国内外语言、文化、气候、习俗等自然与人文环境差异较大，对劳务工而言适应难度较大。四是地理距离遥远，工人往返受到一定限制，一定程度上增加了外出务工的顾虑。海外务工阻力因素调查如图 13 所示。

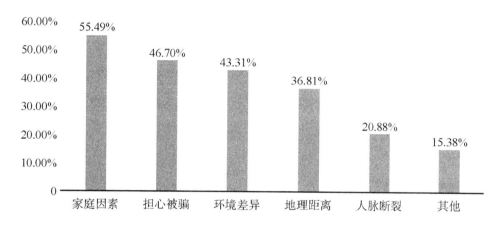

图 13　海外务工阻力因素情况

（注：数据来源于劳务输出状况问卷调查）

（3）海外务工情况

不同阶段、不同层次的输出劳务工具有不同的海外务工体验。

一是早期输出的普通工人务工情况。据线下访谈资料可知，濮阳市早期输出劳务工以下岗工人为主。早期输出工人技能水平较低，且出国前未接受语言、技能等培训，因此多从事脏、险、苦的工作，海外工作条件较为恶劣。但由于薪资水平较高，因此许多早期输出劳务工的海外务工时长超过十年。

二是近期输出的普通劳务工务工情况。近年来，劳务输出行业发展日益成熟，前期培训及后期保障体系较为完善。输出前的语言、技能培训和输出后熟练工人的带领与指导，能够有效帮助工人熟悉工作环境、适应当地生活。许多海外用工公司为工人提供食宿津贴，如在新加坡等劳动保护制度较为完善的国家，工人工作与休息时长等权益得到了更为全面的保障。国内外薪资差异显著缩小，已由 7 倍下降至 2 倍左右。

三、劳务输出行业成果及经验分析

（一）劳务输出的效果

在现有对外劳务输出模式下，2022 年，濮阳市对外承包工程和对外劳务合作完成营业额 67 188 万美元，同比增长 18.7%，总量居河南省第 3 位。截至 2023 年 7 月 24 日，河南省商务厅公布了全省对外合作企业名单，在 45 个企业中，有 6 个是濮阳市的，数量居全省第 3 位。

（二）劳务输出的意义

1. 增加劳务工收入

对外劳务输出是借力国际就业市场、实施技能增收的现实需要。对外劳务输出通过提供就业岗位，使劳务工通过就业取得报酬。同时，当前国际劳务工工资水平较高，劳务工通过该途径能取得更高收入。

2. 缓解就业压力

我国就业工作既面临错综复杂环境变化带来的新问题新挑战，也迎来高质量发展和社会主要矛盾变化带来的新机遇新要求。

河南就业形势复杂多变，总体稳定但部分行业就业压力依然较大，就业减少趋势未根本好转。中、小、微企业受疫情影响较大，就业形势不确定性仍然存在，就业岗位数量不能满足庞大的人口就业需求。统计数据见图 14。

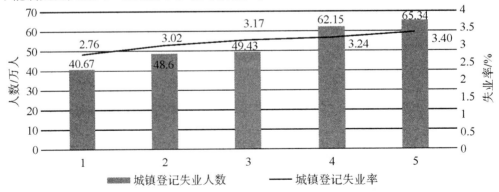

图 14 2017—2021 年河南省城镇登记失业人数及登记失业率

（注：该数据来源于《2021 年度河南省人力资源和社会保障事业发展统计公报》）

进行对外劳务输出能够提供就业岗位、满足一定人口就业需求、缓解就业供需矛盾，是转移就业压力、将人力资源优势转化为经济优势的重要途径之一。

3. 巩固脱贫攻坚成果

对外劳务输出是扩大有组织劳务输出、促进脱贫致富的重要路径。如图 15 所示，2019 年派出的贫困地区劳务工中，有 76.8% 由山东省、江苏省、福建省、河南省、陕西省、辽宁省、广东省、湖南省、北京市和湖北省等省市所属企业派出。2019 年在外贫困地区劳务工中，有 77.6% 由河南省、山东省、辽宁省、江苏省、广东省、陕西省、湖南省、福建省、北京市和四川省等省市所属企业派出。

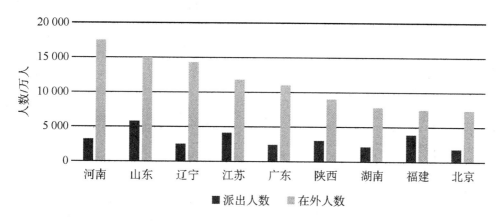

图 15 2019 年地方所属企业对外劳务合作扶贫情况

（注：该数据来源于商务部统计数据）

对外劳务合作重点省份所属企业发挥市场资源优势，为经济欠发达地区劳务工提供就业岗位，增加劳务工收入、劳务工家庭收入，推动实现劳动致富。

4. 提高河南省对外开放水平

发展境外就业，参与国际劳动力市场竞争，有利于了解和借鉴国际劳动力市场的运行规则和运作规律，促进河南省内劳动力市场的形成与发展。同时，也可促进河南省内劳动力市场与国际劳务市场的接轨与融合，扩大对外劳务输出规模，提高对外开放水平。

（三）输出模式

1. 三方相互配合

派遣单位负责招募和甄选适合岗位的劳务工，并提供劳务工所需的培训，包括安全、语言、技术等方面的培训，以确保劳务工通过面试和专业能力评估，符合项目的要求。用人单位在劳务工被派驻之前，安排经验丰富的职工或师傅进行指导，帮助劳务工适应当地生活和工作环境。经过面试和导师指导后，劳务工将被派往用人单位进行独立工作，并接受统一管理。三方配合劳务输出流程如图 16 所示。

图 16 三方配合劳务输出流程图

2. 三方独立运行

该对外劳务输出模式涉及三个独立运行的主体，即派遣单位、用人单位和劳务工。其职能和关系如图 17、图 18、图 19 所示。

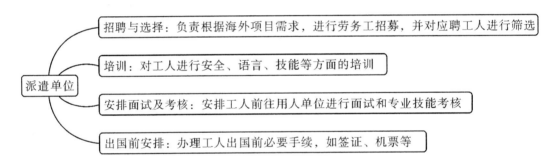

图 17 派遣单位独立职能图

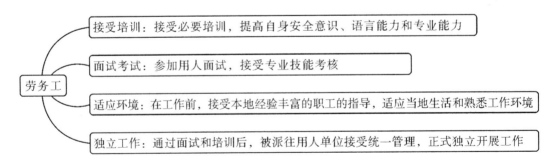

图 18 劳务工独立职能图

河南省濮阳市劳务输出模式
调研及推广升级 /281

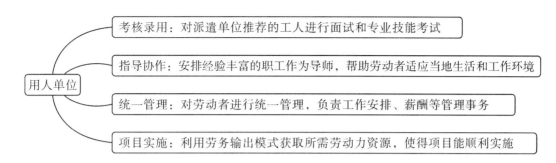

图19　用人单位独立职能图

（四）保障体系

在派遣单位和用人单位两个环节，濮阳市劳务输出行业已形成较为完备的保障体系。

1. 派遣单位保障

以本次调研的派遣单位"君诚"为例，其具有完备成熟的保障体系以应对劳务输出中的各类风险及意外状况。第一，输出工人均在工商部门备案，且具有正规合约保障。第二，如遇用人单位无法继续为工人提供工作岗位，企业在合约期内无偿为输出工人解决更换工作等就业问题，保障工人工作连续性及稳定性。第三，工人正式工作前设置为期三个月的试用期，便于雇主与工人充分磨合。第四，针对工人与雇主间产生的问题积极进行协调，对于问题难以解决而最终回国的工人，按照法定程序全额退还中介费用。

2. 用人单位保障

以本次调研的用人单位"海工"为例，其工人权益保障在项目化工人管理与一线工作保障两方面具有典型性。第一，项目化员工投入海外工作后，企业外派相应管理人员入驻，配合海外项目甲方进行管理，并定期对项目化工人进行慰问。第二，一线工作保障。考虑到项目化工人在海外主要从事井下作业、田野作业等工作，工人面临较大的生理与精神压力，为保障工人合法权益，企业依据工作特性采取综合方式计算劳动时长，实行短期轮班制，将轮班周期由机关单位职工的90日以上，缩短至58日或28日之内，并为一线工人提供相应薪资补贴。

四、劳务输出行业的发展问题及成因分析

实践队通过实地考察发现中介服务公司模式普遍存在一定的问题和弊端，主要原因是劳务输出的整体模式不够完善也不够成熟、监管部门方面没有进一步给予帮扶和支持的机会、本地劳务工思想观念相对保守等。具体问题主要分为以下几点。

（一）政府政策保障不足

针对对外劳务输出流程和体系，政策制定具有许多的空白和漏洞。缺少特定部门维权以及对劳务工合法效益的有效保障。

1. 政策支持薄弱

相较于山西省完善程度较高的政策支持，河南省目前基本没有对对外劳务输出的行业与劳务工的相关补贴和福利政策。山西省在调研学习北京、江苏等地区后，出台了对外劳务输出的配套政策，对劳务工在对外输出过程中产生的面试培训、交通食宿、护照办理等费用进行财政资金补贴，明确规定最高给予 17 000 元的培训补贴和最高 4 000 元的出国费用补贴。而河南省缺乏完整的对外劳务输出政策支持系统。

2. 政府监管不到位

对外劳务输出流程和体系在用人单位和中介两个环节均存在监管空白和漏洞。河南省的劳务工主要是文化程度较低的农村劳动力，经常会发生劳动合同不规范、工作劳动强度大、拖欠工资等问题，"黑中介"的存在也在加剧各类涉外劳务纠纷的发生。劳务工发现以上问题后，缺乏维权途径，合法权益无法得到有效保障。

（二）信息渠道单一，未建立完善的宣传平台

以濮阳市为例，该地对劳务输出的宣传大多数集中于广告传单，以及在农村张贴告示。虽然近期有抖音直播等方式拓宽人们对劳务输出的接触面，但是效果仍然较差。实践队进行了大量关于对外出劳务的认识的问卷调查，从中抽取了 200 份问卷，发现对于劳务输出的概念、中介、输出方式，53.33%的人表示不了解，4.44%的人表示完全没听说过，36.11%表示了解程度一般。信息渠道不完善，不能很好地将劳务输出信息告知农村富余劳动力。

（三）劳务工整体素质偏低

近年来，国际劳务市场的显著趋势表现为普通劳务工占比逐步降低、中高级技术工人的比重不断增加。但濮阳市潜在外派劳务工主要是农村剩余劳动力和城镇下岗工人，受教育程度低。且市场上满足技术要求并待业的人大多过于零散，且人数极少。这就使劳务市场呈现出结构性不平衡：高技术工程师需求量大但人才严重稀缺；低端劳务工需求量不变但供给严重过剩。

（四）出国准入门槛拔高

许多劳务进口国出于保护国民就业、维护社会秩序和担心非法移民等多方面的考虑，对引进外籍劳务工设置了种种限制，企业业务开拓难度加大。这些限制对以非技术工人为主体的我国的劳务工跨国流动形成了巨大障碍。

五、针对劳务输出的建议与升级推广

（一）政策建议

1. 政府完善劳务输出相关规定，加大扶持力度，打击非法行为

政府的扶持对劳务输出的发展相当重要，随着劳务输出的不断发展，国家有关的政策法规也不断出台。在此基础上，政府应完善相关规定和制度，加大对劳务工及相关企业的扶持，同时加强监管，从而充分保障劳务工的合法权益。

（1）加大扶持力度

目前，农村剩余劳动力和城镇下岗工人是河南省劳务主要输出的对象，因此，取得相应政策支持与资金补贴显得尤为重要。政府可以通过制定相关财政政策、税收政策、金融政策、返乡劳务工再就业政策等，以及建立劳务输出企业保证金制度和实施积极的重新安置就业计划等，来促进河南省对外劳务输出事业的发展。

（2）提升监管能力

首先要对派遣单位加强管理，排查从事对外劳务输出劳务公司的资质条件，依法规范中介活动和坚决取缔非法中介，打击欺诈劳务工合法权益的行为。各级有关部门要形成合力，建立严厉打击非法劳务公司的长效工作机制，逐步遏制、打击、消灭"黑中

介"，各级信访部门和政府有关部门应高度重视群众的投诉和举报，切实予以受理，严厉打击核查。

2. 建立全方位的对外劳务输出信息网络

为保持劳务信息的畅通，政府应建立健全国内外对外劳务输出的信息交流机构与信息网络，为劳务工与劳务输出企业提供全面、及时的劳务信息和国际劳务市场的最新发展动态，并采取相应措施有计划、合理地开展对外劳务合作。

（1）拓宽外派渠道，扩大市场

劳务主管部门加强与外派企业的协调和沟通，依托国外劳务输出机构，广泛收集海外就业信息，抢占国际劳务市场份额。将互联网与海外机构相结合，建立统一的对外劳务信息网络，及时收集、甄别、传递、发布和反馈对外劳务供求信息，同时相关政府机构对信息的真实性和有效性进行检验。

（2）确保信息畅通，加大宣传，建立完善的信息平台

在企业、政府和劳务工之间建立紧密的网络渠道和信息渠道，如举办招聘活动、劳务宣讲会、座谈会等，有效获取劳务信息、传递劳务信息，实现市场的可预见性。通过此类活动，可以增强群众对出国劳务的认识，引导群众通过正规渠道出国务工，提高风险防范意识，为劳务市场发展营造良好的氛围。

3. 提高劳务工的综合素质，促进转型升级

河南省对外劳务输出的人员，由于素质较低，大部分都是在技术性低、薪金低、替代性强以及竞争力低下的行业从事工作。目前，实现劳务工的转型升级是河南省劳务输出的重要发展方向。

（1）校企合作

高校有理论培训的优势，而企业有仿真和实习现场学习的优势，因此校企合作是促进劳务工转型升级的重要方式。要鼓励院校承办劳务工培训，为高质量转型发展提供人力资源支撑。校企合作能够让职业院校与对外劳务合作企业搭建良好的交流对接平台，促进校企间携手合作、互利共赢，推动对外劳务合作资源开发与培育。

（2）加强培训，建立完善的培训体系

通过多方面培训，大力提高劳务工素质，建立比较完善的培训基地，开展订单培训、定向培训以及委托培训，提高劳务工的专业技能、增加综合知识。促进劳务输出行业由

/285

劳动密集型向知识技能型转变,增强外出务工的稳定性,提高国际劳务市场竞争力。

4. 完善劳务输出的管理体制

要加强商务部门与相关部门的协调合作。与公安部门合作,共同完善外派劳务工出国手续办理制度,建立劳务工出国证明制度;与外事部门合作,共同建立海外劳务纠纷或突发事件处理机制;与财政部门合作,制定相应的外派劳务收费制度以及外派劳务工履约保证保险制度,从而减轻劳务工经济负担;与航空、海运等有关部门合作,加强对外派海员、空乘劳务的管理。

(二)模式推广可行性分析

1. 劳务输出模式 SWOT 分析

(1)模式优势

①具有稳定性。模式已经形成较为固定的对外劳务输出运行机制,劳务输出过程与工作均具有稳定性。以建筑工为例,国内建筑工地仍主要招收零工,项目完成后工人需要寻找下一份工作,存在工作空档期。而在本模式中,劳务工工作问题全部由派遣单位负责协调解决,保证合同期内有较稳定的工作收入。

②环节完整。该模式涵盖劳务工招聘、劳务工与中介公司合同签订、中介公司与海外对接、劳务工培训、出国后劳务工回访及后续服务、劳务工海外权益保障、突发事件事故处理等全方位服务。对对外劳务输出全过程进行规范总结,模式环节完整。

③个性化定制,供需对接。一方面,派遣单位在招募劳务工时对其自身意愿、掌握技能、目标薪资水平进行了解;另一方面,中介公司在与海外公司对接时直接了解甲方公司招工需求,评判劳务工是否符合公司需求,为劳务工推荐适合其务工的地区与岗位。这可以极大满足劳务工和用人单位的个性化需求,使得劳务工的技能供给与市场需求相匹配。

④全程监管,保证安全性、劳务工权益。该模式各环节清晰完整,便于接受相关部门的直接监管。企业资质及劳务工信息均在商务厅有备案,若劳务工与中介公司发生劳务纠纷,可直接向省商务厅及相关部门反映维权,劳务工合法权益有保障。

(2)模式发展机遇

目前仍需拓宽就业渠道,为对外劳务输出发展及相应模式的推广提供市场机遇。

相关政策助力对外劳务输出发展,推动模式形成及推广。党的二十大提出要"实施就业优先战略"，河南省出台多项对外劳务输出促进政策，健全就业促进机制，如 2021 年发布了《关于促进全省对外承包工程高质量发展的实施意见》。

（3）模式发展面临的威胁

①国内经济发展，工资水平不断提升，劳务工出境务工需求下降。

②疫情影响下的国际局势和国际经济形势对该行业造成冲击，出国务工人数减少、海外公司招工需求下降。

③受传统乡土情结等影响，劳动力远赴国外就业的意愿较弱，模式本身难以规避这一问题，推广受到阻力。

2. 模式形成土壤——对模式形成地濮阳市的分析

（1）以石化产业为支柱产业的濮阳市处于产业转型时期

濮阳依托中原油田丰富的石油、天然气资源，形成以石油化工为主的工业体系。近年来，中原油田经过四十余年的勘探开发，后续资源不足。故濮阳市需要寻找国内外石油资源丰富的开采地以保障原油能源供应，为全产业链条提供稳定的原材料支撑。与之相应的石化产业劳务输出需求增加，濮阳市形成适应该需求的对外劳务输出模式。

（2）大型国有石化企业推动

濮阳大型国有企业在濮阳市对外劳务输出中起到重要作用，要组织人员开展对外劳务输出，推动形成规模化的劳务输出模式。

3. 模式推广地域普遍性分析

（1）问题普遍

就业难、就业岗位有限、就业供需矛盾突出，是全国目前面临的普遍问题。模式存在的地域局限性小，无须高精尖、高难度技术；且各地可以根据本地产业发展特点运用该模式，推广难度和局限性小。

（2）状况相似

国内多地市与濮阳市相似，依靠当地资源发展的重工业面临转型升级与能源枯竭问题。以河南省为例，"煤城"焦作、平顶山均存在以上问题，模式推广具有相应土壤。且对外劳务输出行业已有较长时间的发展历史，多个地市已经形成相关产业，模式推广具有一定的行业基础。

（3）已有成果

该模式具有自身优势、比较优势，已经在濮阳市得到实践并取得成果，对于解决就业问题有所成效，根据实践经验预测其推广后仍能发挥"增加就业岗位，缓解就业难"的作用。

推广地域虽具有一定普遍性，但各地市产业等发展状况具有特殊性，模式推广的适应性需要更为精确地评估数据及收集实践数据。但总体而言，该模式具有较大优势，具备推广的可行性。

参考文献

濮阳市商务局. 2022 年全市对外经济合作情况［EB/OL］（2022-12-31）［2024-05-29］. http：//shangwu. puyang. gov. cn/view. asp？id＝4454.

国家统计局. 中国统计年鉴 2022［EB/OL］（2022-09）［2024-05-29］. https：//www. stats. gov. cn/sj/ndsj/2022/indexch. htm.

中华人民共和国商务部. 中国对外劳务合作发展报告 2019-2020［EB/OL］（2021-01-20）［2024-05-29］. https：//war. chinairn. com/.

河南省统计局. 河南统计年鉴 2022［EB/OL］（2023-01-05）［2024-05-29］. https：//oss. henan. gov. cn/sbgt-wztipt/attachment/hntjj/hntj/lib/tjnj/2022/zk/indexch. htm.

启航产业"赋" 兴号 焕发集体经济新活力

——关于四川菌业集体经济发展的调查研究

舒宇萱 杜元泽 慕童 韦火 何柯璇 张道赫 陶钟毓 陈桓亘

摘 要 ··

　　羊肚菌是近年来我国食用菌最畅销的品种，但因其种植成本过高、信息闭塞导致农民创收困难。因此"乡菌赋"实践队以乡村振兴为己任，关注羊肚菌的市场困境，集结跨学科人才，打造农学团队、市场战略团队和行业研究团队。

　　团队成员聚焦四川两大羊肚菌生产基地，不仅与中国农业科学院都市农业研究所进行联合实践，而且与世界最大单体食用菌工厂丰科达成合作开发关系，实地到访绵阳市涪城区和成都市天府新区的村集体组织，开展农学调研。团队成员还利用财经思维，发现市场痛点，发挥学科特长搭建"育种、种植、附加值、营销"四维平台。育种端，对接行业尖端企业，引入多项技术专利；种植端，提供种植技术培训，点对点覆盖全流程；附加值端，高附加值开发，营造品牌效益；营销端，多维矩阵化宣传，搭建直销供应链，实现经济效益与生态效益协调发展。团队致力于全过程助力乡村产业振兴，创新实现"政府+高校+供销社+村+企业"的多主体运行模式，普及相关市场知识，树立农民种植信心，助力破除羊肚菌市场"赌局"。

关键词 ··

　　食用菌；羊肚菌；新型农村集体经济；产业振兴；信息壁垒；平台搭建；资源整合

一、研究背景

《中共中央国务院关于做好 2023 年全面推进乡村振兴重点工作的意见》指出必须坚持不懈把解决好"三农"问题作为全党工作重中之重，举全党全社会之力全面推进乡村振兴，加快农业农村现代化。乡村振兴是包括产业振兴、人才振兴、文化振兴、生态振兴、组织振兴的全面振兴。产业是发展的根基，也是巩固拓展脱贫攻坚成果、全面推进乡村振兴的主要途径和长久之策。自改革开放以来，我国食用菌产业发展迅速，如今我国已然成为全球食用菌生产大国。据统计，截至 2022 年我国食用菌产量为 4 175.85 万吨，稳居我国农业产业的第四大产业，成为当之无愧的农村发展支柱产业。中国工程院院士、全国脱贫攻坚楷模李玉在 2021 年接受采访时表示，食用菌产业发展可总结为三句话：一是实现农业废弃物的资源化，二是推进循环经济发展，三是支撑国家粮食（食物）安全。食用菌产业具有不与人争粮、不与粮争地、不与地争肥、不与农争时、不与其他产业争资源的"五不争"特性，未来将在乡村振兴过程中发挥更大作用。

2022 年 8 月 11 日，在四川省食用菌科技创新与产业发展研讨会上，李玉教授对四川省食用菌发展及食用菌科研工作者给予高度肯定："四川是最有条件发展食用菌和成立食用菌研究所的省份。"四川省的食用菌发展条件主要分为自然条件、产业基础、人才队伍和研究成效四个方面。市场售卖的野生食用菌超过 200 种，成为农牧民收入的重要来源。在新品种选育和新技术新产品研发方面，四川省获得食用菌领域相关科研成果 20 余项，国家行业标准和地方标准等30余项。以羊肚菌研究为例，四川省首次突破羊肚菌人工驯化栽培技术瓶颈，建立了栽培技术体系，解析了羊肚菌产业关键问题，通过多年的研究，率先实现羊肚菌商业化栽培。

团队前期查阅研究大量资料，选定四川省绵阳市新皂镇和成都市天府新区永兴镇作为本次实践地。两地土壤质量好，气候宜人，生态优良，环境条件适宜菌种生长，近几年成功实现产业转型升级和新农村改造，并在党的二十大之后，依托食用菌产业优势，积极响应国家号召，逐步开启探索新型农村集体经济建设的新征程。但前进道路面临诸多挑战，羊肚菌种植成本高，平均菌种成本5 000元/亩（1亩≈666.7平方米，下同），种植成本10 000元/亩，种植条件苛刻，栽培难度大，技术不够成熟。当前技术下，平均产鲜羊肚菌150公斤/亩，干货18斤/亩，利润16 000元/亩，经济收益难以最大化。集约化生产程度低，中小散户种植面积大，散户占比大，农户培训难开展，新型种植技术普及率低，产量和品质难保证。同时，近年来西南地区气候变化，不利于羊肚菌的生长，产量严重下降。并且由于长期种植，土地中杂菌较多，也极易发生感染，导致羊肚菌成品质量下降。羊肚菌大规模的减产和绝收，对许多种植散户造成了毁灭性的打击，甚至引发了群体性纠纷。

为解决上述资源利用难题，团队结合两地实际发展状况，学习优秀模范经验，积极帮助当地政府联系羊肚菌产业链相关方，打破资源信息屏障，帮助村镇建立多方合作关系，打造羊肚菌全产业链，为乡村振兴贡献青年力量。

二、调研设计

第一阶段，团队成员以新型集体经济、乡村振兴、党建引领、食用菌种植等领域文献为中心，搜寻统计数据，对新皂镇和永兴镇食用菌产业发展进行分析，形成相关集体经济发展模式及历程的初步认识。

第二阶段，团队成员分组对菌乡新皂镇、永兴镇进行实地考察。对莲花池村书记李小平、党支部副书记陈剑以及部分村民和党员进行采访，对党建在村集体经济发展过程中的战略性定位进行更深入的考察。同时，对中国农科院都市农业研究所副所长甘炳成教授进行采访，深入了解西南地区菌菇产业的发展历程，探究羊肚菌全产业链发展新模式。通过对市场痛点的研究与分析，在专业人员的指导下，团队因地制宜搭建公益平台，帮助菌农破除产业困境，探索乡村振兴和创新创业新路径。

第三阶段，如图1所示，按照三角验证原则，在调研数据方面，首先针对前期收集的资源进行查漏补缺，探索未知数据。团队成员通过整理汇总及研读，对新型集体经济发展模式有了更深一步的了解。在完善平台方面，团队前往四川丰科食用菌加工厂（中国唯一拥有种源的食用菌工厂，世界最大单体食用菌工厂）、四川三点水生物科技有限公司、四川乡村振兴研究院、四川天府新区统筹城乡和农业农村局，分别听取了李德成厂长、谢林森总经理对于科技赋能、数字管理的建议以及研究院方川处长的集体经济工作经验。团队成员听取建议，整合一线工作人员和相关专家的修改意见，进一步完善乡菌赋信息咨询服务平台板块，细化平台功能。

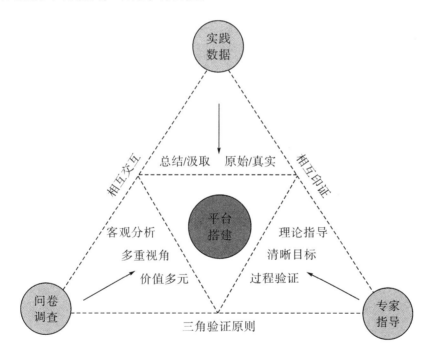

图1 数据与材料收集逻辑框架

如图2所示，7月17日—25日共九天，分成三个阶段。第一个阶段以采访了解当地情况为主，第二阶段的重点是分板块搭建平台，第三阶段涉及平台完善和未来发展。

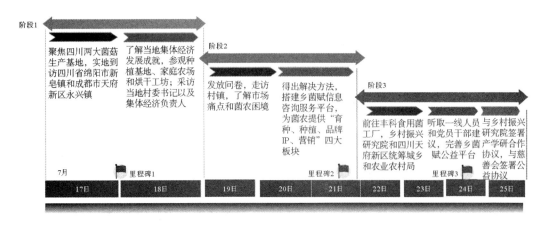

图 2　调研安排

三、实践过程

（一）扎根两大生产基地，深入调研获取洞察

1. 调研菌类产业，发现市场痛点

如图 3 所示，团队从羊肚菌的行业背景、市场规模、市场竞争状况、市场需求等多方面进行了市场概述，从深入描绘客户群体画像，到分析羊肚菌产业发展趋势，整合各方数据，充分运用团队市场营销专业优势，最终得出了羊肚菌种植四大痛点，分别为：育种难度大、种植成本高、品牌效应弱与销售渠道少。

图 3　SWOT 分析

2. 领导访谈

团队前往绵阳市新皂镇和成都市天府新区永兴镇进行访谈，对村"两委"、村集体经济组织、社会组织、相关人员和党员进行了深入访谈（见图4、图5）。通过访谈计划及实施列表，深入分析羊肚菌种植产业发展路径和机制，以及在乡村振兴中的成功经验。

细谈之下，团队了解到莲花池村党委书记李小平对于羊肚菌种植工作的重视。李书记表示，村干部是人民的公仆，应当走进人民群众中，带领群众种好羊肚菌，赢得人民群众的信任。但是不同的群众有不同的想法，村集体要求同存异拧成一股绳，这是干部们的责任，也是羊肚菌工作开展的一大难题。

图4　莲花池村党委书记李小平
展示羊肚菌长势

图5　采访菌姑工厂负责人

3. 问卷调查

基于对当地实际情况的一定了解，团队采用"线上+线下"相结合的方式开展问卷调查。在线上，团队成员直接对接村支书与企业，在村委会的帮助下顺利获取问卷结果，了解羊肚菌种植的困境、现状与未来发展方向；在线下，团队成员走到田间地头，制作了针对普通村民的调查问卷，了解在村民眼中羊肚菌种植所面临的困境与羊肚菌为村民生活带来的改善。

4. 信息整合，深化分析

通过以上调研，团队整合所持资源，得到了有力的市场结论。未来几年，羊肚菌市场前景十分广阔，随着科技的不断进步和技术的逐步成熟，人工种植羊肚菌的质量和产量也将逐步提高，同时还将出现更多的创新产品和创新应用，为羊肚菌产业带来更多的商机和发展空间。然而，随着羊肚菌市场的扩大，越来越多的企业也开始进入这一市场，竞争将会更加激烈。因此，羊肚菌种植需更加注重品质和技术的提高，加强品牌建设和市场营销，以提高自身在市场上的竞争力。团队成员根据发现的问题对症下药，针对不同痛点结合现阶段发展实际情况进行个性化定制，提出前瞻性战略。

对于育种难度大、种植成本高、品牌效应弱与销售渠道少的羊肚菌种植痛点，团队认为究其根本是信息不对称的问题，因此，乡菌赋信息咨询服务平台应运而生。

（二）搭建一站式互联网平台，赋能乡村产业振兴

1. 平台搭建注活力

如图 6 所示，为解决羊肚菌种植之痛，实践团队搭建乡菌赋信息咨询服务平台，赋能羊肚菌乡村产业振兴。在对多方因素的考虑下，团队决定在新皂镇下辖的莲花池村进行联合实践。

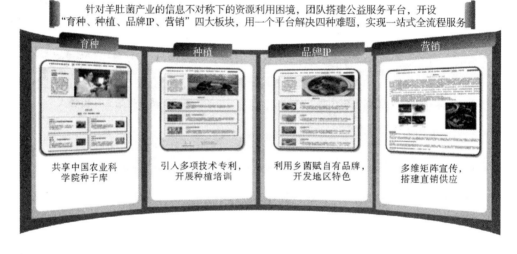

针对羊肚菌产业的信息不对称下的资源利用困境，团队搭建公益服务平台，开设"育种、种植、品牌IP、营销"四大板块，用一个平台解决四种难题，实现一站式全流程服务

图 6　乡菌赋平台搭建

在种植管理阶段，乡菌赋整合科研资源，不断完善数字农业体系，组织农业科技专家现场传授农业技术，重点培训农民种植者的数字化管理技能和标准化生产技能，让农民"零"技术种植高品质农产品。新皂镇的每一块基地都见证了团队的努力，示范园从前期选地、整地起垄、种植管护到设备维护，通过联合专家团队对农民进行细心指导，确保种植效益。针对新皂镇散户与合作社相结合的种植模式，团队采用"一户一教"

"一区一管"的培训管理方式，在羊肚菌种植的关键节点，同农科院专家前往新皂镇开展相关培训指导工作，确保羊肚菌各环节生产工作顺利开展。

2. 多方协力助振兴

为方便后期开发衍生产品，打造并推广品牌，团队帮助新皂镇联合总社成立供销社有限公司。至此，新皂镇羊肚菌项目借助乡菌赋信息咨询服务平台优势，创造性地形成了"供销社+公益+高校+研究院+企业"的多主体运行模式，力求最大限度发挥不同主体优势。2022 年 5 月 16 日，新皂镇举行羊肚菌栽培项目合作协议签约仪式，本次羊肚菌栽培项目，由西南财经大学乡菌赋团队、四川三点水生物科技有限公司、新皂镇股份经济合作联合总社、莲花池村集体经济组织四方共同实施，总投资约 500 万元，在莲花池村种植羊肚菌约 200 亩。镇党委领导、镇股份经济合作联合总社理事会成员、莲花池村干部、种植大户等参加活动并见证签约。在签约仪式上，莲花池村党委书记、村主任李小平信心满满地表示："羊肚菌今年预计总收入将在 450 万元左右，今年我们村将在羊肚菌种植专利公司提供的技术保障下进行专业种植，亩产量大概在 400～500 公斤，与技术公司签订的是保底 300 公斤。"

3. 品牌建设创佳话

借助当地政府支持，在乡菌赋自有品牌基础上，团队自主打造"至味新皂"这一特色品牌。团队积极利用品牌效应，采取立体化营销手段。线上以团队自有的自媒体账号为核心，通过小红书、抖音等网络平台，打造新皂镇"网红书记"，抖音视频播放首日浏览量过万，通过基层干部视角介绍羊肚菌致富路径，打通互联网产品直销第一关。线下团队利用第十九届国际农产品交易会，到场进行布展与学习，为绵阳新皂镇羊肚菌产业宣传打响第一枪。

通过建设刘家坪村"你想乡村"振兴学堂，发挥农产品展示、销售等功能，与乡村振兴院联合推动产学研发展，邀请中小学学生参观实践羊肚菌种植基地，以菌菇经济为抓手、集体经济为基础，结合多元运行模式，创新实现"一菌生五金"模式，"土地流转收租金、就业务工挣薪金、入股投资分股金、产业提成集体金、技术共享赚现金"，为助力乡村振兴、壮大村集体经济做出了有益探索，让新皂镇羊肚菌项目的感召力、知名度再次得到质的飞跃。同时，通过吸纳各类有效资源，使之成为带动羊肚菌产业发展的强大动力引擎。此外，振兴学堂通过开展日常文化活动，锻造淳朴民风、焕发乡村文明、丰富群众精神世界，凝聚种植户的种植信心与力量，借助学堂教育功能，评选羊肚菌"种植模范户"，不断规范产业治理，将新皂精神、乡村振兴精神深入人心。

（三）完善平台

团队去往多地调研学习，听取建议、汲取经验，不断完善平台建设。

团队前往成都丰科生物科技有限公司和四川丰科食用菌加工厂进行调研，通过实地考察、参观企业车间与展厅等方式学习丰科在食用菌生产加工及销售上的成功经验。

团队与李德成厂长座谈交流，围绕食用菌精深加工、全产业链条发展、合作模式等内容进行深入洽谈，学习"鲜菇道"畅销国内、远销全球 57 个国家的优秀成果经验，探究乡菌赋信息咨询服务平台未来发展方向。

目前，丰科将数字化技术成功地运用于农业，工厂已经全面实现立体化、数字化种植，是国内唯一拥有自主真姬菇种源的种子研发工厂，为广大农户和农业企业带来了巨大收益。基于此，团队积极学习丰科将数字化技术运用于食用菌行业并取得良好收效的成功经验，为打造食用菌附加值产品以及更好地完善线上数字化销售平台指明了方向。

为深入研究菌业集体经济发展成就，团队前往天府新区乡村振兴研究院进行学习。其间，围绕乡村振兴的相关问题对方川处长进行了访谈。方处长向我们分享了他对乡村振兴工作的看法，指出乡村振兴的关键在于党员干部带头引领，激发各个年龄段人的主观能动性。他向团队分享，乡村振兴是雪中送炭而非锦上添花。党员应当扎根农村，调查清楚当地村情民情、资源禀赋，了解农民真正所需，运用好手中的权力为人民服务。团队还意识到应该进一步针对性地完善平台，做到每一个食用菌生产地都有专属于自己的定制化种植方案。

（四）硕果累累

1. 媒体报道，官方致谢

目前，团队的平台搭建已经有了丰硕的成果——带动千人返乡就业、带动农户致富、助力农村增收。绵阳新闻网报道，此次助农活动保底亩产鲜羊肚菌 400 公斤，150 亩种植面积总产值超过 600 万元，预计净利润 230 余万元。预计下一年，全镇村级集体经济收入将超过 1 000 万元，实现倍增与质变。

此外，如图 7 所示，团队还有幸得到了四川省教育电视台专题报道。未来，团队将继续保持初心，运用平台服务更多客户，为乡村振兴贡献青年力量。

图7　接受四川省电视台专题报道

2. 产学研服务，签署合作协议

团队在走访乡村振兴研究院、四川天府新区统筹城乡和农业农村局的过程中，得到了大力支持，有幸与乡村振兴研究院签署产学研合作协议、与四川天府新区慈善会签署全方位合作协议，共同助力公益振兴菌业，产业赋能乡村。

四、平台搭建

（一）搭建背景

食用菌产业长期存在信息不对称的壁垒。例如种植技术信息的不对称：种植食用菌需要掌握专业的种植技术知识，包括温湿度控制、培养基配方、病虫害防治等方面的知识。又如品种选择和育种信息的不对称：不同的食用菌品种适应不同的生长环境和市场需求。再如市场需求和趋势信息的不对称：市场需求和消费者趋势对于食用菌产业的发展至关重要。

目前，羊肚菌市场还没有出现一个全面的有效整合平台。当下，打通羊肚菌上下游渠道尤为关键。应把农产品电子商务作为重要战略制高点，积极开展农产品电子商务示范培育工作，开展线上线下相结合的产销一体化经营。加强农产品电子商务服务平台建设，深入推进农村商务信息服务，力争在重点地区、重点品种和重点环节率先突破。

（二）平台介绍

种植技术支持板块是乡菌赋信息咨询服务平台的核心组成部分之一，旨在为种植者提供全面的种植技术指导和支持。平台的专家团队涉及多个核心技术领域，包括栽培方法指导、环境控制技术、病虫害防治技术和品质管理技术。种植者可以通过平台学习和应用这些技术，从菌种选择到栽培过程中的温度、湿度、光照等环境控制，以及病虫害的防治和品质管理的优化，全面提升种植技术水平。平台的专家团队将与种植者紧密合作，根据种植者的需求和实际情况，提供个性化的技术指导和解决方案。通过平台的种植技术支持板块，种植者可以充分利用专业的技术资源和实践经验，解决种植过程中的问题，提高食用菌的产量、品质和市场竞争力。

如图 8 和图 9 所示，平台注重个性化的技术指导和支持。团队与种植者进行了深入需求分析和沟通，了解他们的具体情况和挑战，为每个种植者量身定制相应的技术解决方案。种植者可以获得针对性的栽培方法指导、环境控制技术、病虫害防治方案等，从而解决实际问题并提高种植效果。另外，平台强调与种植者的密切合作和持续反馈。团队与种植者建立长期合作关系，进行实时地交流和反馈，倾听种植者的意见和建议。种植者可以及时反馈种植过程中的问题和困难，团队则提供专业的解答和支持，共同改进和优化种植技术，实现持续的技术提升和发展。

品牌 IP 打造板块是平台中的另一个重要组成部分，旨在帮助食用菌生产企业或种植者打造独特的品牌形象和知名度。品牌定位与策划是平台中品牌 IP 打造板块的核心内容之一，团队将与企业或种植者密切合作，进行深入的品牌定位和策划工作，以确保品牌能够在市场中脱颖而出并建立起独特的竞争优势。同时，团队将协助制订相应的品牌策略和战略计划，包括产品定价、产品组合、渠道选择等，以实现品牌目标和长期发展。此外，团队还提供专业的品牌传播建议和执行方案。基于品牌定位和策划的结果，团队将为企业或种植者提供有效的品牌传播渠道和工具建议，包括广告宣传、社交媒体营销、公关活动等。

图8　平台技术板块展示　　　图9　平台首页展示

团队将与企业或种植者深入合作，挖掘品牌背后的故事和独特性。通过了解企业或种植者的创立历程、价值观念、传统工艺或种植方法等，能够发现与品牌相关的故事元素，并将其转化为有吸引力的品牌故事。同时，帮助企业或种植者制定故事化传播策略，将品牌故事有效地传达给目标受众。通过将品牌故事融入营销活动、广告宣传、社交媒体内容等，团队将帮助企业或种植者创造引人入胜的故事体验，引发消费者的情感共鸣和兴趣。最终，团队将对品牌故事的效果进行评估和反馈，以不断改进和优化故事传播策略。通过分析用户反馈、市场反应和传播效果等指标，团队将提供专业的数据分析和建议，以实现品牌故事的最大化影响力和效益。

如图10所示，团队联合新皂镇推出"至味新皂"这一附加值产品。为进一步扩大产品影响力，团队还推出"羊小菌"品牌IP吉祥物，如图11所示。

通过平台的品牌IP打造板块，团队为产品建立独特的品牌形象，并通过故事化传播和推广活动，让品牌与消费者进行有效的互动和沟通。这有助于提升品牌的竞争力和市场地位，打造具有影响力的食用菌品牌，促进企业或种植者的业务增长和发展。

图 10 打造"至味新皂"附加值产品

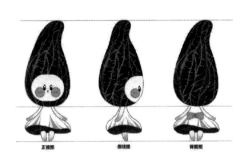

图 11 设计乡菌赋品牌 IP 吉祥物

（三）平台成果

截至目前，平台累计浏览量达 13 695 人次，累计帮扶 8 个乡镇集体，516 户农民家庭，创造乡村就业岗位 1 000 余个，吸引 1 089 人返村就业，实现种植面积达 1 864 亩，平均亩产量达 250 公斤/亩，羊肚菌成菇率达 89.7%，平均每亩种植成本更在专利技术的帮助下从原有的 8 000 元下降至 1 600 元，推动复合深加工增加产品附加值，实现助收 853 万元。平台手把手指导村民、点对点覆盖过程，倾力打造种植户联盟和合作社联盟，共同生产推广高附加值产品，集结跨学科人才同四川多地乡镇政府联合，打造农学团队、技术团队、市场战略团队和行业研究团队，整合物联网、大数据信息，建立良好的市场信任，焕发集体经济新活力，共同迈上乡村振兴农民致富新台阶。

五、心得体会

产业兴则农村兴，农村兴则国家旺。发展新型农村集体经济是促进农村农民共同富裕，推动乡村振兴发展的重要战略举措。新皂镇和永兴镇都地处成都平原外围，地形以丘陵和小平坝为主。近年来，新皂镇和永兴镇积极探索农村集体经济发展新路径，开拓政府、专业合作社、企业和农户之间的多重合作运营模式，推动多元合作发展，带动周边农户"土地流转收租金、就业务工挣薪金、入股投资分股金、产业提成集体金、技术共享赚现金"一菌生五金，显著提高村民收入，为助力乡村振兴、壮大村集体经济做出了有益探索。

基层干部有作为，乡村振兴动力足。基层干部是产业的开拓者，基层干部只有敢作为愿作为，才能实现农业农村优先发展，真正推动中国农业走上现代化之路。

调研分析后，团队成员积极探索新皂镇羊肚菌产业发展新可能，选取行业领先种植技术，开发设计"至味新皂"品牌IP，孵化运营自媒体账号，开通线上销售渠道，帮助村镇建立多方合作关系，打造羊肚菌全产业链，为乡村振兴贡献青年力量。

参 考 文 献

中共中央，国务院，2023. 中共中央 国务院关于做好二○二三年全面推进乡村振兴重点工作的意见 [J]. 创造，31（10）：1-7.

鲍大鹏，张劲松，谭琦，2023. 以李玉院士为榜样建设食用菌强国 [J]. 菌物研究，21（Z1）：5-9.